자비도량참법

김현준 옮김

자비도량 참법수행 지성으로 행하오면
제불가피 함께하여 업장모두 소멸하고
원하는바 뜻과같이 만족스레 성취하며
보리심이 증장되어 위없는도 증득하네

효림

차 례 / 자·비·도·량·참·법

자비도량참법전 ······················· 4
이 자비도량참법을 읽는 분들께 ····· 8

자비도량참법 입참 의례　11

정단찬 淨壇讚 ·················· 12
삼보찬 三寶讚 ·················· 13
양황보참의문 梁皇寶懺儀文 ······ 14
일체공경 一切恭敬 ·············· 17

자비도량참법 제1권　21

입참문 入懺文 ···················· 23
1. 귀의삼보 歸依三寶 ············ 27
2. 단의 斷疑 ···················· 42
3. 참회 懺悔 ···················· 66

자비도량참법 제2권　85

4. 발보리심 發菩提心 ············ 87
5. 발원 發願 ··················· 107
6. 발회향심 發廻向心 ··········· 119
　⊙ 찬불축원讚佛祝願 ········· 125

자비도량참법 제3권　131

1. 현과보 顯果報 1 ············· 133

자비도량참법 제4권　189

1. 현과보 顯果報 2 ············· 191
2. 출지옥 出地獄 ··············· 208

자비도량참법 제5권　243

3. 해원석결 解冤釋結 1 ········· 245

자비도량참법 제6권　289

3. 해원석결 解冤釋結 2 ········· 291
4. 발원 發願 ··················· 330
　⊙ 찬불축원讚佛祝願 ········· 337

자비도량참법 제7권　339

1. 자경 自慶 ··················· 344
　1) 자경 自慶 · 344

2) 경연삼보 警緣三寶 · 354
3) 참주사대중 懺主謝大衆 · 361
4) 총발대원 總發大願 · 366
2. 위육도예불 爲六道禮佛 ······· 373
  1) 봉위천도예불 奉爲天道禮佛 · 373
  2) 봉위제선예불 奉爲諸仙禮佛 · 381
  3) 봉위범왕등예불 奉爲梵王等禮佛 · 384

자비도량참법 제8권   387

  4) 봉위아수라도일체선신예불 · 389
  5) 봉위용왕예불 · 392
  6) 봉위마왕예불 · 395
  7) 봉위부모예불 · 398
  8) 봉위과거부모예불 · 402
  9) 봉위사장예불 · 406
  10) 봉위시방비구비구니예불 · 411
  11) 봉위시방과거비구비구니예불 · 414

자비도량참법 제9권   419

  12) 봉위아비지옥예불 · 421
  13) 봉위회하철환등지옥예불 · 429
  14) 봉위음동탄갱등지옥예불 · 432
  15) 봉위도병동부등지옥예불 · 435

  16) 봉위화성도산등지옥예불 · 438
  17) 봉위아귀도예불 · 442
  18) 봉위축생도예불 · 445
  19) 봉위육도발원 · 448
  20) 경념무상 警念無常 · 451
  21) 봉위집로운력예불 · 458
3. 발회향 發廻向 ······· 463
  1) 설회향법 說廻向法 · 467

자비도량참법 제10권   473

  2) 보살회향법 菩薩廻向法 · 475
4. 발원 發願 ······· 483
  1) 안근의 원을 발함 · 483
  2) 이근의 원을 발함 · 488
  3) 비근의 원을 발함 · 493
  4) 설근의 원을 발함 · 497
  5) 신근의 원을 발함 · 500
  6) 의근의 원을 발함 · 504
  7) 구원을 발함 · 508
  8) 제행법문을 발함 · 513
5. 촉루 囑累 ······· 517
  ⦿ 찬불축원 讚佛祝願 ······· 525

자비도량참법전 慈悲道場懺法傳
자비도량참법을 펴내며

　이 참법은 양무제(梁武帝)가 황후 치씨(郗氏)를 위하여 편집한 것이다. 치씨가 죽은 뒤 며칠이 지나도록 치씨 생각에 사로잡힌 무제는 일이 손에 잡히지 않았고, 밤에는 잠을 이루지 못하였다. 어느 날 침전(寢殿)에 있노라니 밖에서 이상한 소리가 들렸다. 살펴보았더니 큰 구렁이가 침전 위로 기어 올라와서는, 혀를 날름거리며 벌건 눈으로 무제를 바라보고 있었다. 무제는 크게 놀랐으나 도망할 수도 없었다. 하는 수 없이 벌떡 일어나 구렁이를 향해 소리쳤다.
　"짐의 궁전은 경비가 삼엄하여 너와 같은 뱀이 나타날 수 없는 곳이다. 반드시 요망한 것이 짐을 해하려는 것이렷다."

뱀이 사람의 말로 무제께 아뢰었다.

"저는 옛날의 치씨이옵니다. 신첩이 살아생전에 육궁(六宮)의 여인들을 질투하되, 성질이 혹독하여 한 번 성을 내게 되면 불이 일어나듯이, 활로 쏘듯이 물건을 부수고 사람을 해하였나이다. 그 죄보로 죽은 뒤에 구렁이가 되어, 입에 넣을 음식도 구할 수 없고 몸을 감출 구멍도 없으며, 주리고 곤궁하기 그지없어 스스로 살아가기조차 힘이 듭니다. 또한 비늘 밑에 많은 벌레들이 있어 살을 빨아먹는데, 아프고 괴롭기가 송곳으로 찌르는 듯하옵니다.

구렁이는 보통 뱀이 아니므로 변화를 하면 황제께서 거처하는 곳이 아무리 깊더라도 어렵지 않게 들어올 수 있습니다. 예전에 폐하께서 총애해주셨던 은혜를 생각하며 이 누추한 몸으로 폐하의 어전에 나타나 간청하오니, 부디 공덕을 지어 제도하여 주옵소서."

무제가 듣고는 감개무량해하며 눈물을 흘리다가 다시 구렁이를 찾았으나, 이미 구렁이는 보이지 않았다.

이튿날 무제는 스님들을 궁궐 뜰에 모아 놓고 그 사실을 말한 다음, 그녀의 고통을 구제할 수 있는 최선의 계책을 물었다.

이에 지공(誌公) 스님이 대답하였다.

"모름지기 부처님께 예배하면서 정성스럽게 참법(懺法)을 행하는 것이 옳은 듯하옵니다."

그 말을 옳게 여긴 무제는 여러 불경을 열람하여 불보살의 명호를 기록하고, 생각을 맑게 만드는 부처님의 말씀을 가려 뽑아 총 10권의 참회문을 만든 다음 예참(禮懺)을 행하였다.

어느 날 궁전에 향기가 진동하면서 점점 주위가 아름다워졌다. 모두가 그 연유를 알지 못하였는데, 무제가 우러러보니 용모가 매우 단정한 한 천인이 보였다. 그가 무제께 아뢰었다.

"저는 구렁이의 후신이옵니다. 폐하의 공덕을 입사와 이미 도리천에 왕생하였기에, 이제 몸을 나타내어 그 영험함을 증명하나이다."

그리고는 은근하게 감사의 말씀을 드리고 사라졌다.

❧

양 나라 때부터 오늘날까지 천여 년 동안, 이 참회본을 얻어 지성으로 예참을 하면, 소원하는 바에 모두 감응이 있었다. 혹여나 이와 같은 사실이 감추어지고 사라질까 두려워, 줄거리만을 기록하여 여러 사람에게 알리는 바이다.

이 자비도량참법을 읽는 분들께

자비도량참법은 양나라 무제의 명으로 만들어졌고 무제가 이 참법을 직접 닦았으므로 『양황보참梁皇寶懺(양나라 황제의 보배로운 참법)』이라고도 합니다.

앞의「자비도량참법전」에서 이 책을 만들게 된 인연과 영험을 밝힌 바대로, 이 참법을 닦으면 영가들을 제도하여 좋은 세상에 태어나게 할 뿐 아니라, 원결을 풀고 죄를 없애고 어둠을 소멸시켜 능히 원수를 없애고 복을 받고 병을 낫게 하며, 보리심을 기르고 뭇 중생과 함께 자리이타自利利他의 삶을 이룰 수 있도록 해줍니다.

순박하고 자상하고 간절한 내용의 이 참법을 행하다 보면 저절로 참회의 마음이 깊어지고 자비가 충만하여지고 환희심이 넘쳐나게 됩니다. 그래서 한번 자비도량참법을 행한 이들은 거듭거듭 이 참법을 닦게 됩니다.

나의 허물이나 죄업의 참회에서 시작하여 부모·스승·친척의 업장과 육도 속을 윤회하는 온 법계 중생의 업장과 무명까지를 모두 소멸시키고자 하는 자비도량참법. 이 참법을 닦는데 어찌 죄업이 녹아내리지 않을 것이며, 원결이 풀리지 않을 것이며, 내 마음과 내 가정과 이 사회와 이 나라가 밝아지지 않겠습니까!

실로 자비도량참법 수행의 영험은 이루 다 말할 수가 없습니다. 부디 깊은 믿음을 품고 자비도량참법을 닦아보십시오. 틀림없이 업장이 녹고 환희로움이 샘솟고 평화로움이 가득하게 됩니다. 틀림없이 대우주법계에 가득하신 불보살님의 가피를 입어 소원을 원만하게 성취함은 물론이요, 향상과 해탈이 함께함을 확신하게 될 것입니다.

덧붙여 기존에 발간된 운허용하耘虛龍夏 스님의 번역본과 이 번역본의 차이점을 간략히 말씀드리겠습니다.

총 10권으로 된 『자비도량참법』의 운허스님 번역본을 보면, 각 권의 앞쪽에 찬讚·입참入懺 등의 글이 있고 뒤쪽에 다시 찬讚·거찬擧讚·출참出懺 등의 글이 상당한 분량을 차지하고 있습니다.

그러나 이것은 원래의 『자비도량참법』 원문에는 없는 내용들이고, 운허스님의 법맥을 이어받은 월운스님께서도 '누구의 작품인지 상고할 수 없다'고 하셨습니다. 그리고 그 내용을 면밀히 살펴보면 교리에 맞지 않은 부분들이 많아 대강백인 운허스님의 글이라고 하기에는 무리가 있습니다.

이것 때문에 고심하고 또 고심하다가, 주변의 학자와 스님들의 조언에 힘입어 이들 부분을 빼기로 결정하였습니다. 또한 현존하는 가장 오래된 판본인 『고려대장경』을 저본으로 삼아 번역하였습니다. 운허스님 번역본의 저본은 명나라 만력萬曆 13년(1585년) 발간본으로, 부처님의 명호 상당수도 『고려대장경』과는 다릅니다. 이에 부처님 명호 역시 『고려대장경』 속의 명호대로 수록하였습니다.

모자라는 재주이지만 모든 업장을 참회하는 마음으로 정성껏 번역하였습니다. 부디 뜻있는 분들이 이 자비도량참법을 행하여 업장소멸은 물론 가정과 주변의 안정된 삶과 공부의 성취 있기를 발원하오며, 이 책을 번역하고 발간한 공덕을 저희 가족과 책의 발간을 위해 힘써주신 분들, 이 참법을 행하는 모든 분들의 원성취와 행복한 삶에로 회향하옵니다.

불기 2560년 새해 아침
김현준 합장

참고사항

* 전 10권으로 구성된 『자비도량참법』에는 〈찬불축원讚佛祝願〉의 글이 제2권·제6권·제10권의 끝 부분에 있습니다. 전 10권의 참법을 내용별로 크게 세 단락으로 나눈 다음 그 단락의 끝에 찬불축원을 붙여 마무리를 지은 것입니다. 그러므로 용맹정진코자 이 찬불축원의 단락에 준해 첫날 2권까지, 둘째 날 3권에서 6권까지, 셋째 날 7권에서 10권까지 참법을 닦는 것이 바람직하며, 5일 동안 기도할 때는 매일 2권 분량씩 참법을 행하고, 10일 동안 한다면 하루에 1권씩 행하는 것이 좋습니다.

* 이 참법을 원의 경중따라 형편따라 1주일 단위 또는 한 달에 한번씩, 분기마다 한 번씩 정기적으로 행하면 가득한 가피 속에서 능히 소원을 성취하고, 무엇인가를 시작할 때 또는 백중 때 이 참법기도를 올리면 모든 일이 잘 풀리게 됩니다.

* 몸이 불편하거나 힘든 분은 앉아 합장한 채 고개만 숙이면서 자비도량참법을 행하십시오. 절하는 것이 여의치 않아 이 참법을 행하지 못하는 것보다는 절은 못할지라도 지극한 마음만으로라도 이 참법을 행하게 되면 불보살님들께서 틀림없이 찬탄을 하실 것입니다.

* 참고로 지심귀명례를 외우며 올리는 절의 수는 1729번, 기타 문장을 외운 다음에 올리는 절 77번을 합하면, 이 참법을 행함으로써 1806배를 올리게 됨을 알려드립니다.

자비도량참법 입참 의례

정단찬 淨壇讚

버들로써 청정한 물 삼천세계(三千世界) 뿌리오니
팔공덕수(八功德水) 공성(空性) 속에 인천(人天)들은 이익 얻고
아귀들은 고통 벗어 죄와 허물 소멸하며
화탕지옥(火湯地獄) 불길 변해 연꽃으로 피어나네

나무청량지보살마하살 (南無淸凉地菩薩摩訶薩) (3번)

광명진언 (光明眞言)

옴 아모가 바이로차나 마하 무드라 마니
파드마 즈바라 프라바를타야 훔 (21편)

아미타불 종자진언 (阿彌陀佛 種子眞言)

옴 바즈라 다르마 흐릴 (108편)

관자재보살 본심미묘 육자대명왕진언 (觀自在菩薩 本心微妙 六字大明王眞言)

옴 마니 반메 훔 (108편)

삼보찬 三寶讚

거룩하신 부처님을 찬탄 공경 하옵니다
무량겁에 공을 쌓아 위없는 도 이루신 님
자금색(紫金色)의 장육신(丈六身)과 백호(白毫)에서 빛을 발해
육도(六道) 어둠 밝히시고 참된 법문 설하소서
지심귀명례 불타야중 佛陀耶衆

거룩하신 법보님을 찬탄 공경 하옵니다
금구(金口)로써 설해놓은 한량없는 법보(法寶)들을
하늘 향을 피워놓고 정성다해 독송하여
이 세상에 길이길이 드날리게 하옵소서
지심귀명례 달마야중 達摩耶衆

부사의한 스님네들 찬탄 공경 하옵니다
스님네들 인간 천상 공덕주(功德主)가 됨은 물론
맑디 맑은 계율들을 굳건하게 지키오니
머리 숙여 청합니다 저희 제도 하옵소서
지심귀명례 승가야중 僧伽耶衆

양황보참의문 梁皇寶懺儀文

천상까지 뻗쳐나갈 계향(戒香) 정향(定香) 혜향(慧香) 등을
저희 지극 정성으로 금향로에 사르오니
잠깐 동안 그 향기가 시방세계 가득하고
일체 재난 남김없이 소멸되게 하옵소서
나무향운개보살마하살 南無香雲蓋菩薩摩訶薩 (3번)

　삼가 들으니, 양무제는 첫머리에 미륵보살의 이름을 썼고, 지공스님은 모든 경전 속에서 부처님들의 명호를 찾아 기록하고 연화장(蓮華藏) 세계로 나아가는 글을 모았으며, 스님네를 청하여 참법을 선양하였나이다. 이 참법을 행하자 양나라 무제의 꿈에 감응이 있었나이다.

　곧 상서로운 기운과 찬란한 황금광명과 청량한 향기가 대궐에 가득하고, 꽃들이 화려하게 피었는데, 죽은 황후 치씨는 백

옥의 섬돌 앞에다 구렁이의 괴로운 몸을 벗어놓고, 푸른 구름위로 단정한 천인의 몸을 나타내었나이다.

　이렇게 재앙이 소멸되면서 경사스러운 일이 생기고, 죄업(罪業)이 없어지면서 복이 이르렀나니, 참으로 이 참법은 병을 낫게 하는 좋은 약이요, 어두움을 깨뜨리는 밝은 등불이옵니다. 그 은혜는 온 세상을 적시고 그 공덕은 모든 중생을 이롭게 하나니, 참법의 공덕을 무슨 말로 다 찬탄할 수 있으리까?

　이제 참법의 글을 읽기 전에 보현보살님께 먼저 아뢰옵고, 마음으로 향과 꽃을 생각하여 시방의 부처님께 공양하면서 청정한 참법의 단(壇)을 장엄하오니, 원하옵건대 선한 가피를 내려주시고 죄업의 인(因)들을 소멸시켜 주옵소서. 넓으신 자비에 호소하오니 크나큰 영험을 드러내어 주옵소서.

南無普賢王菩薩摩訶薩
나무보현왕보살마하살 (3번)

한 보살이 결가부좌 취하시고 앉았으니
그 이름은 보현이요 몸은 백옥 빛이로다
오십가지 빛과 색이 후광(後光) 되어 빛 발하고
몸의 모든 털구멍도 금색 광명 뿜어내네
광명 속에 계시옵는 한량없는 화신불(化身佛)은
화신보살 권속들과 여유롭게 거닐면서
보배 꽃을 뿌리시며 수행자 앞 이르시네
보현보살 타고 있는 코끼리가 입 벌리니
어금니들 마다에는 여러 개의 못이 있고
그 못마다 옥녀(玉女)들이 악기들을 연주하여
아름다운 음악으로 대승도리 찬탄하네
수행자가 보고서는 환희하여 예배하고
깊고 깊은 경전들을 다시 읽고 외우면서
시방 무량 부처님께 두루두루 예배하고
더 나아가 보현 등의 큰보살께 예배하며
간절한 원 발합니다 '저희에게 보현보살

감히 친견 할 수 있는 복과 덕이 있을지면
보살이여 그 모습을 나타내어 주옵소서'
나무보현보살 (10번)

일체공경 一切恭敬

지심귀명례 시방법계상주불 十方法界常住佛
지심귀명례 시방법계상주법 十方法界常住法
지심귀명례 시방법계상주승 十方法界常住僧

저희 각각 호궤^{互跪}*하고   향과 꽃을 바치면서
시방 법계 삼보님께   여법^{如法}하게 청합니다
바라오니 꽃과 향기   시방세계 두루 퍼져
미묘하고 아름다운   광명대를 이루어서
하늘 나라 풍류들과   향기로운 향과 꽃과
보배로운 음식들과   의복들과 어우러져
오묘하고 부사의한   법진^{法塵} 속에 들어가되

* 호궤互跪:오른쪽 무릎을 땅에 대고 꿇어앉는 예법

한 티끌에 나타나는 한량없는 세계들과
한 법 속에 나타나는 한량없는 모든 법이
장애 없이 감돌면서 서로서로 장엄하여
시방세계 삼보전에 남김없이 다 이르러
삼보님께 이내 몸을 공양하며 받들리다
이 법계에 그와 같은 몸을 가득 채워가되
조그마한 복잡함과 걸리는 것 또한 없이
오는 세상 다하도록 끊임없이 불사지어
온 법계의 중생들께 두루 향기 전하리니
향기 맡은 중생 모두 보리심을 발하여서
부처님의 무생법인^{無生法忍}* 참된 지혜 얻으소서

―다음과 같이 생각하며 꽃을 흩으며 향을 피워 받든다―

이 향기와 꽃구름이 시방 세계 두루 퍼져
부처님과 법보들과 한량없는 보살들과
성문 연각 성현들과 천인들께 공양하니
광명대^{光明臺}를 이루어서 무량세계 지나가며

*무생법인無生法忍:모든 것이 불생불멸임을 아는 것

한량없는 불국토에 여러 가지 불사 짓고
시방세계 중생에게 두루널리 퍼져나가
모두가 다 보리심을 발하도록 하옵소서
나무보단화보살마하살 (3번)

삼십이상(三十二相) 팔십종호(八十種好) 좋은 상호 갖추시고
대자비의 빛을 발해 모든 중생 제도하는
가장 높고 지혜롭고 성스러운 부처님께
저희들이 정성 다해 예배 공양 올립니다(절)

가장 높고 심히 깊고 미묘하온 부처님 법
백천만겁 지나도록 만나기가 어렵도다
제가 이제 그 법문을 보고 듣고 지니오니
부처님의 진실한 뜻 모두 알게 하옵소서

개법장진언(開法藏眞言)
옴 아라남 아라다 (3번)

자비도량참법 제1권

자비도량참법 제1권을 행하면서 지극한 마음으로 삼세의 부처님께 귀의하옵니다.

천상 인간 세상에서 부처님이 제일이니
시방 세계 어디에도 견줄 이가 결코 없네
이 세간의 모든 것들 하나하나 다 보아도
부처님과 같은 이는 하늘 아래 다시 없네

지심귀명례 과거 비바시불 過去毘婆尸佛
지심귀명례 시기불 尸棄佛
지심귀명례 비사부불 毘舍浮佛
지심귀명례 구류손불 拘留孫佛
지심귀명례 구나함모니불 拘那含牟尼佛
지심귀명례 가섭불 迦葉佛
지심귀명례 본사 석가모니불 本師釋迦牟尼佛
지심귀명례 당래 미륵존불 當來彌勒尊佛

입참문 入懺文

자비도량(慈悲道場). 이 네 글자는 현몽으로 인해 비롯되었나이다.

미륵보살(彌勒菩薩)의 인자하심은 이 세상에서 가장 높고 자비하심은 후세까지 이르옵니다. 그러므로 미륵보살의 자비에 의지하여 자비도량이라는 이름을 지은 것이니, 어찌 감히 조그마한 어긋남이 있겠나이까?

이 자비의 염원을 이어 받고 삼보를 수호하고자 하면, 마군(魔軍)은 스스로 숨게 되고 자기를 높이 내세우는 증상만(增上慢)은 저절로 꺾여져서, 선근을 심지 못한 이는 선근을 심게 되고, 이미 선근을 심은 이는 선근이 더욱 자라게 되고, 얻을 것이 있다고 고집하는 잘못된 소견을 가진 이는 그 소견을 버릴 마음을 내게 되고, 소승법을 좋아하는 이도 대승법을 의심하지 않게 되고, 대승법을 좋아하는 이는 환희심을 내게 되옵니다.

이 자비심은 여러 선한 법 중의 왕이요 일체 중생의 귀의처이니, 낮에 비치는 해나 밤에 비치는 달과 같이 사람들의 눈이 되고, 사람들의 길잡이가 되며, 사람들의 부모가 되고 사람들의 형제가 되나이다. 또한 이 자비심은 도량으로 나아가게 하는 선지식이자 자비하신 어버이여서 혈육보다도 더 소중하고, 세세생생 서로 의지하여 죽더라도 떠나지 아니하기에, 평등한 마음으로 자비도량이라 이름한 것이옵니다.

오늘 이 자비도량에서 살아 있는 대중과 죽은 대중이 함께 참법을 세우고 큰마음을 발함에는 열두 가지 큰 인연이 있나이다. 무엇이 열둘인가?

① 육도중생을 교화하고자 하는 마음에 끝이 없음이요
② 자비하신 은혜를 갚는 공덕이 무한함이요
③ 이 선근의 힘으로 중생들이 부처님의 계율을 받아 범할 마음을 일으키지 않음이요
④ 이 선근의 힘으로 중생들이 어른을 대할 때 경솔한 마음을 일으키지 않음이요
⑤ 이 선근의 힘으로 중생들이 태어나는 곳마다 성내는 마음을 일으키지 않음이요
⑥ 이 선근의 힘으로 중생들이 다른 이의 모습에 대해 질투하는 마음을 내지 않음이요
⑦ 이 선근의 힘으로 중생들이 안의 법과 밖의 법에 대해 간탐(慳貪)하는 마음을 내지 않음이요
⑧ 이 선근의 힘으로 중생들이 복을 닦되,

스스로를 위하지 않고 스스로를 보호할 줄 모르는 중생을 위함이요

⑨ 이 선근의 힘으로 중생들이 남을 위해 사섭법*(四攝法)을 행함이요

⑩ 이 선근의 힘으로 중생들이 고독한 이와 감옥에 갇힌 이와 병든 이를 구제하려는 마음을 내고 안락을 얻게 함이요

⑪ 이 선근의 힘으로 중생들이 절복(折伏)시킬 이는 절복시키고 섭수(攝受)해야 할 이는 섭수하도록 하기 위함이요

⑫ 이 선근의 힘으로 중생들이 태어나는 곳마다 항상 보리심을 내고 그 보리심이 계속 끊이지 않게 하기 위함이옵니다.

원하옵건대 살아 있는 대중과 죽은 대중, 범부와 성현을 가릴 것 없이 모두가 다 보호를 받고 섭수함을 받을지며, 저희의 청정한 참회로 소원을 성취하여 부처님의 마음과 같고 부처님의 서원과 같아

* 사섭법四攝法:①보시섭布施攝 ②애어섭愛語攝 ③이행섭利行攝 ④동사섭同事攝

질지며, 육도사생의 중생 모두가 이 인연을 좇아 보리심이 가득해지고 삼업이 청정하여지이다. (절)

1. 귀의삼보歸依三寶

오늘 이 도량의 동업 대중이여. 사람마다 깨달음[覺悟]의 뜻을 일으키되, 세상이 무상하여 이 몸이 오래가지 못한다는 것을 생각하라. 젊음은 반드시 노쇠하게 되어 있나니, 젊은 용모만을 믿고 더러운 행동을 하지 말지니라.

만물은 모두가 무상하여 마침내 죽게 되는 것이니, 천상천하에 어느 누가 영원토록 머무르는가? 젊을 때는 얼굴과 살결이 아름답고 숨결이 향기로우나 그 몸을 길이 보존할 수 없나니, 사람은 마침내 마멸하여 없어지는 존재이니라.

기약없이 나를 찾아오는 생로병사(生老病死)를 누가 나를 위해 물리쳐줄 것인가? 재앙 또한 갑자기 이르는지라 벗어날 수가 없느니라. 귀한 이 천한 이 할 것 없이 한 번 죽으면 몸이 퉁퉁 붓고 썩어서 냄새를 맡을 수 없나니, 속절없이 아낀들 무슨 이익이 있겠는가? 만일 훌륭한 업을 행하지 않으면 벗어날 길이 없느니라.

이제 스스로 생각하니, 몸은 아침 이슬과 같고 생명은 저녁 햇빛과 같으며, 지은 바 공덕이 없어 가난한 집에 태어났고, 대인(大人)의 신성한 지혜도, 성인의 통철한 식견도 없도다. 충성스럽거나 인자한 말을 아니 하고, 물러감과 나아감에 있어 절조 있는 행동을 하지 않으며, 뜻을 세웠으되 어진 이들을 괴롭히고 여러 대중을 헛갈리게 만드니 부끄럽기 그지없도다.

다행히 참법의 이 자리는 기약이 있나니, 미련들을 버리고 하나의 원을 세워 각자 노력하면서, 조석으로 공양을 받들고 부지런히 정진한다면 어찌 즐겁지 않겠는가. 바라건대 대중은 마음을 가다듬어 인욕의 갑옷을 입고, 법문 속으로 깊이 들어갈지니라.

오늘 이 도량의 동업 대중은 스스로 진중히 생각하여 용맹심(勇猛心)과 방일하지 않는 마음[不放逸心], 편안히 머무는 마음[安住心]과 큰마음[大心]과 훌륭한 마음[勝心], 대자비심(大慈悲心)과 착한 일을 즐기는 마음[樂善心]과 환희심(歡喜心)과 은혜 갚는 마음[報恩心]과 모든 중생을 제도하려는 마음[度一切心]과 모든 중생을 수호하려는 마음[守護一切心]과 모든 중생을 구제하려는 마음[救護一切心], 보살의 마음[同

菩薩心[보살심]과 여래의 마음[等如來心등여래심]을 일으켜, 지극한 정성으로 오체투지하되, 부모와 스승과, 상중하(上中下)의 자리에 앉은 이, 선지식과 악지식, 천인과 신선, 세상을 지키는 사천왕과 착한 일을 권장하고 악한 일을 벌주는 이와 주문을 수호하는 이, 5방의 용왕과 천룡(天龍) 등의 팔부신, 시방의 무궁무진한 중생들과 수륙공계(水陸空界)의 모든 유정을 위해 예경하옵니다.

지심귀명례(至心歸命禮) 시방(十方) 진허공계(盡虛空界) 일체제불(一切諸佛)
지심귀명례(至心歸命禮) 시방(十方) 진허공계(盡虛空界) 일체존법(一切尊法)
지심귀명례(至心歸命禮) 시방(十方) 진허공계(盡虛空界) 일체현성(一切賢聖)

오늘 이 도량의 동업 대중이여, 왜 삼보에 귀의해야 하는가?

부처님과 보살들은 한없이 큰 자비가 있어 세상을 제도하시고, 한없이 큰 인자함이 있어 세상을 위로하시느니라. 모든 중생을 외아들처럼 생각하여 대자대비로 쉼없이 모든 이를 착하고도 이익 되게 하면서, 삼독의 불을 소멸시켜주고, 아뇩다라삼먁삼보리를 얻도록 교화하시되, '중생이 부처가 되지 못하면 정각을 취하지 않겠다'고 까지 하셨느니라. 그러므로 마땅히 귀의해야 하느니라.

또한 부처님께서 중생을 어여삐 여기심은 부모보다도 더하니라. 경에 이르셨다.

"부모가 자식을 생각함은 한 세상으로 그치지만, 중생을 생각하는 부처님의 자비는 끝이 없느니라. 또 부모는 자식의 배은망덕함을 보면 성을 내나니, 이는 자비가 얕기 때문이니라. 부처님과 보살의 자비는 이와 달라서, 배은망덕한 중생을 보면 자비심이 더욱 커질 뿐 아니라, 나아가 무간지옥에 들어가고 큰 불구덩이 속으로 들어가, 중생들을 대신하여 무량한 고통을 받느니라. 이와 같은 까닭에 부처님과 보살들이 중생을 생각하심이 부모보다 더 하다고 하는 것이니라."

하지만 무명이 지혜를 가리고 번뇌로 마음을 덮어버린 중생들은 부처님과 보살들께 귀의하기는커녕, 법을 말하여 교화하더라도 믿지 아니하고 거친 말로 비방할 뿐, 발심을 하거나 부처님의 은혜를 생각하지 않느니라.

또한 믿지 않기 때문에 지옥·아귀·축생의 삼악도로 들어가서 무량한 고통을 받게 되며, 그곳의 과보가 끝나 인간으로 다시 태어나더라도 이목구비가 온전하지 못하고, 선정수(禪定水)도 지혜도(智慧刀)도 없나니, 이 모두가 신심이 없는 탓이니라.

오늘 이 도량의 동업 대중이여, 믿지 않는 죄는 모든 죄의 으뜸이니, 수행인으로 하여금 길이길이 부처님을 보지 못하게 하느니라. 그러므로 오늘 분연히 마음을 내어 나쁜 뜻과 정[情]을 꺾어 버리고, 향상하겠다는 마음[增上心]과 부끄러운 생각[慙愧心]을 일으켜서, 머리 숙여 애원하며 지나간 죄를 참회할지어다. 죄업이 다하고 안팎이 깨끗해진 다음에 믿음의 문으로 들어가야 하느니라.

만일 향상하겠다는 마음과 부끄러운 생각을 일으키지 않으면, 장애에 가로막혀 통과하지 못하게 되느니라. 이 길을 한 번 잃으면 다시 돌아오기 어렵나니, 어찌 오체투지하기를 산이 무너지듯이 하지 않을 것이며, 일심으로 믿어 완전히 의심을 없애지 않을 것인가.

그리고 오늘 모든 불보살님의 자비하신

힘으로 깨우침을 입고자 할진대, 어찌 부끄러운 생각을 일으켜 이미 지은 죄를 소멸시키겠다는 결심을 하지 않을 것이며, 아직 짓지 아니한 죄에 대해 결코 짓지 않겠다는 서원을 하지 않을 것인가.

오늘부터 보리를 증득할 때까지 견고한 신심을 일으켜 다시는 물러나지 말라. 이 몸을 버린 후에는 지옥에 태어나거나 아귀로 태어나거나 축생으로 태어나거나 인간으로 태어나거나 천상에 태어나되, 이 삼계에서 남자가 되기도 하고 여자가 되기도 하고 남자도 여자도 아닌 몸을 받기도 하며, 크게도 나고 작게도 나고 올라가기도 하고 내려가기도 하면서 모든 고통을 받게 되나니, 이 고통은 실로 견디기가 어렵느니라.

부디 이 고통들을 벗어나기 위해 오늘

의 신심을 어기지 않을 것이며, 차라리 천 겹 만 겹 동안 갖가지 고통을 받을지라도 오늘의 신심을 어기지 않겠다는 것을 맹세할지니라.

　원하옵건대 부처님과 대보살들께서는 함께 구호(救護)하시고 함께 섭수(攝受)하시어, 저희의 견고한 신심이 부처님의 마음과 같고, 저희의 서원이 부처님의 서원과 같아서 마군과 외도들이 결코 파괴하지 못하게 하옵소서. 지극한 정성으로 간절하게 오체투지하옵니다.

　　　지심귀명례 시방 진허공계 일체제불
　　　지심귀명례 시방 진허공계 일체존법
　　　지심귀명례 시방 진허공계 일체현성

　오늘 이 도량의 동업 대중이여. 마음을

가다듬고 들으라.

　무릇 인간과 천상의 세계는 모두가 환술과 같고 헛된 것이니라. 환술은 참된 것이 아니므로 진실된 과보가 없고, 헛된 것은 뿌리가 없으므로 변천이 끝없느니라. 진실된 과보가 없으므로 오랫동안 생사 속에서 헤매고, 변천이 끝없으므로 고해(苦海)에서 항상 흘러다니나니, 이와 같은 중생을 성현들께서는 가엾게 여기시느니라.

　『비화경(悲華經)』에서 이르셨다.

"보살이 성불을 할 때는 각각 본래의 서원을 따르나니, 석가모니불께서 장수하지 않으시고 목숨이 짧은 것은 '중생의 변화가 잠깐이건만 언제나 고해에 빠져 있으면서도 벗어나지 못하는 것을 가엾게 여김을 나타내기 위함'이니라. 이 국토에 계시면서 여러 나쁜 일을 구제하기 위해서는 가르침이 강해야 할 때도 있고 애써 말을 해야 할 때도 있느니라. 그러한 괴로움을 마다하지 아니하고 중생을 제도하나니, 좋은 방편으로 널리 구제하고 이익되게 하고자 하는 마음이 매우 간절하시기 때문이니라."

또 『삼매경(三昧經)』을 통하여 이르셨다.

"모든 부처님의 마음은 대자비심이니 자비심으로 고통 받는 중생을 대하느니라. 만일 중생이 괴로움을 받는 것을 보면 화살이 염통에 박히는 듯 눈을 찌르는 듯이 하며, 보고는 마음이 편안치 아니하여 슬피 울면서 그 괴로움에서 벗어나 안락함을 얻을 수 있게 하느니라. 또 부처님의 지혜로 누구나 다 평등하게 교화하느니라. 석가모니불을 용맹하다고 칭찬하는 까닭은 능히 괴로움을 참고 중생을 제도하시기 때문이니라. 그러므로 본사 석가모니불의 은혜가 막중함을 잘 알아야 하나니, 괴로움을 받는 중생에게 여러 가지 말씀으로 모두 다 이익 되게 하시느니라."

우리가 오늘날까지 제도는 물론이요 부처님의 한결같은 음성을 듣지도 못하고 열반에 드심을 보지도 못한 까닭은, 업장이 두터워서 우리의 생각이 부처님의 자비와 어긋났기 때문이니라. 대중들은 오늘 연모하는 마음을 일으킬지니, 여래를 연모하는 까닭에 선한 마음이 짙어지느니라.

저희가 이제 괴로운 가운데서도 여래의 은혜를 생각하여 흐느끼고 슬퍼하고 부끄러워하면서 간절히 오체투지를 하되, 지극한 마음으로 국왕과 대신과 토지와 인민, 부모와 스승과 시주 단월, 선지식과 악지식과 천인과 신선과 총명하고 정직한 이, 하늘과 땅과 허공을 지키는 사천왕과 착한 일을 주장하고 악한 일을 벌주는 이와 주문을 수호하는 이, 5방의 용왕과 용신 등의 팔부신과 시방의 무궁무진한 일체 중생을 위해 예경하옵니다.

지심귀명례 시방 진허공계 일체제불
지심귀명례 시방 진허공계 일체존법
지심귀명례 시방 진허공계 일체현성

-호궤합장하고 마음으로 생각하면서 다음과 같이 외운다-

모든 법을   다 깨닫고   모두 아시는
크게 이룬   대성존인   여래께서는
인천(人天)들의   가장 높은   스승이시니
저희들이   정성 다해   귀의합니다.

어디에나 항상하는 모든 법들과
청정하기 그지없는 모든 경전은
저희 몸과 마음의 병 없애주오니
저희들이 정성 다해 귀의합니다

땅에 계신 거룩하온 모든 보살과
집착들을 모두 비운 청정비구는
일체 모든 괴로움을 구제하시니
저희들이 정성 다해 귀의합니다

이 세간을 구호하는 삼보님전에
제가 이제 머리 숙여 예경하오며
육도 속을 윤회하는 모든 중생과
함께 같이 귀의하고 예경합니다

자비로써 일체 중생 모두 다 덮어
편안함과 즐거움을 안겨주면서
중생들을 애민하는 거룩한 분께

저희들이 정성 다해 귀의합니다 (절)

오체투지하옵고 저희가 아뢰옵니다.

원하옵건대 시방의 일체 삼보께서는 자비력(慈悲力)과 본원력(本願力)과 대신통력(大神通力)과 부사의력(不思議力)과 무량자재력(無量自在力)과 중생을 제도하는 힘[度脫衆生力]과 중생을 감싸 보호하는 힘[覆護衆生力]과 중생을 편안하게 만들어 주는 힘[安慰衆生力]으로 중생들을 깨닫게 하오시니, 저희가 오늘 삼보에 귀의함도 아시리이다.

원하옵건대 이 공덕의 힘으로, 중생들 각각의 소원을 이루게 하고, 천인과 신선들의 번뇌를 다하게 하고, 아수라들의 교만한 버릇을 버리게 하고, 인간들이 받는 괴로움이 없어지게 하고, 지옥·아귀·축생계에 있는 이들이 그 세계를 벗어나게 하여지이다.

또한 오늘 삼보의 이름을 들은 이나 듣

지 못한 이들 모두가 부처님의 신력(神力)으로 해탈을 얻고, 마침내는 무상보리(無上菩提)를 성취하여 여러 보살들과 함께 정각(正覺)에 올라지이다. (절)

2. 단의(斷疑, 의심을 끊음)

오늘 이 도량의 동업 대중이여. 일심으로 자세히 들으라.

대저 인과 관계 때문에 감응하여 태어나게 되는 것은 필연의 도리인지라 조금도 어긋남이 없건마는, 중생들의 업행(業行)이 순일(純一)하지 않아 선과 악을 번갈아 쓰게 되느니라.

업행이 순일하지 않기 때문에 과보에도 정밀한 것과 거친 것이 있게 되고, 귀함과 천함과 좋고 나쁜 일 등의 만 가지의 차별이 있게 되느니라. 차별이 있으면 본래의 행을 알지 못하고, 알지 못하면 의혹이 어지러이 일어나게 되느니라.

실로 정진하고 계행을 잘 지키는 이는 마땅히 오래 살아야 할 것인데 오히려 단명하고, 도살하는 사람은 단명해야 할 터인데 오히려 장수하며, 청렴한 선비는 부귀해야 할 것인데 오히려 빈곤하고, 도둑질하는 사람은 곤궁해야 할 것인데 오히려 잘 사는 이들이 있다. 사람이면 이에 대한 의혹이 어찌 없겠는가. 하지만 이 모두가 과거의 업 때문에 받는 과보인 줄을 알지 못하느니라.

『반야경』에 이르셨다.

"이 경을 읽으면서도 남으로부터 업신여김을 당하는 이가 있으니, 이 사람은 과거에 지은 죄업으로 인해 마땅히 악도(惡道)에 떨어질 것이로되, 지금 업신여김을 당하는 것으로 전세의 죄업을 소멸하게 되느니라."

중생들이 이러한 경의 말씀을 믿지 않고 여러 가지 의심을 내는 까닭은 무명으로 인해 망념 되고 뒤바뀐 생각을 내고 있기 때문이니라.

또한 삼계 속에 있으면 모든 것이 고통이요, 삼계를 벗어나야 즐겁다는 것을 믿지 않기 때문에, 세간에 물드는 일들로 즐거움을 삼는다. 하지만 이 세간이 즐거움의 세계라면 무슨 까닭으로 고통을 받게 되는가?

음식을 과도하게 먹어보라. 숨이 차고 배가 아프게 되느니라. 의복에서도 근심과 걱정이 생기나니, 겨울에 베옷을 입게 되면 고마운 생각보다는 원망이 앞서고, 여름에는 솜옷을 보기만 하여도 괴로운 생각이 깊어지느니라. 세상이 낙이라면 어째서 걱정이 생기겠는가? 그러므로 음식도 의복도 참된 낙이 아니니라.

또 가족 등의 권속이 즐거움이라면, 항상 서로 좋아하고 노래하고 웃는 일이 끝없어야 할 것인데, 어찌하여 잠깐 동안 함께하다가 무상하게 죽어 가는가? 지금까지 함께 있던 이가 문득 없어지고, 어제까지 있던 이가 오늘 없어지게 되면, 땅을 치고 하늘을 우러러 창자가 끊어질 듯이 울부짖느니라.

또한 날 때는 어디서 오고 죽어서는 어디로 가는지를 모른 채, 보낼 때가 되면 슬픔에 젖어서 광막한 산 속까지 함께 간 다음에 손을 놓고 이별하게 되며, 한 번 가고 나면 만겁(萬劫)이 지나도 돌아오지 않느니라.

이와 같은 일이 괴롭기 한량없건만, 아득한 중생들은 이것을 즐거움이라 생각하고 세간에서 벗어나는 것을 괴로움으로 여기느니라.

혹 나물밥을 먹으며 음식을 조절하거나 가벼운 옷을 버리고 누더기를 입는 것을 보고는, 억지로 고통을 사서 하는 것이라고 할 뿐, 이것이 해탈하는 방편인 줄을 알지 못한다. 또한 부지런히 보시하고 계행을 지키고 인욕하고 정진하고 예배하고 경을 읽는 등의 애를 쓰는 모습을 보고서도 모두가 괴로운 일이라고만 할 뿐, 이러한 것이 출세간의 마음인 줄을 알지 못하느니라.

그러다가 병들어 죽는 것을 보고는 문득 의심을 내어 종일토록 스스로의 몸과 마음을 괴롭히며 잠깐도 쉬지를 않나니, 사람의 기력으로야 어떻게 이를 감당하겠는가? 부지런히 노력하지 않았으니 어찌 피곤하지 않겠으며, 부질없이 목숨만 버리게 되었으니 무슨 이익이 있으리오.

또한 자기의 소견을 고집하여 이치가 그러한 것이라고 하면서도, 결과만을 볼 뿐 원인을 찾지 못하기 때문에 의혹만 일어나게 되느니라. 다행히 선지식을 만나면 의혹을 제거할 수 있지만, 악지식을 만나면 어리석음만 더할 뿐이니라. 바로 이 의혹 때문에 삼악도에 떨어지게 되나니, 삼악도에 떨어지고 나서 후회한들 무슨 소용이 있겠는가.

오늘 이 도량의 동업 대중이여. 무릇 이러한 의혹의 인연은 한량이 없느니라. 이 의혹의 습기(習氣)는 삼계를 벗어날지라도 완전히 버릴 수 없거늘, 하물며 이 몸을 가지고서야 어떻게 다 버릴 수 있겠는가?

그러나 이 생에서 끊지 못하면 내생에는 의혹이 더욱 커지느니라. 먼 길을 걸어가는 대중들은 마땅히 부처님의 말씀에 의지하여 수행할 것이요, 의혹에 빠져 수행을 마다해서는 안되느니라.

생사에서 벗어나 피안에 이르신 모든 부처님과 성현들께서는 선한 공덕을 쌓았기 때문에 무애자재하게 해탈할 수 있었던 것이니라. 우리는 지금도 생사를 떠나지 못하고 있으니, 진실로 슬픈 일이다. 어찌 이 나쁜 세상에 더 있기를 탐할 것인가?

지금은 다행히 사대(四大)가 쇠하지 아니하고 오복(五福)이 강건하여 다니고 일함이 마음과 같이 되고 있지만, 노력하지 않는다면 다시 어느 때를 기약할 수 있으랴. 지나간

생에서도 진리를 보지 못하였는데, 금생까지 그냥 보낸다면 어찌 증득함이 있겠으며, 오는 세상에서 또 어떻게 제도를 할 수 있겠는가? 가슴에 손을 얹고 생각하니 진실로 슬픈 일이로다.

대중들이여, 지금부터 마땅히 도를 닦는 과정을 잘 세우고 부지런히 닦아갈 뿐, 성인의 길이 멀고 멀어 하루 아침에 끝낼 수 없다면서 미루지 말라. 이렇게 하루하루를 미루면 어느 때에 할 일을 마치겠는가?

요즘 사람들은 힘써 경을 읽거나 좌선을 하다가 작은 병이라도 얻게 되면 '경 읽고 좌선을 하다가 이렇게 되었다'고들 한다. 하지만 이런 수행을 하였기 때문에 지금의 자리에까지 이른 것임을 알아야 하느니라.

또 사대(四大)는 성하기도 하고 쇠하기도 하는 것이니 병이 나는 것은 당연한 일이요, 늙고 죽는 것은 피할 수 없는 일이니, 세상에 나온 사람은 반드시 사라지게 되어 있느니라. 모름지기 도를 얻고자 하거든 부처님의 말씀에 의지하라. 부처님의 말씀을 어기고 도를 얻는 것은 있을 수 없는 일이니라.

모든 중생이 부처님의 말씀을 어긴 탓으로 삼악도를 헤매면서 여러 가지 고통을 받는 것이니, 만일 부처님의 말씀과 같이하여 쉬임없이 모든 법을 부지런히 닦되 머리에 붙은 불을 끄듯이 하면, 일생이 끝날 때 어찌 얻는 것이 없겠는가.

지금 여기 있는 모든 이들은 태산이 무너지듯이 간절하게 오체투지하면서, 중생된 후부터 오늘에 이르기까지의 다생부모(多生父母)

와 친척, 화상과 아사리와 단상의 중사 스님과 상중하의 자리에 앉은 이, 시주 단월과 선지식과 악지식, 천인과 신선, 세상을 지키는 사천왕과 착한 일을 권장하고 악한 일을 벌주는 이와 주문을 수호하는 이, 5방의 용왕과 천룡 등의 팔부신과 시방의 무궁무진한 중생들을 위해 세간의 대자대비하신 부처님께 귀의하옵니다.

지심귀명례 미륵불 彌勒佛
지심귀명례 비바시불 毘婆尸佛
지심귀명례 시기불 尸棄佛
지심귀명례 비사부불 毘舍浮佛
지심귀명례 구류손불 拘留孫佛
지심귀명례 구나함모니불 拘那含牟尼佛
지심귀명례 가섭불 迦葉佛
지심귀명례 석가모니불 釋迦牟尼佛
지심귀명례 무변신보살 無邊身菩薩

지심귀명례 관세음보살 觀世音菩薩
지심귀명례 시방 진허공계 일체삼보 十方 盡虛空界 一切三寶

　원하옵건대 자비하신 힘으로 모두를 다 거두어 주시옵고, 신통력으로 보호하고 건져 주시옵소서. 오늘부터 위없는 깨달음에 이를 때까지 사무량심과 육바라밀이 四無量心　六波羅蜜 항상 앞에 나타나고, 사무애지와 육신통 四無礙智 이 뜻과 같이 자재할 수 있도록 보살도를 행하여서 부처님의 지혜 속으로 들어가고, 시방의 중생을 교화하여 다함께 정각에 오르게 하여지이다. (절)

　오늘 이 도량의 동업 대중이여. 다시 지극한 정성으로 마음을 잘 거두고 모두 함께 귀의하여 믿음의 문[信門] 속으로 들어갈 신문 지니라. 마땅히 생각을 가다듬어 나아가고자 하는 방향을 정하고 내법과 외법에 內法　外法

대해 다시는 방황하지 말라.

만일 본업(本業)이 분명하지 못하여 스스로는 능히 지을 수 없을지라도 다른 이가 복을 짓는 것을 보거든 마땅히 권장할 것이요, 합장하고 칭찬하며 복덕을 향해 나아갈 수 있도록 격려해야 하느니라. 부질없는 생각을 일으키고 장애되는 말이나 행동으로 물러나게 하지 않는다면 그의 정진은 여전할 것이요, 그의 정진에 감손됨이 없어야 나에게도 해로움이 없느니라.

부질없는 시비가 나에게 무슨 이익을 주리오. 만일 선한 일을 방해하지 않는다면 도리어 도와 계합하여 힘이 있는 대인(大人)이 되려니와, 만일 방해를 하게 되면 오는 세상에 어떻게 부처님의 도를 통달할 수 있겠는가. 이치를 따라 생각해보면 손해만 막심할 뿐이니, 부디 다른 이의 선근을 방해하지 말라. 진실로 죄가 커지느니라.

『호구경(護口經)』에 이르셨다.

"한 아귀가 있었으니, 모습이 매우 흉악하여 보는 이마다 몸에 소름이 돋았고, 두려워하지 않는 이가 없었다. 또 몸에서는 맹렬한 불길이 나와 마치 불더미 같았고, 입에서는 구더기가 한량없이 나오고 고름과 피로 온 몸을 장엄하였으며, 구린 냄새가 멀리까지 퍼져 가까이 갈 수가 없었다. 그리고 입으로 불꽃을 토하였고 뼈마디마다 불이 일어났으며, 소리를 높여 부르짖고 통곡을 하며 사방으로 돌아다녔다.
이때 만족(滿足) 아라한이 아귀에게 물었다.
'너는 전생에 무슨 죄를 지었기에 지금 이와 같은 고통을 받고 있느냐?'
아귀가 답하였다.
'저는 전생에 사문(沙門)이었는데, 재산에 연연하여 탐을 낼 뿐 베풀지를 않았고, 몸가

짐을 단속하기는커녕 추악한 말들을 함부로 내뱉었으며, 계율을 잘 지키면서 정진하는 이를 보면 꾸짖고 욕설하고 눈을 흘기고 비웃었습니다. 그리고 제 스스로는 언제까지나 호강하고 죽지 않으리라 여기면서, 한량없이 나쁜 짓을 하였습니다. 그 과보로 이와 같은 고통을 받고 있습니다. 지금 후회하고 뉘우친들 무슨 소용이 있겠습니까? 앞으로는 여러 겁 동안 잘 드는 칼로 혀를 끊는 심한 고통이라면 오히려 달게 받겠지만, 다른 이의 착한 일에 대해서는 단 한마디의 비방도 하지 않을 것입니다.

존자께서 남섬부주로 가시거든, 저의 이 꼴을 여러 비구와 불제자들에게 전하여 주옵소서. 그리하여 구업(口業)을 잘 지켜 망령된 말을 내뱉지 말고, 계행을 지니거나 지니지 아니하는 이를 보더라도 그들의 덕(悳)만을 생각하고 말하라고 가르쳐 주십시오. 저는 수천 겁 동안 이 아귀의 몸으로 끝없는 고초를 밤낮없이 받다가, 아귀의 과보가 다하게 되면 다시 지옥에 들어갈 것입니다.'

아귀는 이 말을 마치고 땅에 엎드려 부르짖으면서 통곡하였으니, 마치 태산이 무너지는 듯하였다."

오늘, 이 도량의 동업 대중이여. 경의 말씀이 실로 두렵도다. 구업 한 가지만으로도 여러 겁 동안 과보를 받거늘, 하물며 여러 가지 착하지 못한 행을 저지른다면 그 과보가 어떠하겠는가?

사람의 몸을 버리고 고통을 받는 것은 모두 스스로가 지은 업의 과보이니, 만일 인(因)을 짓지 아니하였다면 어찌 과보를 받을 것인가?

인을 짓게 되면 과보가 결코 없어지지 아니하나니, 멀지 않은 미래에 이 몸으로 죄와 복을 받는 것이 마치 그림자나 메아리와 같아서 여윌 수가 없고, 무명(無明)으로 말미암아 생겨난 몸은 무명으로 인하여 죽게 되느니라. 또한 과거 현재 미래에 제멋대로 방일하게 사는 사람은 해탈을 얻지 못할 것이요, 지킬 것을 잘 지키는 사람은 무궁한 복을 받게 되느니라.

대중들은 각각 매우 부끄럽게 생각하면서 몸과 마음을 깨끗하게 하고, 옛 허물을 참회하여 옛일을 고치고 새로운 허물을 짓지 아니하면, 부처님들께서 칭찬하시느니라.

오늘부터 다른 사람이 선한 일을 하는 것을 보거든 그 일을 성취하거나 성취하지 못하거나, 오래하거나 오래하지 못하거나를 막론하고 모름지기 기뻐할지니라. 한 생각·한 식경 동안이나 한 시간·하루·한 달·반 년·일 년을 기뻐하게 되면, 그 훌륭함은 선을 짓지 않은 사람과 비교될 수 없느니라.

그러므로 『법화경』에 이르기를, "만일 어떤 이가 탑 속에 들어가 산란한 마음으로라도 한 번 나무불(南無佛)을 외우기만 하면 모두가 불도를 이룬다"고 한 것이다. 하물며 어떤 이가 큰마음을 일으켜 복과 선을 부지런히 닦는 것을 보게 된다면 어찌 따라서 기뻐하지 않을 것인가. 만약 기뻐하지 않는다면 매우 슬퍼하시느니라.

생각컨대 저희는 아주 먼 옛적부터 나고 죽기를 반복하면서 오늘에 이르도록, 나쁜 마음으로 남의 선한 일을 한없이 방해하였을 것입니다.

왜냐하면 만일 그러한 일이 없었다면 어찌 오늘날까지 선한 일을 하는 것에 대해 망설이기만 하고, 선정(禪定)을 익히거나 지혜를 닦는 데 주저할 것이며, 잠깐 동안 예배하고는 큰 고생을 하였다 하고, 잠깐 동안 경을 읽고는 문득 게으른 생각을 내며, 종일토록 분주히 악업을 일으켜 스스로 해탈을 얻지 못하게 하겠나이까?

마치 누에가 고치를 짓듯이 자승자박하고, 나방이 불 속으로 들어가 밤새도록 타는 것과 같이, 한없고 끝이 없는 나쁜 업장이 보리심(菩提心)의 장애가 되고 있으니, 이 모두는 악한 마음으로 남의 선한 행을 비방하였기 때문이옵니다.

이제서야 비로소 이를 깨닫고 부끄러운 마음을 내어, 어여삐 여겨주시기를 바라면서 머리를 조아려 죄를 참회하옵니다.

원하옵건대 모든 불보살님께서는 자비하신 마음으로 신력(神力)을 베푸시어 지금 참회하는 저희의 모든 죄업을 멸하게 하옵시고, 허물들을 청정하게 하옵시며, 이미 지은 한량없는 죄업들이 이번의 참회로 깨끗이 없어지게 하옵소서.

지금 모든 대중이 다 함께 간절히 오체투지하면서, 이 세간의 대자대비하신 부처님께 귀의하옵니다.

지심귀명례 미륵불 彌勒佛

지심귀명례 석가모니불 釋迦牟尼佛

지심귀명례 선덕불 善德佛

지심귀명례 무우덕불 無憂德佛

지심귀명례 전단덕불 栴檀德佛

지심귀명례 보시불 寶施佛

지심귀명례 무량명불 無量明佛

지심귀명례 화덕불 華德佛

지심귀명례 상덕불 相德佛

지심귀명례 삼승행불 三乘行佛

지심귀명례 광중덕불 廣衆德佛

지심귀명례 명덕불 明德佛

지심귀명례 사자유희보살 師子遊戱菩薩

지심귀명례 사자분신보살 師子奮迅菩薩

지심귀명례 무변신보살 無邊身菩薩

지심귀명례 관세음보살 觀世音菩薩

지심귀명례 시방 진허공계 일체삼보 十方盡虛空界 一切三寶

　저희가 호궤합장을 하고, 마음으로 생각하면서 입으로 아뢰옵니다.

　'저희들이 아주 먼 옛적부터 오늘에 이르기까지, 도를 얻지 못한 채 이 업보의 몸을 받아왔음에도 불구하고, 살생·투도·사음·망어 중에 한 가지도 완전히 버리지 못하였고, 탐·진·치 貪瞋癡 삼독심을 치성하게 일으켜 모든 악업을 짓고 있나이다.

또한 남이 보시하고 계율을 지키는 것을 보면서 스스로 행하지도 않고 따라서 기뻐하지도 않았으며, 남이 인욕하고 정진하는 것을 보면서 스스로 행하지도 않고 따라서 기뻐하지도 않았으며, 남이 좌선하고 지혜를 닦는 것을 보면서 스스로 행하지도 않고 따라서 기뻐하지도 않았나이다. 이제 이와 같은 무량무변한 죄업을 오늘 모두 참회하여 없애기를 원하옵니다.

　또한 아주 먼 옛적부터 오늘에 이르기까지 남이 선한 일을 하고 공덕 닦는 것을 보고도 기뻐하지 아니하였고, 행하고 머무르고 앉고 눕는 행주좌와(行住坐臥)의 사위의(四威儀)에 대해 부끄러워하는 마음을 갖지 않았나이다. 나아가 교만하고 게으르게 지냈을 뿐 무상함을 생각하지 않았고, 이 몸을 버린 다음 지옥에 들어갈 줄을 알지 못하였으며, 다른 이에게 갖가지 해악을 가하고, 삼보를 받드는 불사를 하거나 삼보전에 공양을 올리는 것을 방해하였을 뿐 아니라, 다른 이가 닦는 모든 공덕을 방해하였나이다. 이제 이와 같은 무량무변한 죄업을 오늘 모두 참회하여 없애기를 원하옵니다.

또한 아주 먼 옛적부터 오늘에 이르기까지 삼보에 귀의하고 믿기는커녕, 남의 출가를 방해하고, 남의 보시를 방해하고, 남의 지계를 방해하고, 남의 인욕을 방해하고, 남의 정진을 방해하고, 남의 선정을 방해하고, 남의 독경을 방해하고, 남의 사경(寫經)을 방해하고, 남의 재(齋) 올림을 방해하고, 남의 불상 조성을 방해하고, 남의 공양 베풀기를 방해하고, 남의 고행을 방해하고, 남의 도 닦는 것을 방해하였으며,

심지어는 다른 이가 행하는 조그마한 선행도 모두 방해를 하였나이다.

출가가 멀리 여의는 법[遠離法, 원리법]이라는 것을 믿지 않았고, 인욕이 안락을 위한 행이라는 것을 믿지 않았으며, 평등이 보리의 길임을 알지 못하였고, 망상을 떠나는 것이 세간을 벗어나는 마음인 줄을 알지 못한 채 나는 곳마다 많은 장애를 일으켰으니, 이와 같은 죄장[罪障]이 무량무변함을 모든 불보살님께서는 다 알고 다 보시나이다. 불보살님께서 알고 보시는 그 많은 죄장을 매우 부끄럽게 생각하면서 진실로 참회하여, 모든 죄의 원인과 괴로운 과보를 소멸코자 하옵니다.

오늘부터 보리도량에 앉을 때까지 보살도를 행하되 싫어하는 생각을 내지 않고,

재물보시와 법보시를 다함이 없이 행하며, 지혜와 방편으로 짓는 일들이 헛되지 아니하여, 보고 듣는 모든 일에서 다 해탈을 이루어지이다.

저희 모두가 지극한 마음으로 오체투지 하옵나니, 원하옵건대 지금 참회하는 인연으로 시방의 불보살님과 성현들께서는 자비하신 마음으로 가피를 내려, 육도의 모든 중생이 일체의 괴로움을 끊어 없애고, 뒤바뀐 인연을 떠나 나쁜 소견을 일으키지 않으며, 지옥·아귀·축생·아수라가 되는 나쁜 업을 버리고 지혜를 이루며, 쉼없이 보살도를 닦아 원만한 수행과 원으로 빨리 십지(十地)에 오르고 금강심(金剛心)에 들어가서 등정각(等正覺)을 이루게 하여지이다. (절)

3. 참회懺悔

오늘 이 도량의 동업 대중이여. 경에 이르기를 '범부는 속박이라 하고, 성인은 해탈이라 한다'고 하였으니, 속박은 삼업으로 일으킨 악이요, 해탈은 삼업에 걸림이 없는 선이니라.

모든 성인들은 편안한 마음과 지혜와 방편의 무량한 법문으로 중생의 선업과 악업을 분명히 알아서, 한 몸으로 무량한 몸을 나타내기도 하고, 한 형상으로 갖가지 형상을 나타내기도 하며, 한 겁을 줄여서 하루로 만들기도 하고, 하루를 늘려서 한 겁으로 만들기도 하며, 수명을 정지시켜 영원히 멸하지 않게도 하고, 무상을 나타내어 열반을 보이기도 하느니라.

또 신통과 지혜로 마음대로 출몰하고 마음대로 날아다니며, 공중에 앉거나 눕

기도 하고, 물위를 땅 위와 같이 걸어다니되 위험하거나 힘들지 아니하며, 공적한 가운데 깃들어 있으면서도 만법을 통달할 뿐 아니라 공(空)과 유(有)에 모두 밝으며, 언설변재(言說辯才)를 성취하고 지혜가 한량이 없느니라.

이러한 법력은 악업으로부터 나는 것이 아니요, 탐심·진심·질투심으로부터 나는 것이 아니요, 어리석은 사견(邪見)으로부터 나는 것이 아니요, 느리거나 게으름으로부터 나는 것이 아니요, 교만 방자함으로부터 나는 것이 아니니라. 오직 삼가고 조심하여 악업을 짓지 아니하고, 부지런히 선업을 행함으로써 나는 것이니라.

항상 어디서나 선업을 닦고 부처님 말씀을 순종하는 사람 중에 빈궁한 이를 보았는가? 누추한 이를 보았는가? 여러 가지 고질병으로 폐인이 된 이나 비천한 데 태어나 사람들로부터 업신여김을 받는 이나, 남의 신용을 얻지 못하는 말을 하는 이를 보았는가?

이제 이 몸으로 증명하나니, 부처님의 말씀을 순종하여 여러 가지 공덕을 닦으면서 제 몸을 위하지 않는 이들 가운데 단 한 사람이라도 나쁜 과보를 받는 이가 있다면, 차라리 나의 몸이 아비지옥에 들어가 가지가지 고통을 받을지언정, 이 사람이 나쁜 과보를 받게 되는 일은 결코 있을 수 없느니라.

오늘 이 도량의 동업 대중이여. 만일 범부를 버리고 성인의 자리에 들어가려 하거든 부처님의 가르침대로 행을 닦되, 조그마한 괴로움 때문에 게으른 생각을 내지 말고, 스스로 노력하여 죄업을 참회할지니라.

경에 이르기를, "죄는 인연을 좇아서 나고 인연을 좇아서 멸한다"고 하였느니라.

아직 범부를 면하지 못하였기에 가는 곳마다 아득함이 많은 것이니, 스스로 참회하지 않고서야 어떻게 벗어날 수 있겠는가? 오늘 모두가 용맹심을 일으켜 힘써 참회할지니라. 참회하는 힘은 참으로 불가사의하나니, 어떻게 그것을 알 수 있는가? 저 아사세왕(阿闍世王)은 대역죄를 지었지만, 크게 뉘우치고 참회하여 중한 죄의 과보를 가볍게 받았느니라.

또한 이 참법은 수행하는 모든 사람으로 하여금 안락을 얻게 하나니, 만일 스스로 수행하되 지성껏 노력하며, 머리를 조아려 참회하고 귀의하면서 끝까지 나아가면, 반드시 부처님을 감동시키느니라.

악업의 과보는 소리를 따르는 메아리

같아서 어긋나지 않나니, 마땅히 두려운 줄을 알고 끝까지 참회하라. 각자가 지극한 마음으로 간절히 오체투지하면서, 마음으로 생각하며 입으로 '부처님께 애원하오니 어여삐 여기소서'라고 말하라.

대자비로 저희들을 감싸주시며
밝고 밝은 광명들을 두루 비추어
캄캄함과 어리석음 없애 주시고
일체 모든 고액(苦厄)에서 구해주소서

저와 함께 여기 있는 많은 사람들
지옥 같은 괴로움을 받고 있으니
저희에게 부디 먼저 찾아오시어
편안함과 즐거움을 얻게 하소서

저희들이 깊이깊이 머리 조아려
구원하여 주는 님께 예배하오며

이 세간의　자비하신　부처님들께
지극정성　기울여서　귀의합니다

지심귀명례 미륵불 彌勒佛
지심귀명례 석가모니불 釋迦牟尼佛
지심귀명례 금강불괴불 金剛不壞佛
지심귀명례 보광불 寶光佛
지심귀명례 용존왕불 龍尊王佛
지심귀명례 정진군불 情進軍佛
지심귀명례 정진희불 精進喜佛
지심귀명례 보화불 寶火佛
지심귀명례 보월광불 寶月光佛
지심귀명례 현무우불 現無愚佛
지심귀명례 보월불 寶月佛
지심귀명례 무구불 無垢佛
지심귀명례 이구불 離垢佛
지심귀명례 사자번보살 師子幡菩薩
지심귀명례 사자작보살 師子作菩薩

지심귀명례 무변신보살 無邊身菩薩
지심귀명례 관세음보살 觀世音菩薩
지심귀명례 시방 진허공계 일체삼보 十方 盡虛空界 一切三寶

　원하옵건대 삼독의 고통을 받고 있는 저희를 불쌍히 여기시어 안락을 얻게 하옵시고, 대열반을 베풀어주시고, 자비의 물로 더러운 때를 씻어 보리에 이르게 하옵시고, 끝까지 청정하게 하옵소서. 또한 육도 사생 중에 이와 같은 죄업을 받는 이들 모두 청정함을 얻고 아뇩다라삼먁삼보리를 성취하여 해탈하여지이다.

　저희 모두는 지극한 마음으로 간절하게 오체투지를 하면서, 마음으로 생각하고 입으로 말하나이다.
　저희는 아주 먼 옛적부터 오늘에 이르기까지, 무명에 덮이고 애욕에 얽매이고 성내는 데 속박되고 어리석은 그물에 걸려서, 삼계를 두루 다니고 육도를 헤매고 고해 속에 빠져 스스로 벗어나지 못하였나이다. 지나간 죄업과 과거의 인연을 알지 못하여, 자기의 깨끗한 생활도 파하고 다른 이의 깨끗한 생활도 피하였으며, 자기의 수행도 파하고 다른 이의 수행도 파하였으며, 자기의 계행도 파하고 다른 이의 계행도 파하였나이다.

이와 같은 죄업이 한량없고 가이없기에 오늘 매우 부끄럽게 여기면서 참회하오니, 부디 이 죄업을 소멸시켜 주옵소서. 저희가 거듭 지극한 정성으로 오체투지하면서 남김없이 참회하옵니다. (절)

또한 아주 먼 옛적부터 오늘에 이르기까지 몸과 입과 뜻으로 십악업(十惡業)을 지었나이다. 몸으로는 살생·투도·음행을 저지르고, 입으로는 망어·기어·양설·악구를 내뱉고, 뜻으로는 탐심·진심·치심을 일으켜서, 스스로 십악을 행함은 물론이요, 다른 이들까지도 십악을 행하게 하였으며, 십악을 찬탄하고 십악을 행하는 이들까지도 찬탄하면서, 한 생각 사이에 40가지 악업을 지었나이다.

이러한 죄가 한량없고 가이없기에 오늘 모두 참회하오니, 부디 소멸시켜 주옵소서. 저희가 거듭 지극한 정성으로 오체투지하옵니다. (절)

또한 아주 먼 옛적부터 오늘에 이르기까지 육근(六根)을 의지하고 육식(六識)을 움직여서 육진(六塵)을 취하였으니, 눈은 빛을 애착하고, 귀는 소리를 애착하고, 코는 향기를 애착하고, 혀는 맛을 애착하고, 몸은 부드러운 것을 애착하고, 뜻은 여러 가지 현상인 법(法)

진(塵)을 애착하여, 갖가지 업을 짓고 8만 4천에 달하는 번뇌의 문을 열었나이다.

  이러한 죄악이 한량없고 가이없기에 오늘 모두 참회하옵니다. 원하옵건대 부디 소멸시켜 주옵소서. 저희가 거듭 지극한 정성으로 오체투지하옵니다. (절)

  또 아주 먼 옛적부터 오늘에 이르기까지 몸과 입과 뜻으로 불평등한 일을 하였나이다. 내 몸 있는 줄만 알았지 다른 이의 몸이 있는 줄은 알지 못하였고, 나의 고통은 알면서도 다른 이의 고통은 알지 못하였나이다. 나의 안락은 구할 줄 알면서도 다른 이가 안락을 구하는 줄은 알지 못하였고, 나의 해탈은 구하면서도 다른 이가 해탈을 구하는 줄은 알지 못하였나이다. 나의 집과 권속이 있는 줄은 알면서도 다른 이에게 집과 권속이 있는 줄은 알지 못하였고, 나의 몸이 가렵고 아픈 것은 참기 어려워하면서도 다른 이가 매를 맞아 고통이 심한 것은 걱정조차 하지 않았나이다.

지금 당장 나의 몸이 작은 고통을 받는 것은 매우 두려워하면서도, 악업을 지어 지옥에 들어가서 여러 가지 고통을 골고루 받을 것에 대해서는 두렵다는 생각조차 아니 하였으며, 아귀와 축생과 아수라와 인간과 하늘의 세계에 있는 여러 가지 고통에 대해서도 두려워하지 않았나이다.

이와 같은 불평등한 마음으로 '나다 남이다' 하는 생각을 일으켜 미워하고 좋아하는 관계를 맺으면서 살아왔기 때문에, 원수가 육도에 두루 할 수밖에 없었나이다.

이러한 죄가 한량없고 가이없기에 오늘 남김없이 모두 참회하오니 소멸시켜 주옵

소서. 저희가 거듭 지극한 정성으로 오체투지하옵니다. (절)

또한 아주 먼 옛적부터 오늘에 이르기까지, 마음[心]이 전도되고 생각[想]이 전도되고 소견[見]이 전도되어 선지식을 멀리하고 악지식을 가까이 하며 지냈고, 팔정도를 등지고 팔사도를 행하였으며, 법을 법이 아니라 하고 법이 아닌 것을 법이라고 말하였으며, 불선을 선이라 하고 선을 불선이라고 말하면서, 교만의 깃발과 우치의 돛대를 달고 무명 따라 생사의 바다로 흘러들어 갔나이다.

이러한 죄악이 한량없고 가이없기에, 오늘 모두 참회하오니 소멸시켜 주옵소서. 저희가 거듭 뼈가 닳도록 오체투지하옵니다. (절)

또한 아주 먼 옛적부터 오늘에 이르기까지 세가지 불선근(不善根)인 탐심 진심 치심의 삼독(三毒)으로 네 가지 전도를 일으켜서 오역죄(五逆罪)를 짓고 십악업(十惡業)을 행하였나이다. 치성한 삼독은 팔고(八苦)를 키웠을 뿐아니라, 팔한지옥(八寒地獄)과 팔열지옥(八熱地獄)에 갈 인(因)을 지었고, 8만 4천 격자지옥(鬲子地獄)에 들어갈 인(因)을 지었으며, 모든 축생의 인과 모든 아귀의 인, 인간계와 천상에서 생노병사 등의 갖가지 고통을 받을 인을 지었으니, 육도에서 받을 무량한 괴로움은 가히 견딜 수도 없고 보고 들을 수도 없나이다.

오늘 한량없고 가이없는 이 모든 죄악들을 참회하오니, 부디 소멸시켜 주옵소서. 저희가 간절히 뉘우치며 뼈가 닳도록 오체투지하옵니다. (절)

또한 아주 먼 옛적부터 오늘에 이르기

까지 삼독의 뿌리로 인해 욕계·색계·무색계의 삼유(三有)세계를 25종류의 중생[二十五有]이 되어 돌아다니면서, 태어나는 곳마다 죄악을 짓고 업풍(業風)을 따르면서도 스스로 알지를 못하였나이다.

　다른 이가 계행을 지니고 선정과 지혜를 닦고 공덕을 짓고 신통을 닦는 것을 방해하였으며, 이와 같은 죄장(罪障)이 다시 보리심(菩提心)을 방해하고 보리원(菩提願)을 방해하고 보리행(菩提行)을 방해하였나이다.

　오늘 이러한 죄를 모두 참회하오니 부디 소멸시켜 주옵소서. 저희가 거듭 뼈가 닳도록 오체투지하옵니다. (절)

　또한 아주 먼 옛적부터 오늘에 이르기까지 탐욕과 진심으로 육식을 일으키고 육진(六塵)을 따라가면서 많은 죄를 일으키되, 혹은 중생에게 일으키고, 혹은 비중생(非衆生)에게 일으키고, 혹은 번뇌가 없는 무루인(無漏人)에게 일으키고, 혹은 무루법(無漏法)에 대해 일으켰나이다. 이렇게 탐욕과 진심으로 일으킨 죄악을 오늘 모두 참회하오니 부디 소멸시켜 주옵소서.

또한 어리석은 마음으로 전도된 행을 일으키되 삿된 스승을 믿고 삿된 말을 받아들여 죽으면 자아가 없어지고 다시는 살아나지 않는다고 주장하는 단견(斷見)이나, 죽은 뒤 자아가 불멸한다고 주장하는 상견(常見)에 집착하고, 나와 나의 소견에 집착하는 어리석은 행위들을 하면서 무량한 죄를 지었으며, 이와 같은 인연이 보리심을 방해하고 보리원을 방해하고 보리행을 방해하는 허물을 지었나이다.

이러한 죄를 모두 참회하오니 소멸시켜 주옵소서. 저희가 거듭 지극한 정성으로 오체투지하옵니다. (절)

또한 아주 먼 옛적부터 오늘에 이르기까지 몸으로 짓는 세 가지 악업과 입으로 짓는 네 가지 악업과 뜻으로 짓는 세 가지 악업으로써 시작을 알 수 없는 무명과 근본번뇌인 주지번뇌(住地煩惱)와 계속적으로 일어나는 번뇌들, 곧 삼독(三毒)·사취(四取)·오개장(五蓋障)·육애(六愛)·칠루(七漏)·팔구(八垢)·구결(九結)·십사(十使) 등의 한량없고 가이없는 번뇌들을 일으켜 보리심을 방해하고 보리원을 방해하고 보리행을 방해하였나이다.

오늘 이러한 죄를 모두 참회하오니 소멸시켜 주옵소서. 저희가 거듭 지극한 정성으로 오체투지하옵니다. (절)

또한 아주 먼 옛적부터 오늘에 이르기까지 자비심(慈悲心)을 닦지 않고 희사심(喜捨心)을 닦지 않았으며, 보시바라밀을 닦지 않고 지계바라밀을 닦지 않고 인욕바라밀을 닦지

참회 · 81

않고 정진바라밀을 닦지 않고 선정바라밀을 닦지 않고 지혜바라밀을 닦지 않았으며, 바른 수행을 돕는 모든 조도법(助道法)을 닦지 않았기 때문에 방편과 지혜를 얻지 못하여, 보리심을 방해하고 보리원을 방해하고 보리행을 방해하였나이다.

　오늘 이러한 죄를 모두 참회하오니 소멸시켜 주옵소서. 저희가 거듭 간절한 마음으로 오체투지하옵니다. (절)

　또한 시작 없는 옛적부터 오늘에 이르기까지 삼계를 두루 돌아다니고 사생과 육도를 윤회하면서 몸을 받되, 남자도 되고 여자도 되고 비남비녀(非男非女)도 되어 모든 곳에서 한량없는 죄를 짓되, 때로는 큰 중생이 되어 서로 잡아먹고 때로는 작은 중생이 되어 서로 잡아먹었나이다. 이렇게 살생한 죄가 한량없고 가이없어 보리심을 방해하고 보리원을 방해하고 보리행을 방해하였나이다.

　오늘 이러한 죄를 모두 참회하오니 소멸시켜 주옵소서. 저희가 거듭 지극한 정성으로 오체투지하옵니다. (절)

　의식이 생겨난 뒤부터 오늘에 이르기까지 육도를 두루 다니면서 사생의 몸을 받았으며, 그 사이에 지은 죄악도 무궁무진하옵니다. 이러한 죄를 시방의 부처님과 대보살님께서는 모두 보았고 아실 것이오니, 그 많은 죄들에 대해 지극한 정성으로 머리 조아려 참회하옵니다. 원하옵건대 이미 지은 죄는 영원히 소멸되고, 아직 짓지 아니한 죄는 다시 짓지 않게 하옵소서.

　시방의 부처님이시여, 대자대비한 마음으로 저희의 참회를 받아 주시옵고, 대자대비한 마음으로 저희들의 보리에 방해가

되는 모든 죄업을 씻어 주시오며, 도량 또한 끝까지 청정하도록 살펴주시옵소서. (절)

또한 원하옵니다. 시방세계 모든 부처님의 부사의한 힘과 근본서원력과 중생을 제도하는 힘과 중생을 감싸주는 힘 등으로 가피를 내려, 오늘 저희들로 하여금 보리심을 발하게 하옵시고, 오늘부터 보리(菩提)도량(道場)에 앉을 때까지 다시는 물러나지 않게 하여 마침내 성취케 하고, 저희들의 서원이 모든 보살의 서원과 같게 하여지이다.

우러러 원하오니, 시방의 모든 부처님과 대보살님께서는 자비하신 마음으로 가피를 내리고 섭수하시어, 저희의 소원과 보리의 원이 원만하게 성취되고, 모든 중생의 보리원들도 원만히 성취되게 하여지이다. (절)

자비도량참법 제2권

자비도량참법 제2권을 행하면서 지극한 마음으로 삼세의 부처님께 귀의하옵니다.

천상 인간 세상에서 부처님이 제일이니
시방 세계 어디에도 견줄 이가 결코 없네
이 세간의 모든 것들 하나하나 다 보아도
부처님과 같은 이는 하늘 아래 다시 없네

지심귀명례 과거 비바시불 過去毘婆尸佛

지심귀명례 시기불 尸棄佛

지심귀명례 비사부불 毘舍浮佛

지심귀명례 구류손불 拘留孫佛

지심귀명례 구나함모니불 拘那舍牟尼佛

지심귀명례 가섭불 迦葉佛

지심귀명례 본사 석가모니불 本師釋迦牟尼佛

지심귀명례 당래 미륵존불 當來彌勒尊佛

4. 발보리심 發菩提心

　오늘 이 도량의 동업 대중이여, 모두가 마음의 때를 씻어 십악의 중죄를 깨끗이 하였기에, 쌓인 악업이 없어지고 겉과 속이 모두 정결하여졌도다. 이제 보살의 행을 배워 바른 도를 수행하면 공덕과 지혜가 그로부터 생기느니라.
　그러므로 모든 부처님께서 찬탄하시기를, '발심(發心)이 도량(道場)이니, 능히 일을 처리할 수 있게 한다'고 하셨느니라.
　바라건대 대중들이여, 각자의 뜻을 견고히 하여 세월을 허송하지 말라. 그냥 번뇌가 다하기를 기다리면 반드시 후회하게 되느니라.

　우리들이 오늘 좋은 때를 만났으니, 번뇌가 마음을 덮는 것을 그냥 두지 말고,

밤낮으로 힘써 정진하여 보리심을 낼지어다.

보리심은 곧 불심(佛心)이니, 공덕과 지혜가 그지없이 많으니라. 잠깐 동안 보리심을 발하여도 그와 같거늘, 하물며 오랫동안 발하였다면 가히 어떠하겠는가.

가령 전생의 여러 겁 동안 무량한 복을 닦고 금생에도 각종 선을 두루 닦았을지라도, 보리심을 발한 공덕의 만분의 일에도 미치지 못하고, 산수(算數)와 비유로는 다 표현할 수가 없느니라.

또 어떤 사람이 복덕만 짓고 무상도심(無上道心)인 보리심을 발하지 않았다면, 이는 마치 밭을 갈고도 종자를 심지 않은 것 같나니, 이미 싹이 날 수 없는데 어디에서 결실을 구할 것인가? 그러므로 모름지기 보리심을 발해야 하나니, 이를 인연으로 삼아야 위로는 부처님 은혜를 갚고, 아래로는 모든 중생을 제도할 수 있느니라.

이러한 까닭으로 부처님께서 여러 왕들을 찬탄하시기를, '착하고 훌륭하도다. 모든 중생을 이익 되게 하려면 보리심을 발해야 하나니, 이것이 여래에 대한 으뜸가는 공양이니라'고 하셨느니라.

보리심은 한 번만 발하는 것이 아니니, 자주자주 발하여 보리심이 끊이지 않게 해야 하느니라. 그러므로 경에 이르기를, '나유타 항하의 모래알과 같은 무수한 부처님께 선한 원을 크게 발하라'고 하였나니, 이로써 보리심을 발하는 수효가 무량해야 함을 알 것이로다.

또한 보리심은 선지식을 만날 때마다 거듭거듭 발하여야 하며, 부처님께서 출세하실 때를 기다릴 것이 아니니라. 마치 문수보살께서 처음 보리도를 닦게 되었을 때 여인으로 인해 보리심을 발하고 지혜를 얻게 된 것과 같으니라. 그러므로 평범하게 마음만 표할 것이 아니라, 진실로 대승을 우러러 사모하고 불법을 탐구하고 경전을 의지해야 하느니라.

세상일로써 비유하면 원수와 친한 이에 대해 차별이 없고, 육도가 하나의 모습인 일상(一相)이니라. 이를 잘 깨달음으로 인해 함께 해탈을 얻게 되나니, 만일 이와 같음을 믿고 이해한다면 부질없는 말이 아니라는 것을 알 것이니라.

오늘 이 도량의 동업 대중이여, 보리심을 발할 때에는 반드시 생각을 일으키되 먼저 친한 이부터 인연을 맺어나가 자기의 부모와 스승과 권속부터 생각하고, 이어서 지옥·아귀·축생을 생각하고, 천인과 신선과 일체선신을 생각하고, 인간 세계의 모든 인류를 생각해야 하느니라. 고통 받는 이를 보게 되면 '어떻게 구원할 것인가'하는 생각을 발하여야 하나니, 오직 큰마음이 있어야만 저들의 괴로움을 구제할 수 있느니라.

만일 중생 구제의 한 생각이 이루어지면 다시 두 생각을 짓고, 두 생각이 이루어지면 세 생각을 짓고, 세 생각이 이루어지면 한 방 가득한 생각을 짓고, 한 방 가득한 생각이 이루어지면 한 유순에 가득한 생각을 지으며, 나아가 한 유순에 가득해지면 남섬부주에 가득하고, 남섬부주에 가득해지면 다른 삼천하(三千下)까지 가득하고, 이와 같이 점점 넓어져서 시방세계에 가득하여지나니, 동방 세계의 중생을 보고는 아버지라 생각하고, 서방 세계의 중생을 보고는 어머니라 생각하고, 남방의 중생을 보고는 형이라 생각하고, 북방의 중생을 보고는 동생이라 생각하고, 하방(下方)의 중생은 누이라 생각하고, 상방(上方)의 중생을 보고는 스승이라 생각하며, 그 외의 남동·남서·북동·북서의 네 간방(間方) 중생은 사문이요 바라문이라 생각할지니라.

만일 그들이 고통을 받거든 내가 고통을 받는다는 생각을 하고, 그 사람에게 가서 몸을 주무르고 안마하여 그의 괴로움을 구제할 것이요, 그가 괴로움에서 벗어나면 그에게 부처님을 찬탄하고 법을 찬탄하고 보살들을 찬탄할 것이요, 찬탄의 설법을 듣고 그가 환희심을 내고 즐거움을 받는 것을 보거든 내가 받는 것과 같이 생각해야 하느니라.

오늘 이 도량의 동업 대중이여, 보리심

을 발하였거든 이와 같이 괴로움에 빠진 중생을 모른 체하지 말고 마땅히 제도해야 하느니라. 이제 모두 간절하게 오체투지하면서 마음으로 생각하며 서원을 입으로 말할지니라.

"저희는 오늘부터 보리도량에 이를 때까지 나는 곳마다 항상 선지식을 만나 무상보리심을 발하고, 삼악도에 나거나 팔난^{難}* 속에 있더라도 항상 보리심을 발할 것을 기억하여 잊지 않음으로써 보리심이 계속 이어져 끊이지 않게 하겠나이다." (절)

오늘 이 도량의 동업 대중이 꾸준하고 용맹스러운 마음을 일으켜 보리심을 발할 것을 서원하옵고, 간절하게 오체투지하면서, 대자대비하신 부처님들께 귀의하옵니다.

* 팔난八難:부처님을 볼 수도 없고 법을 듣지도 못하는 여덟 가지 경계

지심귀명례 미륵불 彌勒佛
지심귀명례 석가모니불 釋迦牟尼佛
지심귀명례 용시불 勇施佛
지심귀명례 청정불 淸淨佛
지심귀명례 청정시불 淸淨施佛
지심귀명례 사류나불 娑留那佛
지심귀명례 수천불 水天佛
지심귀명례 견덕불 堅德佛
지심귀명례 전단공덕불 栴檀功德佛
지심귀명례 무량국광불 無量菊光佛
지심귀명례 광덕불 光德佛
지심귀명례 무우덕불 無憂德佛
지심귀명례 나라연불 那羅延佛
지심귀명례 공덕화불 功德華佛
지심귀명례 견용정진보살 堅勇精進菩薩
지심귀명례 금강혜보살 金剛慧菩薩
지심귀명례 무변신보살 無邊身菩薩
지심귀명례 관세음보살 觀世音菩薩

지심귀명례 시방 진허공계 일체삼보
^{十方 盡虛空界 一切三寶}

저희가 지금 시방의 일체 삼보님 앞에서 보리심을 발하옵나니, 오늘부터 보리 도량에 이를 때까지 보살도를 행하여 맹세코 물러나지 않겠나이다. 항상 중생을 제도하고 항상 중생을 편안하게 하고 항상 중생을 보호하려는 마음을 갖되, 중생이 부처를 이루지 못하면 맹세코 먼저 정각(正覺)을 취하지 않겠나이다. 원하옵건대 시방의 모든 부처님과 대보살님들과 성현들께서는 저희를 증명하시어, 저희로 하여금 모든 행원(行願)을 다 성취케 하여지이다.

오늘 이 도량의 동업 대중이여, 설령 여러 겁 동안 여러 가지 선업을 지었더라도, 인천(人天)의 과보는 얻을지언정 출세간(出世間)의 참된 과보는 얻지 못하기 때문에, 목숨을 마치고 복이 다하게 되면 도리어 나쁜 세상에 떨어져서 몸이 다하도록 고통을 받게 되느니라. 그러므로 모름지기 큰 서원을 세우고 광대한 마음을 발하지 않으면, 온갖 복으로 장엄할지라도 생사의 고뇌를 여의지 못하게 되느니라.

　오늘 대중들이 한결같은 마음으로 부처님을 생각하고 견고한 마음으로 보리심을 발하게 되면, 보리심을 발한 공덕을 다 헤아릴 수가 없느니라. 때문에 부처님과 보살들도 그 공덕은 다 말할 수가 없고 그 선근의 힘은 다 헤아릴 수가 없나니, 어찌 지극한 정성으로 보리심을 발하지 아니할 것인가.

　『대집경』에 이르기를, '백 년 동안 캄캄했던 방도 등불 하나로 능히 밝힐 수 있나니, 잠깐 동안의 발심(發心)을 가벼이 여기지 말고 노력해야 하느니라'고 하셨느니라.

 이제 저희가 서로 호궤합장을 하고 일심으로 시방의 모든 삼보를 생각하면서 아뢰옵니다.
 저희가 지금 시방의 모든 부처님과 시방의 모든 법보와 시방의 모든 보살과 시방의 모든 성현들 앞에서 곧은 마음[直心]과 바른 생각[正念]과 크고 중한 마음[殷重心]과 방일하지 않는 마음[不放逸心]과 편안한 마음[安住心]과 선을 좋아하는 마음[樂善心]과 중생을 모두 제도하려는 마음[度一切心]과 일체를 보호하는 마음[覆護一切心]과 부처님들과 같은 마음[等諸佛心]으로 보리심을 발하옵니다.

 저희는 오늘부터 보리도량에 앉을 때까지 사람과 천인의 마음에 대해 집착하지 않고, 성문의 마음을 일으키지 않고, 벽지불의 마음도 일으키지 않겠나이다. 오직 대승의 마음과 부처님의 지혜를 구하는 마음과 아뇩다라삼먁삼보리를 성취하려는 마음만을 발하겠나이다.

원하옵건대 시방의 한량없는 모든 부처님과 모든 대보살과 모든 성인께서는 저희를 위해 본원력(本願力)으로 증명하고 자비력(慈悲力)으로 가피하고 섭수하시어, 저희의 오늘 이 발심이 세세생생 견고하여 물러나지 않게 하옵소서.

만일 삼악도에 떨어지고 팔난(八難)을 만나 삼계 속에서 갖가지 몸을 받고 갖가지 견디기 어렵고 참기 어려운 고를 받을지라도, 오늘 세운 큰마음을 잃지 않을 것이오며, 정녕 무간지옥에 들어가고 불구덩이 속에 들어가서 갖가지 고통을 받을지라도 오늘 세운 큰마음을 잃지 않겠나이다. 부디 저희의 이 마음과 이 서원이 부처님의 마음과 같고 부처님의 서원과 같게 하여 주옵소서. 거듭 지극한 정성으로 삼보님께 정례하고 발원하옵니다. (절)

저희는 오늘부터 성불할 때까지 일체법이 공함[法空]을 아는 것과 일체 중생을 제도하는 것, 이 두 가지 법만은 결코 버리지 않겠나이다.

저희는 지극한 정성으로 간절하게 오체투지하면서 마음으로 생각하고 입으로 아뢰옵니다. 저희는 저희 자신을 위해 위없는 보리를 구하는 것이 아니라 일체 중생을 제도하기 위해 위없는 보리를 얻고자 하옵니다. 오늘부터 성불할 때까지 맹세코 한량없고 가없는 모든 중생을 책임지고 대자비심을 일으키게 하겠나이다.

또한 미래의 중생에게 삼악도의 중죄와

육도(六道)의 재난이 있게 되면 저희는 어떠한 고난도 피하지 않고 그들을 구호하여 안락한 곳에 이르게 하겠나이다. 시방에 가득하신 모든 부처님이시여, 굽어 살펴주옵소서.

지심귀명례 미륵불 彌勒佛
지심귀명례 석가모니불 釋迦牟尼佛
지심귀명례 연화광유희신통불 蓮華光遊戱神通佛
지심귀명례 재공덕불 財功德佛
지심귀명례 덕념불 德念佛
지심귀명례 선명공덕불 善名功德佛
지심귀명례 홍염당왕불 紅焰幢王佛
지심귀명례 선유보공덕불 善遊步功德佛
지심귀명례 보화유보불 寶華遊步佛
지심귀명례 보련화선주사라수왕불 寶蓮華善住娑羅樹王佛
지심귀명례 투전승불 鬪戰勝佛
지심귀명례 선유보불 善遊步佛

지심귀명례 주잡장엄공덕불 周匝莊嚴功德佛
지심귀명례 기음개보살 棄陰蓋菩薩
지심귀명례 적근보살 寂根菩薩
지심귀명례 무변신보살 無邊身菩薩
지심귀명례 관세음보살 觀世音菩薩
지심귀명례 시방 진허공계 일체삼보 十方盡虛空界一切三寶

　원하옵건대, 대자비의 힘으로 저희를 위해 증명하시되, 저희로 하여금 오늘부터 태어나는 곳마다 보리심을 발하고 보살도를 행하여 모두 성취하게 하옵시고, 가는 곳마다 다 해탈하게 하여지이다. 거듭 지극한 정성으로 시방의 모든 삼보님께 절을 올리옵니다. (절)

　저희는 저희 자신을 위해 위없는 보리를 구하는 것이 아니라, 시방의 일체 중생을 제도하기 위해 위없는 보리를 얻고자 하옵니다. 오늘부터 성불할 때까지 어리석고 컴컴하여 정법을 알지 못하거나, 여러 가지 다른 소견을 일으키거나, 도를 닦되 모든 법의 참모습인 법상(法相)을 알지 못하는 중생이 있으면, 저희는 무한한 미래의 세상이 다하도록 부처님의 힘과 법의 힘과 성현의 힘과 갖가지 방편으로 이러한 중생들을 지도하여, 부처님의 지혜를 얻고 일체종지(一切種智)를 모두 성취할 수 있게 하겠나이다. 저희 모두는 지극한 마음으로 간절하게 오체투지 절을 하면서 시방의 모든 부처님들께 귀의하옵니다.

지심귀명례 미륵불 彌勒佛
지심귀명례 석가모니불 釋迦牟尼佛
지심귀명례 보광불 普光佛
지심귀명례 보명불 普明佛
지심귀명례 보정불 普淨佛

지심귀명례 다마라발전단향불 多摩羅跋栴檀香佛

지심귀명례 전단광불 栴檀光佛

지심귀명례 마니당불 摩尼幢佛

지심귀명례 환희장마니보적불 歡喜藏摩尼寶積佛

지심귀명례 일체세간낙견상대정진불 一切世間樂見上大精進佛

지심귀명례 마니당등광불 摩尼幢燈光佛

지심귀명례 혜거조불 慧炬照佛

지심귀명례 해덕광명불 海德光明佛

지심귀명례 금강뢰강보산금광불 金剛牢强普散金光佛

지심귀명례 대강정진용맹불 大强精進勇猛佛

지심귀명례 대비광불 大悲光佛

지심귀명례 자력왕불 慈力王佛

지심귀명례 자장불 慈藏佛

지심귀명례 혜상보살 慧上菩薩

지심귀명례 상불리세보살 常不離世菩薩

지심귀명례 무변신보살 無邊身菩薩

지심귀명례 관세음보살 觀世音菩薩

지심귀명례 시방 진허공계 일체삼보 十方 盡虛空界 一切三寶

원하옵건대, 여러 부처님과 대보살님께서는 대자비의 힘과 대지혜의 힘과 부사의한 힘과 무량한 자재력(自在力)과 사마(四魔)를 항복시키는 힘과 오개(五蓋)를 끊는 힘과 번뇌를 없애는 힘과 한량없는 업의 티끌[業塵]을 청정하게 하는 힘과 선정에서 나오는 지혜인 관지(觀智)를 개발하는 힘과 번뇌가 없는 지혜인 무루혜(無漏慧)를 개발하는 힘과 가없고 한량없는 신통력과 무량중생을 제도하는 힘과 무량중생을 보호하는 힘과 무량중생을 편안하게 하는 힘과 한량없는 고뇌를 끊어버리는 힘과 한량없는 지옥중생을 해탈시키는 힘과 한량없는 아귀를 제도하는 힘과 한량없는 축생을 구제하는 힘과 한량없는 아수라를 교화하는 힘과 한량없는 인간을 섭수하는 힘과 한량없는 천인과 신선들의 번뇌를 없애는 힘과 십지(十地)를 구족하고 장엄하는 힘과 정토(淨土)를 구족하고 장엄하는 힘과 도량(道場)을 구족하고 장엄하는 힘과 불과(佛果)의 공덕을 구족하고 장엄하는 힘과 불과(佛果)의 지혜(知慧)를 구족하고 장엄하는 힘과 법신(法身)을 구족하고 장엄하는 힘과 위없는 보리(菩提)를 구족하고 장엄하는 힘과 대열반(大涅槃)을 구족하고 장엄하는 힘과 한량없고 다함없는 공덕력(功德力)과 한량없고 다함없는 지혜력(智慧力)을 가피하여 주옵소서.

원하옵건대 시방의 모든 불보살님께서는 본래 서원하신 대로, 한량없이 자재하고 가없이 불가사의한 이 모든 힘들을 베풀어 주시옵고, 시방세계의 사생 육도 모든 중생과 오늘 발심한 이들로 하여금 모든 공덕력을 원만하게 구족성취케 하옵시고, 보리의 원력을 구족성취케 하옵시며, 보리행의 힘을 구족성취케 하여지이다.

지금 이 시방세계에 숨어 있거나 드러

나 있거나, 원수거나 친한 이거나 원수도 친한 이도 아니거나, 사생육도와 인연이 있는 이거나 인연이 없는 이 할 것 없이, 이 참법을 닦는 모든 중생이 미래가 다할 때까지 청정함을 얻게 하고, 나는 곳마다 서원을 성취하고 한결같이 견고한 마음을 지녀서 물러나지 않게 하며, 여래와 같은 정각(正覺)을 이루게 하여지이다.

　아울러 후세의 중생 중에 소원이 다른 이들까지도 다 이 대원해(大願海)에 들어와서 공덕과 지혜를 성취하고, 여러 보살과 함께 십지의 행을 원만히 닦아 부처님의 일체종지(一切種智)를 구족하고 위없는 보리를 장엄하여 마침내 해탈케 하여지이다. (절)

5. 발원 發願

　오늘 이 도량의 동업 대중이 대보리심을 발하여 환희용약(歡喜踊躍)하였고, 다시 큰 서원을 발하기 위해 다 같이 간절하게 오체투지하면서 세간(世間)의 대자대비하신 부처님께 귀의하옵니다.

지심귀명례 미륵불 彌勒佛
지심귀명례 석가모니불 釋迦牟尼佛
지심귀명례 전단굴장엄승불 栴檀窟莊嚴勝佛
지심귀명례 현선수불 賢善首佛
지심귀명례 선의불 善意佛
지심귀명례 광장엄왕불 廣莊嚴王佛
지심귀명례 금강화불 金剛華佛
지심귀명례 보개조공자재력왕불 寶盖照空自在力王佛
지심귀명례 허공보화광불 虛空寶華光佛
지심귀명례 유리장엄왕불 琉璃莊嚴王佛

지심귀명례 보현색신광불 普現色身光佛
지심귀명례 부동지광불 不動智光佛
지심귀명례 항복제마왕불 降伏諸魔王佛
지심귀명례 재광명불 才光明佛
지심귀명례 지혜승불 智慧勝佛
지심귀명례 미륵선광불 彌勒仙光佛
지심귀명례 약왕보살 藥王菩薩
지심귀명례 약상보살 藥上菩薩
지심귀명례 무변신보살 無邊身菩薩
지심귀명례 관세음보살 觀世音菩薩
지심귀명례 시방 진허공계 일체삼보 十方盡虛空界一切三寶

　원하옵나니, 부사의한 힘으로 가피하고 보호하시어 저희가 세운 모든 서원이 성취되게 하오시며, 태어나는 곳마다 항상 잊지 않아서 마침내 위없는 보리를 얻고 정각을 성취케 하여지이다. (절)

저희는 발원하옵니다.

오늘부터 세세생생 나는 곳마다 항상 보리심을 발한 것을 기억하고, 그 보리심을 계속 이어 끊어지지 않게 하여지이다.

오늘부터 세세생생 나는 곳마다 항상 한량없고 가없는 모든 부처님을 받들고 공양하려 하오니, 그때마다 모든 공양거리가 만족하게 갖추어지이다.

오늘부터 세세생생 나는 곳마다 항상 대승방등경(大乘方等經)을 받들어 지니고자 하오니, 그때마다 모든 공양거리가 만족하게 갖추어지이다.

오늘부터 세세생생 나는 곳마다 항상 시방의 한량없고 가없는 모든 보살을 만나 뵙고자 하오니, 그때마다 모든 공양거리가 만족하게 갖추어지이다.

오늘부터 세세생생 나는 곳마다 항상 시방의 한량없고 가없는 성현들을 뵙고자 하오니, 그때마다 모든 공양거리가 만족하게 갖추어지이다.

오늘부터 세세생생 나는 곳마다 항상 자애롭고 깊은 은혜에 보답하고자 하오니, 그때마다 이바지할 것들이 뜻과 같이 만족하게 갖추어지이다.

오늘부터 세세생생 나는 곳마다 항상 화상과 아사리를 뵙고자 하오니, 그때마다 공양할 것들이 뜻과 같이 만족하게 갖추어지이다.

오늘부터 세세생생 나는 곳마다 항상 국력이 강대한 나라를 만나고, 나라와 더불어 삼보를 흥하게 하여 단절됨이 없게 하여지이다.

오늘부터 세세생생 나는 곳마다 항상 불국토를 장엄하여 삼독(三毒)과 팔난(八難)이라는 말까지 없어지게 하여지이다.

오늘부터 세세생생 나는 곳마다 불법을

자재하게 설하는 사무애지(四無礙智)와 육신통이 항상 함께 하여 모든 중생을 잘 교화할 수 있게 하여지이다.

저희 모두는 지극한 마음으로 오체투지하면서 세간의 대자대비하신 부처님께 귀의하나이다.

지심귀명례 미륵불彌勒佛
지심귀명례 석가모니불釋迦牟尼佛
지심귀명례 세정광불世淨光佛
지심귀명례 선적월음묘존지왕불善寂月音妙尊智王佛
지심귀명례 용종상존왕불龍種上尊王佛
지심귀명례 일월광불日月光佛
지심귀명례 일월주광불日月珠光佛
지심귀명례 혜번승왕불慧幡勝王佛
지심귀명례 사자후자재력왕불師子吼自在力王佛
지심귀명례 묘음승불妙音勝佛
지심귀명례 상광당불常光幢佛

지심귀명례 관세등불 觀世燈佛
지심귀명례 혜위등왕불 慧威燈王佛
지심귀명례 법승왕불 法勝王佛
지심귀명례 수미광불 須彌光佛
지심귀명례 수만나화광불 須曼那華光佛
지심귀명례 우담발라화수승왕불 優曇鉢羅華殊勝王佛
지심귀명례 대혜력왕불 大慧力王佛
지심귀명례 아촉비환희광불 阿閦毘歡喜光佛
지심귀명례 무량음성왕불 無量音聲王佛
지심귀명례 산해혜자재통왕불 山海慧自在通王佛
지심귀명례 대통광불 大通光佛
지심귀명례 재광불 才光佛
지심귀명례 금해광불 金海光佛
지심귀명례 일체법상만왕불 一切法常滿王佛
지심귀명례 대세지보살 大勢至菩薩
지심귀명례 보현보살 普賢菩薩
지심귀명례 무변신보살 無邊身菩薩
지심귀명례 관세음보살 觀世音菩薩

지심귀명례 시방 진허공계 일체삼보
十方盡虛空界 一切三寶

여러 부처님과 대보살님과 일체 성현의 대비심력(大悲心力)을 이어 받아 저희가 세운 서원이 태어나는 곳에서마다 늘 자재하여지이다.

오늘부터 세세생생 나는 곳마다 만일 어떤 중생이 저의 몸을 보면 곧 해탈을 얻게 되고, 만일 지옥에 들어가면 모든 지옥이 극락세계로 변하고 모든 괴로움은 즐거움으로 변하며, 중생들의 육근이 청정하고 몸과 마음이 안락하기가 삼선천(三禪天)*과 같아지고, 모든 의심을 끊고 번뇌가 없어지이다.

오늘부터 세세생생 나는 곳마다 어떤 중생이든 저의 음성을 들으면 마음이 편안하여져서 죄업을 소멸하고 다라니를 얻으며, 해탈삼매로 무생법인(無生法忍)을 구족하고,

* 삼선천三禪天:색계의 세 번째 하늘. 불법을 생각하면서 늘 즐겁게 산다고 함

큰 변재를 얻어 법운지*에 올라서 정각을 이루어지이다.

　오늘부터 세세생생 나는 곳마다 모든 중생들이 저의 이름을 들으면 모두가 일찍이 경험하지 못했던 환희를 얻게 되고, 삼악도에 가게 되면 모든 고통을 끊어 없애며, 천상이나 인간 세상에 나게 되면 모든 번뇌가 없어져서 가는 곳마다 자재하고 해탈하여지이다.

　오늘부터 세세생생 나는 곳마다 모든 중생을 대할 때 주거나 빼앗으려는 마음이 없고, 미워하거나 친하게 여기는 생각이 없고, 삼독이 모두 끊어지고, '나'와 '내 것'이라는 생각이 없으며, 큰 법을 믿고 평등하게 자비를 행하며, 모두가 화합하는 성스러운 대중이 되어지이다.

　오늘부터 세세생생 나는 곳마다 모든 중생을 대하는 마음이 항상 평등하여 허

* 법운지法雲地:보살의 계위 중에서 가장 높은 제십지第十地

공과 같고, 헐뜯고 칭찬하는 말에 흔들리지 아니하며, 미운 이와 친한 이가 한 모양이요, 깊고 넓은 마음으로 부처님의 지혜를 배우며, 중생을 보되 라후라처럼 보고, 십주*의 업을 만족하여 외아들과 같은 지위를 얻으며, 유(有)와 무(無)를 떠나서 항상 중도(中道)를 행하여지이다.

 이제 지극한 마음으로 오체투지하면서 세간의 대자대비하신 부처님께 귀의하옵니다.

지심귀명례 미륵불 彌勒佛

지심귀명례 석가모니불 釋迦牟尼佛

지심귀명례 보해불 寶海佛

지심귀명례 보영불 寶英佛

지심귀명례 보성불 寶成佛

지심귀명례 보광불 寶光佛

지심귀명례 보당번불 寶幢幡佛

* 십주十住: 보살 수행의 52단계 중 마음을 안주하는 제11위부터 제20위까지.

지심귀명례 보광명불寶光明佛

지심귀명례 아촉불阿閦佛

지심귀명례 대광명불大光明佛

지심귀명례 무량음불無量音佛

지심귀명례 대명칭불大名稱佛

지심귀명례 득대안은불得大安隱佛

지심귀명례 정음성불正音聲佛

지심귀명례 무한정불無限淨佛

지심귀명례 월음불月音佛

지심귀명례 무한명칭불無限名稱佛

지심귀명례 일월광명불日月光明佛

지심귀명례 무구광불無垢光佛

지심귀명례 정광불淨光佛

지심귀명례 금강장보살金剛藏菩薩

지심귀명례 허공장보살虛空藏菩薩

지심귀명례 무변신보살無邊身菩薩

지심귀명례 관세음보살觀世音菩薩

지심귀명례 시방 진허공계 일체삼보 十方盡虛空界 一切三寶

원하옵건대 저희가 참회하고 발원하는 공덕과 인연으로 사생과 육도의 중생들이 오늘부터 보리를 이룰 때까지 보살도를 행함에 있어 고달픔이 없으며, 재물보시와 법보시가 무궁무진하며, 지혜와 방편으로 짓는 일들이 헛되지 않고, 근기에 맞추고 병에 응하여 법과 약을 베풀며, 보고 듣는 모든 이들이 함께 해탈을 얻어지이다.

또 원하옵니다. 오늘부터 보리에 이를 때까지 보살도를 행함에 어려움이 없고, 이르는 곳마다 큰 불사를 지어 도량을 건립하되 마음이 자재하고 법에 자재하며, 모든 삼매에 능히 들어가지 못함이 없고, 다라니의 문을 열어 불과(佛果)를 나타내어 보이며, 법운지(法雲地)에 있으면서 감로의 비를 내려 중생들의 네 가지 마원(魔怨)인 번뇌·오온(五蘊)·죽음·불선행(不善行)을 소멸하고 청정법신(清淨法身)의 오묘한 과보를 얻게 하여지이다.

저희가 오늘 세운 여러 서원이 시방 세계 대보살님들이 세운 서원과 같고, 시방 제불(諸佛)께서 수행할 때 세운 일체대원(一切大願)과 같아져서, 광대하기가 법성(法性)과 같고 허공의 끝과 같아지이다.

저희가 세운 소원인 보리의 원을 만족하게 성취하고, 중생들이 따라서 세운 원도 다 성취되기를 바라오니, 시방의 일체제불(一切諸佛)과 일체존법(一切尊法)과 일체보살(一切菩薩)과 일체현성(一切賢聖)께서는 자비의 힘으로 저희를 위하여 증명하옵소서.

또 원컨대 모든 천신 모든 신선 모든 선신(善神) 모든 용신(龍神)들도 삼보를 옹호하는 자비와 선근의 힘으로 증명하시어, 저희의 모든 행원이 뜻과 같이 이루게 하여지이다. (절)

6. 발회향심 發廻向心

　오늘 이 도량의 동업 대중은 이미 보리심을 발하고 큰 서원을 발하였나이다. 이제 다시 회향심(廻向心)을 발하고자 지극한 마음으로 오체투지하면서 세간의 대자대비하신 부처님께 귀의하옵니다.

지심귀명례 미륵불 彌勒佛
지심귀명례 석가모니불 釋迦牟尼佛
지심귀명례 일광불 日光佛
지심귀명례 무량보불 無量寶佛
지심귀명례 연화최존불 蓮華最尊佛
지심귀명례 신존불 身尊佛
지심귀명례 금광불 金光佛
지심귀명례 범자재왕불 梵自在王佛
지심귀명례 금광명불 金光明佛
지심귀명례 금해불 金海佛

지심귀명례 용자재왕불 龍自在王佛

지심귀명례 일체화향자재왕불 一切華香自在王佛

지심귀명례 수왕불 樹王佛

지심귀명례 용맹집지뇌장기사전투불 勇猛執持牢仗棄捨戰鬪佛

지심귀명례 내풍주광불 內豊珠光佛

지심귀명례 무량향광명불 無量香光明佛

지심귀명례 문수사리보살 文殊師利菩薩

지심귀명례 묘음보살 妙音菩薩

지심귀명례 무변신보살 無邊身菩薩

지심귀명례 관세음보살 觀世音菩薩

지심귀명례 시방 진허공계 일체삼보 十方 盡虛空界 一切三寶

　원하옵건대, 자비하신 힘으로 저희를 위해 증명하여 주옵소서.

　저희의 원은, 과거에 일으킨 모든 선업과 현재에 일으키는 모든 선업과 미래에 일으킬 모든 선업의 많고 적고 가볍고 무거움을 가릴 것 없이, 그 모두를 사생 육도의 모든 중생에게 베풀어 그 중생들 모두가 보리심을 얻게 하되, 이승(二乘)에도 회향하지 않고 삼유(三有)*에도 회향하지 않으며, 오직 무상보리에로만 회향하는 것이옵니다. 또한 일체 중생이 과거와 현재와 미래에 일으킨 선업을 각기 회향케하되, 이승에도 삼유에도 회향하지 않고, 오직 무상보리에로만 회향하게 하여지이다.

　오늘 이 도량의 동업 대중이 모두 보리심을 발하고 대서원을 발하고 회향심을 발하였사오니, 그 광대함이 법성(法性)과 같고, 허공의 끝과 같도록 과거 현재 미래의 모든 부처님과 대보살님과 성현들께서는 증명하여주옵소서. 거듭 지극한 정성으로 삼보께 정례하옵니다. (절)

　이제 발심하고 발원하는 일을 마친 저

＊삼유三有:삼계의 생존

희는 환희용약하면서 지극한 마음으로 오체투지하옵고, 국가의 원수, 부모와 스승과 여러 겁 동안 만난 친척과 모든 권속, 선지식과 악지식, 천인과 신선, 세상을 지키는 사천왕과 선을 표창하고 악을 벌주는 이와 주문을 수호하는 이, 5방의 용왕과 팔부신, 신령과 토지신, 과거 현재 미래의 미운 이와 친한 이와 밉지도 친하지도 않은 이, 사생 육도의 일체 중생을 위해 세간의 대자대비하신 부처님께 귀의하옵니다.

지심귀명례 미륵불 彌勒佛
지심귀명례 석가모니불 釋迦牟尼佛
지심귀명례 사자향불 師子響佛
지심귀명례 대강정진용력불 大强精進勇力佛
지심귀명례 과거견주불 過去堅住佛
지심귀명례 고음왕불 鼓音王佛

지심귀명례 일월영불 日月英佛
지심귀명례 초출중화불 超出衆華佛
지심귀명례 세등명불 世燈明佛
지심귀명례 휴다이녕불 休多易寧佛
지심귀명례 보륜불 寶輪佛
지심귀명례 상멸도불 常滅度佛
지심귀명례 정각불 淨覺佛
지심귀명례 무량보화명불 無量寶華明佛
지심귀명례 수미보불 須彌步佛
지심귀명례 보련화불 寶蓮華佛
지심귀명례 일체중보보집불 一切衆寶普集佛
지심귀명례 법륜중보보집풍영불 法輪衆寶普集豊盈佛
지심귀명례 수왕풍장불 樹王豊長佛
지심귀명례 위요특존덕정불 圍繞特尊德淨佛
지심귀명례 무구광불 無垢光佛
지심귀명례 일광불 日光佛
지심귀명례 과거무수겁 제불대사 해덕여래 過去無數劫 諸佛大師 海德如來
지심귀명례 무량무변 진허공계 무생법신보살 無量無邊 盡虛空界 無生法身菩薩

지심귀명례 무량무변 진허공계 무루색신보살
_{無量無邊盡虛空界無漏色身菩薩}

지심귀명례 무량무변 진허공계 발심보살
_{無量無邊盡虛空界發心菩薩}

지심귀명례 흥정법 마명대사보살
_{興正法馬鳴大師菩薩}

지심귀명례 흥상법 용수대사보살
_{興像法龍樹大師菩薩}

지심귀명례 시방진허공계 무변신보살
_{十方盡虛空界無邊身菩薩}

지심귀명례 시방진허공계 구고관세음보살
_{十方盡虛空界救苦觀世音菩薩}

찬불축원 讚佛祝願

거룩하신 대성세존(大聖世尊) 높고 크고 당당하고
신통지혜 통달하신 성인들 중 왕이로다
시방육도 어디에나 그 모습을 나타내고
정상에는 육계있고 그 모습은 큰 빛나며
보름달과 같은 얼굴 자금색을 뿜어내니
위의(威儀) 매우 빼어나고 행(行)과 멈춤 편안하네
그 위엄이 가득하여 모든 마군 치를 떨고
삼세 모두 통달함에 삿된 무리 모두 숨네
악을 보면 고쳐주고 괴로운 이 구해내어
저 피안에 이르도록 직접 배를 저으시네

그러므로 여래(如來)·응공(應供)·정변지(正遍知)·명행족(明行足)·선서(善逝)·세간해(世間解)·무상사(無上師)·조어장부(調御丈夫)·천인사(天人師)·불세존(佛世尊)이라 칭하옵고, 한량없는 중생을 제도하여 생사의 고해를 벗어나게 하시나이다.

이제 이렇게 발심한 공덕의 인연으로 국가의 원수(元帥)와 문무백관들이 이 도량에 이르도록 하옵시되, 몸을 잊고 불법을 위함은 상제(常啼)보살 같게 하고, 대자비로 죄업을 멸함은 허공장(虛空藏)보살과 같게 하며, 멀리서 법을 들음은 유리광(琉璃光)보살과 같게 하고, 법난(法難)을 해결함은 무구장(無垢藏)보살과 같게 하여지이다.

　또 원하옵건대 저희를 낳아 준 부모님과 여러 겹 동안에 만난 친척들도 이 도량에 이르도록 하옵시되, 형상을 허공에 채움은 무변신(無邊身)보살과 같게 하고, 열 가지 공덕을 모두 갖춤은 고귀덕왕(高貴德王)보살과 같게 하며, 법문을 듣고 환희함은 무외(無畏)보살과 같게 하고, 신통력과 용맹은 대세지(大勢至)보살과 같게 하여지이다.

　또 저희의 화상과 아사리와 동학의 권속과 상·중·하좌의 도반 모두를 이 도량에 이르도록 하옵시되, 두려움 없음을 얻음은 사자왕(師子王)과 같게 하고, 메아리 같이 크게 교화함은 보적(寶積)보살 같게 하며, 음성을 듣고 고통에서 건져줌은 관세음보살과 같게 하고, 법문을 묻기는 대가섭(大迦葉)과 같게 하여지이다.

또 저희의 믿음 깊은 재가신도와 출가한 선지식과 악지식과 모든 권속들도 오늘부터 이 도량에 이르도록 하옵시되, 액난을 구함은 구탈(救脫)보살과 같게 하고, 용모가 단정함은 문수보살과 같게 하며, 업장을 모두 버림은 기음개(棄陰蓋)보살과 같게 하고, 최후의 공양 베풀기는 순타(純陀)와 같게 하여지이다.

또 원하옵건대 천인들과 신선들, 세상을 지키는 사천왕과 총명하고 정직한 천지 허공의 신과 선한 일을 상주고 악한 일을 벌주는 이와 주문을 수호하는 이, 오방의 용왕과 팔부신, 숨고 드러난 신령과 토지신과 그들의 권속 모두 이 도량에 이르게 하옵시되, 큰 자비로 덮어줌은 미륵보살과 같게 하고, 정진으로 법을 보호함은 불휴식(佛休息)보살과 같게 하고, 멀리서 경 읽는 일을 증명함은 보현보살과 같게 하고, 법을 위해 분신(焚身)함은 약왕(藥王)보살과 같게 하여지이다.

또 원하옵건대 시방의 모든 미운 이와 친한 이와 밉지도 친하지도 않은 이, 사생 육도의 일체 중생과 권속들이 이 도량에 이르게 하옵시되, 마음에 애착 없음은 이의녀(離意女)와 같게 하고, 미묘하게 설법함은 승만부인과 같게 하며, 정진을 잘함은 석가모니불과 같게 하고, 훌륭한 서원을 세움은 무량수불과 같게 하며, 위신력을 갖춤은 여러 천왕과 같게 하고, 불가사의함은 유마거사와 같게 하여, 일체의 공덕을 각각 성취하고 무량 불국토를 모두 장엄하여지이다.

원하옵건대 시방의 한량없고 가없는 부처님과 대보살과 일체 성현께서는 자비심으로 섭수하고 구호하고 거두어 주시어, 소원이 원만하고 신심이 견고하고 덕업德業이 널리 퍼지게 하옵시고, 사생을 양육하기를 외아들같이 하여 모든 중생이 사무량심과 육바라밀과 열 가지 선정을 얻고 삼원三願*을 널리 실천하며, 생각만 하면 부처님을 친견함이 승만부인과 같게 하여, 모든 행원을 끝까지 성취하고 여래와 같은 정각에 오르게 하여지이다. (절)

---

* 삼원三願:보살이 중생을 위해 세우는 세 가지 원. ①진리를 깨닫게 하고 ②싫어함이 없이 가르침을 설하고 ③목숨을 던져 바른 가르침을 지키려는 서원

자비도량참법 제3권

자비도량참법 제3권을 행하면서 지극한 마음으로 삼세의 부처님께 귀의하옵니다.

천상 인간 세상에서 부처님이 제일이니
시방 세계 어디에도 견줄 이가 결코 없네
이 세간의 모든 것들 하나하나 다 보아도
부처님과 같은 이는 하늘 아래 다시 없네

지심귀명례 과거 비바시불 過去毘婆尸佛
지심귀명례 시기불 尸棄佛
지심귀명례 비사부불 毘舍浮佛
지심귀명례 구류손불 拘留孫佛
지심귀명례 구나함모니불 拘那含牟尼佛
지심귀명례 가섭불 迦葉佛
지심귀명례 본사 석가모니불 本師釋迦牟尼佛
지심귀명례 당래 미륵존불 當來彌勒尊佛

1. 현과보 顯果報 1

 오늘 이 도량의 동업 대중이여. 앞에서 이미 죄악의 허물 말하였나니, 죄악의 허물이 좋은 업을 무너뜨리고 착하지 못한 업을 짓게 함으로써 삼악도에 떨어지고 나쁜 세상을 헤매다가, 다시 인간으로 태어나더라도 괴로움 받는 것은 모두가 과거의 인연으로 말미암은 것이니, 이 몸을 버리고 다른 몸을 받을지라도 그 괴로움은 잠시도 쉬지를 않느니라.

 부처님과 대보살님들은 신통과 천안통으로 복이 다하면 업을 따라 괴로운 곳에 떨어지는 삼계 속의 모든 중생을 보시나니, 무색계의 중생은 선정을 즐기는 것에 집착하다가 목숨을 마치면 욕계에 떨어져서 금수의 몸 받고, 색계의 천인들 또한 청정함을 즐기는 것에 집착하다가 욕계에 떨어져 부정한 욕락(欲樂)의 몸을 받으며, 육욕천(六欲天)들도 복이 다하면 지옥에 떨어져 한량없는 고통을 받느니라.

또한 십선(十善)의 힘으로 사람이 된 인간세상에는 악연과 잡됨과 오염으로 인한 수많은 고통이 있으며, 수명이 다하면 다른 악도로 떨어지느니라.

축생계의 모든 중생들도 여러 가지 고통을 받나니, 채찍을 맞으며 돌아다니기도 하고, 무거운 짐을 싣고 먼 길을 가기도 하며, 등과 목이 뚫어지고 뜨거운 쇠로 지지는 고통을 당하기도 하느니라.

또 아귀들은 항상 목이 마르고 배가 고프고 불에 타는 듯한 고통을 느끼는 것이 마치 세상의 종말이 왔을 때와 같나니, 만일 좋은 인연을 만나지 못하면 벗어날 수가 없고, 조그마한 복이 있어 다행히 사람의 몸을 받게 될지라도 병이 많고 단명하게 되느니라.

대중들은 마땅히 알지니라. 선과 악의 두 바퀴가 잠시도 쉬지를 아니하고, 과보의 바퀴 또한 잠시도 쉬지를 아니하여 빈부귀천 모든 업을 지은 대로 받게 되나니, 원인 없이 과보를 받는 일은 결코 없느니라. 그러므로 경에 이르셨느니라.

"삼보를 예경하고 잘 받든 이는 호화롭고 귀한 국왕 장자가 되고, 보시를 잘하면 부귀한 사람이 되고, 계행을 잘 지니면 장수를 하고, 인욕을 잘하면 모습이 단정하고, 정진을 잘하면 근면하여 게으르지 아니한 사람이 되고, 지혜를 잘 닦으면 재주 있고 총명하고 모든 일을 많이 아는 사람이 되고, 삼보를 찬탄하면 목소리가 아름다운 사람이 되며, 자비심이 풍부하면 몸이 깨끗하고 병이 없는 사람이 되느니라.

얼굴이 잘 생기고 키가 장대한 이는 사람을 공경한 연고요, 키가 작고 변변치 못한 이는 남을 멸시한 연고이며, 추하고 못난 사람은 성내기를 좋아한 연고요, 나면서부터 바보인 사람은 공부를 하지 않은 연고요, 어리석은 사람은 남을 가르치지 않은 연고요, 벙어리가 된 사람은 남을 훼방한 연고요, 남의 심부름꾼으로 사는 사람은 빚을 갚지 않은 연고요, 얼굴이 못생기고 검은 사람은 부처님께 바치는 광명을 가린 연고이니라.

짐승의 무리에 나는 것은 남을 놀라게 한 연고요, 용의 무리에 나는 것은 조롱하기를 좋아한 연고이며, 몸에 부스럼이 있는 이는 중생을 때린 연고요, 사람들이 보고 환희하는 이는 전생에 사람들을 보면서 환희를 한 연고이니라.

법문을 할 때 이간을 하여 듣지 못하게 하면 귀가 처진 개가 되고, 법문을 듣고도 마음에 두지 아니하면 귀가 긴 나귀가 되며, 탐욕이 많아 혼자만 먹으면 아귀가 되거나 사람이 되어도 가난 속에서 늘 굶주리며, 사람들에게 나쁜 음식을 먹이면 돼지나 말똥구리로 태어나느니라.

남의 것을 겁탈하면 양의 무리 속에 태어나서 사람들이 가죽을 벗기고 살을 먹으며, 훔치기를 좋아한 사람은 뒤에 소나 말로 태어나서 혹사를 당하느니라.

거짓말 등의 나쁜 말들을 많이 하면 죽은 다음 지옥에서 구리물을 입에 붓고 혀를 빼내어 쟁기로 가는 괴로움을 받게 되며, 죄를 마치고 나오면 구관조가 되는데, 사람들이 그 소리를 들으면 모두 놀라고 괴이하다고 하면서 주문을 외워 죽이느니라.

술을 먹고 취하기를 좋아하면 뒤에 똥물지옥에 들어가고, 죄를 마치고 나오면 성성이가 되며, 성성이의 죄업이 끝나서 사람이 되면 둔하고 무지하여 사람 취급을 받지 못하느니라.

남의 힘을 탐내는 이는 뒤에 코끼리가 되고, 부귀한 이가 윗사람이 되어 아랫사람들을 때리면 아랫사람은 호소할 곳이 없나니, 때린 사람은 죽은 다음 지옥에 들어가서 수천만 년 고통을 받게 되고, 지옥에서 나오면 맞은 사람이 물소가 된 그의 코를 꿰어 수레를 끌게 하면서 몽둥이로 때려 예전의 빚을 갚느니라.

부정한 사람은 돼지로 태어나고, 탐내고 아까워할 뿐 남의 사정을 모르는 사람은 개로 태어나고, 체면 없이 제멋대로 하는 사람은 양으로 태어나고, 경망하여 참을 줄 모르는 사람은 원숭이로 태어나고, 몸에서 노린내를 풍기는 사람은 자라로 태어나고, 독한 사람은 뱀으로 태어나고, 자비심이 없는 사람은 호랑이로 태어나느니라."

오늘 이 도량의 동업 대중이여, 이 세상에 태어난 사람들의 병과 단명함과 가지가지 고통은 다 말할 수 없느니라. 탐진치의 업을 지으면 삼악도의 과보를 받게 되나니, 삼악도는 탐심과 진심과 치심의 삼독 때문에 생겨난 것이니라. 또 세 가지 악이 항상 불타게 되나니, 입으로 나쁜 말을 하고, 마음으로 나쁜 생각을 하고, 몸으로 나쁜 행동을 하느니라.

이와 같은 여섯 가지 허물 때문에, 사람의 몸을 받았으나 쉴 틈 없이 고뇌하게 되고, 목숨을 마치면 외로운 넋이 되어 홀로 갈 뿐 부모와 자손이 구제할 수 없으며, 잠깐 사이에 염라부로 가게 되면 옥졸들이 존비귀천을 불문하고 문서에 기록된 대로 살아생전의 선악을 심문하나니, 혼백은 사실대로 자수를 할 뿐 조금도 허물을 감추지 못하느니라.

그러므로 인연으로 지은 업을 따라 괴롭거나 즐거운 곳으로 가게 되나니, 매우 아득하고 어둡고 떠난 지가 오래되고 가는 길이 달라서 다시 만날 기약이 없게 되느니라.

또 여러 천신들은 인간계의 선과 악을 기록하되 털끝만큼도 어긋나지 않나니, 선한 사람은 선을 행하였으므로 복을 받아 장수하고, 악한 사람은 악을 지었으므로 짧은 명을 받거나 오랫동안 고통을 받으며 헤매다가 아귀의 세계에 들어가게 되고, 아귀에서 나오면 축생계에 들어가서 참기 어려운 고통을 끊임없이 받게 되느니라.

오늘 이 도량의 동업 대중이여, 스스로 깨닫고 부끄러워하는 마음을 낼지니라.

경에 이르기를, '선한 일을 하면 좋은 과보를 얻고 악한 일을 하면 나쁜 과보를 얻는다'고 하였나니, 더욱이 오탁악세에서는 악을 짓지 말아야 하느니라.

선을 행하면 좋은 과보를 잃지 않고, 악을 지으면 나쁜 재앙을 만나게 되나니, '쉽게 벗어나기 위해 이 참법을 세웠다'고 말하지 말라.

경에 이르기를, '작은 선을 가벼이 여겨 복이 없다고 하지 말라. 물방울이 비록 작으나 고이면 큰 그릇에 차나니, 작은 선이라 하여 쌓지 않으면 성인이 되지 못하느니라. 또 작은 악을 가벼이 여겨 죄가 없다고 하지 말라. 작은 악이 쌓이면 몸을 망치게 되느니라.' 하였도다.

대중들이여, 마땅히 알지니라. 길흉과 화복은 모두 마음이 짓는 것이니, 만약 인을 짓지 아니하면 과보를 얻지 않게 되느니라. 재앙이 쌓이고 죄가 커지는 것을 육안으로는 볼 수 없으나, 부처님의 말씀을 누가 감히 믿지 아니하랴.

우리는 이 세상에 건강하게 태어났지만, 부지런히 배우지도 스스로 선을 행하지도 않다가, 막다른 골목에 이르러 후회를 한들 무슨 소용이 있으리. 이제 모든 허물을 이미 보았고, 경에 설한 대로 그 죄를 알았으니, 어찌 악을 버리고 선을 좇지 않을 것인가.

금생에 만일 마음을 가다듬지 않으면 이 몸을 버린 다음 지옥에 떨어지게 되나니, 어찌 그것을 알 수 있는가?

누구나 죄를 지을 때에는 맹렬한 독기

와 깊은 한을 품게 되나니, 어떤 이를 미워하면 반드시 죽이려 하고, 어떤 이를 질투하면 잘되는 것이 보기 싫어지고, 어떤 이를 훼방하면 큰 고통 속으로 쓸어 넣으려 하고, 어떤 이를 때리기 시작하면 끝까지 아프게 만드느니라.

분한 마음으로 해롭게 할 때는 신분의 높고 낮음을 가리지 않고, 욕설하고 꾸짖을 때는 나이의 많고 적음을 돌아보지 아니하며, 우레같이 호령하고 눈에서는 불을 일으키느니라.

처음 복을 지을 때에는 복을 많이 지으려 하지만, 선심이 미약하여 조금밖에 짓지 못하며, 빨리 복을 지으려 하다가도 바로 그만두느니라. 마음이 간절하지 못하여 자꾸 뒷날로 미루나니, 이렇게 망설이다가 마침내 잊어버리게 되느니라.

그리하여 죄를 지을 때는 억센 기운으

로 행하고, 복을 지을 때는 생각이 나약해지나니, 선근이 나약하기 때문에 마음으로 억센 죄업의 과보를 떠나려 한들 어떻게 떠날 수 있겠는가.

경에 이르기를, '참회를 하면 모든 죄를 다 멸한다'고 하였나니, 참회를 할 때는 모름지기 오체투지하기를 태산이 무너지듯이 할 것이며, 죄업을 소멸하기 위해서는 신명(身命)을 아끼지 말지니라.

은근히 독려하고 서로 경책해야 하거늘, 금생에 몇 번이나 이렇게 분개하고 자책하였으며, 신명을 아끼지 않고 힘듦과 괴로움을 참으면서 참회를 하였던가?

잠깐 정진하다가는 문득 게으른 생각을 내고, 잠깐 예배하다가는 기력이 없다 하고, 잠깐 좌선하다가는 곧 쉬어야겠다 하고, '사지가 너무 과로하지 않게 잘 조섭

하여 피곤을 풀어야 한다'고 하면서 한 번 다리를 뻗고 잠이 들면 죽은 것이나 마찬가지이니, 이와 같아서야 언제 예배를 하고 탑을 청소하고 땅에 엎드리는 등의 하기 어려운 일을 할 수 있겠는가?

경에 이르기를 '아무리 조그마한 선도 게으름에서는 생겨나지 않고, 한 가지 선한 법일지라도 교만함과 방일함에서 얻어지는 것은 없다'고 하였느니라.

우리가 지금 사람의 몸을 얻었으나 마음의 도리는 등지고 있느니라. 그 까닭이 무엇인가? 아침부터 낮까지, 낮부터 저녁까지, 저녁부터 밤까지, 밤부터 새벽까지, 나아가 일시(一時) 일각(一刻) 일념(一念) 일순간도 삼보와 사제(四諦)를 생각한 적이 없고, 부모님 은혜 갚는 것을 생각한 적이 없고, 스승의 은혜 갚는 것을 생각한 적이 없고, 보시 지계

인욕 정진을 생각한 적이 없으며, 선정을 배우고 지혜를 닦을 생각을 한 적이 없기 때문이니라.

이제 지난날을 돌아보니 맑고 깨끗한 법을 닦은 것은 하나도 거론할 것이 없고, 번뇌와 업장만이 눈앞에 가득하지 아니한가?

만약 이렇게 살펴보지 않고 도리어 '나는 공덕이 적지 않다'고 하거나, 조그만 선을 짓고는 '내가 지은 좋은 일을 다른 이는 짓지 못한다'고 하거나, '내가 행한 좋은 일을 다른 이는 행하지 못한다'고 하면서 의기양양해하고 방약무인(傍若無人)하게 군다면, 진실로 부끄러운 일이 아니겠는가?

이제 대중들 앞에서 모든 죄를 참회하며 보시하고 환희하고 장래에 장애가 없기를 발원하나니, 대중들 또한 스스로의 몸과 마음을 씻을지니라. 과보의 조짐은 앞에서 말한 바와 같나니, 어찌 스스로 관계 없다고 하면서 버리고 떠나려 해서야 되겠는가?

대중은 '죄가 없다'고 하지 말며, '내게 죄가 없는데 어찌 참회하랴'고 하지 말라. 만일 이와 같은 생각이 있으면 곧 없애 버릴지니, 조그마한 잘못으로 큰 허물을 이루게 되기 때문이니라.

잠깐 동안의 맺힌 마음으로 화를 내는 것이 습관이 되면 고치기 어렵나니, 마음을 제멋대로 두지 말고 뜻을 늘 단속하라. 억눌러 참으면 번뇌가 소멸되지만, 게으름에 빠지면 구제할 수 없느니라.

오늘 부처님의 자비력과 대보살님들의 서원력을 받자와 죄업과 과보에 대해 말하였으며, 이제 생각을 가다듬어 『죄업보응교화지옥경(罪業報應教化地獄經)』을 일심으로 들을지니라.

"이와 같이 나는 들었다. 어느 때 부처님께서는 왕사성의 기사굴산에서 보살마하살과 성문 권속인 비구 비구니, 우바새 우바이, 천(天)·용·귀신 등과 함께 계시었다. 그때 신상(信相)보살이 부처님께 아뢰었다.

'세존이시여, 지금 지옥·아귀·축생을 비롯하여 빈부귀천과 종류가 각각 다른 중생들이 모여 있나이다. 이들 모두가 부처님의 법문을 듣게 되면, 어린아이가 어머니를 만난 듯, 병난 이가 의사를 만난 듯, 헐벗은 이가 옷을 얻은 듯, 어두운 밤에 등불을 만난 듯 할 것이옵니다. 세존이시여, 부디 법을 설하시어 중생들을 이롭게 하옵소서.'

그때 이미 때가 되었음을 아신 세존께서는 보살들의 은근한 권청에 따라 미간의 백호(白毫)에서 광명을 놓아 시방의 한량없는 세계를 비추시자, 지옥 중생들이 고통을 잠시 쉬고 안락을 얻게 되었다. 그때 죄업의 과보를 받던 중생들이 부처님의 광명을 보고 부처님 계신 곳으로 찾아와서 주위를 일곱 번 돌고 지성으로 예배하며 설법을 청하였으며, 세존께서는 널리 도를 베풀어 중생으로 하여금 해탈을 얻게 하셨느니라."

오늘 이 도량의 동업 대중인 저희가 지금 부처님께 지성으로 법을 청함도 그와 같나이다. 여러 중생들과 함께 해탈을 얻기 위해 지극한 정성으로 오체투지하면서 시방의 수없이 많은 부처님들께 권청하옵니다. 원하옵건대 자비하신 힘으로 괴로움과 번뇌 속에서 구하시어 안락을 얻게 하여지이다. 저희가 다시 세간의 대자대비하신 부처님께 권청드리옵니다.

지심귀명례 미륵불 彌勒佛

지심귀명례 석가모니불 釋迦牟尼佛

지심귀명례 범천불 梵天佛

지심귀명례 불퇴전륜성수불 不退轉輪成首佛

지심귀명례 대흥광왕불 大興光王佛

지심귀명례 법종존불 法種尊佛

지심귀명례 일월등명불 日月燈明佛

지심귀명례 수미불 須彌佛

지심귀명례 대수미불 大須彌佛

지심귀명례 초출수미불 超出須彌佛

지심귀명례 향상불 香像佛

지심귀명례 위요향훈불 圍繞香薰佛

지심귀명례 정광불 淨光佛

지심귀명례 향자재왕불 香自在王佛

지심귀명례 대집불 大集佛

지심귀명례 향광명불 香光明佛

지심귀명례 대광불 大光佛

지심귀명례 무량광명불 無量光明佛

지심귀명례 사자유희보살 師子遊戲菩薩
지심귀명례 사자분신보살 師子奮迅菩薩
지심귀명례 견용정진보살 堅勇精進菩薩
지심귀명례 금강혜보살 金剛慧菩薩
지심귀명례 무변신보살 無邊身菩薩
지심귀명례 관세음보살 觀世音菩薩
지심귀명례 불타야중 佛陀耶衆
지심귀명례 달마야중 達摩耶衆
지심귀명례 승가야중 僧伽耶衆
지심귀명례 시방 진허공계 일체삼보 十方盡虛空界 一切三寶

원하옵건대 대자대비하신 마음으로 일체의 고뇌를 뿌리 뽑아 모든 중생으로 하여금 해탈을 얻게 하옵시고, 과거의 허물을 고치고 앞으로의 행동을 닦아 다시는 나쁜 짓을 하지 않게 하옵소서.

오늘부터 다시는 삼악도에 떨어지지 않고, 몸과 입과 뜻을 깨끗이 하여 악을 생각하지 않게 하며, 모든 업장을 여의고 청정한 업을 얻게 하며, 다시는 삿된 마음들이 동하지 않고, 항상 자비희사(慈悲喜捨)를 행하여 용맹하게 정진하며, 좋은 덕(德)들을 한없이 많이 심고, 이 몸을 버린 다음 다른 몸을 받을 때 항상 복된 나라에 나며, 삼악도의 괴로움을 생각하며 보리심을 발하고, 보살도를 행하되 쉬지 아니하며, 육바라밀과 사제 등의 법이 항상 앞에 나타나고, 삼명(三明)과 육신통이 마음대로 자재하며, 부처님의 경계에 출입하고 유희함이 대보살들과 같아지며, 마침내는 정각을 이루게 하여지이다.

오늘 이 도량의 동업 대중이여, 두려운 마음과 자비로운 마음과 한마음으로 경전의 말씀을 자세히 들으라.

"세존께서 미간의 백호상으로 광명을

놓아 육도의 모든 중생에게 비추었을 때 중생들을 어여삐 여긴 신상(信相)보살이 자리에서 일어나 부처님 앞으로 나아가서 호궤합장하고 여쭈었다.

'세존이시여, 지금 어떤 중생은 여러 옥졸들로부터 발에서 정수리까지 온 몸을 찍히고 썰리고 찢겨져서 죽었다가, 교묘한 바람이 불면 다시 살아나고, 또 베이고 살아나는 고통을 쉴새없이 받고 있나이다. 무슨 죄보로 그러합니까?'

부처님께서 이르셨다.

'이 중생은 전세에 삼보를 믿지 않고 공양할 줄 몰랐으며, 부모에게 불효하고 악한 마음으로 백정 노릇을 하면서 중생을 살해하였기에 이와 같은 벌을 받느니라.'

'또한 어떤 중생은 온몸이 마비되고 눈썹과 수염이 빠지고 몸이 부르트게 되니,

사람들이 돌보지 않고 친척들이 인적이 없는 곳에 내다버리고, 새와 짐승들이 덤벼듭니다. 이런 이를 나병환자라 하옵는데, 무슨 인연으로 이와 같은 죄보를 받나이까?'

'그들은 전세에 삼보를 믿지 않고 부모에게 불효하였으며, 탑과 절을 허물고, 도인을 학대하고 성현을 죽이고 스승을 살상하되 뉘우치는 마음이 없었으며, 배은망덕하고 개와 같은 행동으로 윗사람을 더럽혔을 뿐 아니라, 친소를 가리지 않고 부끄러운 짓을 하였기 때문에 이러한 죄보를 받게 된 것이니라.'

'또한 어떤 중생은 몸이 길고 귀와 발이 없으며, 배로 꿈틀거리며 다니면서 흙을 먹고 생활하며, 작은 벌레들에게 빨아 먹히면서 주야로 쉴 새 없이 고통을 받고 있

나이다. 이는 무슨 죄보이옵니까?'

'전세에 모든 일을 마음대로 하면서 좋은 말을 믿지 않고, 부모에게 불효하고 반역을 행하였거나, 지주(地主)도 되고 대신이 되고 지방 수령 및 마을을 감독하는 이가 되었을 때, 위세로써 백성들을 학대하고, 도리에 맞지 않게 백성의 재산을 빼앗고 못살게 괴롭혔기 때문에 이와 같은 죄보를 받느니라.'

'또한 어떤 중생은 두 눈이 멀어 앞을 보지 못하므로 나무에 부딪치기도 하고 구렁에 떨어지기도 하며, 죽은 다음 다시 몸을 받되 날 적마다 그러하니 무슨 죄보이옵니까?'

'전세에 죄와 복에 대해 믿지 않고 부처님의 광명을 막았거나, 남의 눈을 멀게 하거나, 중생을 가두어두고 가죽포대를 머

리에 씌워 보지 못하게 하였으므로 이와 같은 죄보를 받게 된 것이니라.'

오늘 이 도량의 동업 대중이여, 경의 말씀이 크게 두렵지 아니한가? 우리도 이러한 죄를 지었을 것인데 무명에 가리워 알지 못하나니, 이러한 죄들 때문에 오는 세상에 괴로운 과보를 받게 될 것이니라.

오늘 지성으로 다 같이 머리 조아려 오체투지하고 애절한 마음으로 매우 부끄러워하면서 뉘우치오니, 이미 지은 죄는 이 참회로 인해 소멸되게 하옵시고, 앞으로는 죄를 지음이 없이 청정하게 살 것을 시방의 부처님들께 발원하옵니다.

지심귀명례 미륵불 彌勒佛
지심귀명례 석가모니불 釋迦牟尼佛

지심귀명례 개광명불 開光明佛
지심귀명례 월등광불 月燈光佛
지심귀명례 월광불 月光佛
지심귀명례 일월광명불 日月光明佛
지심귀명례 화광명불 火光明佛
지심귀명례 집음불 集音佛
지심귀명례 최위의불 最威儀佛
지심귀명례 광명존불 光明尊佛
지심귀명례 연화군불 蓮華軍佛
지심귀명례 연화향불 蓮華響佛
지심귀명례 다보불 多寶佛
지심귀명례 사자후불 師子吼佛
지심귀명례 사자음불 師子音佛
지심귀명례 정진군불 精進軍佛
지심귀명례 금강용약불 金剛踊躍佛
지심귀명례 도일체선절중의불 度一切禪絕衆疑佛
지심귀명례 보대시종불 寶大侍從佛
지심귀명례 무우불 無憂佛

지심귀명례 지력지용불 地力持勇佛
지심귀명례 최용약불 最踊躍佛
지심귀명례 사자작보살 師子作菩薩
지심귀명례 기음개보살 棄陰蓋菩薩
지심귀명례 적근보살 寂根菩薩
지심귀명례 상불리세보살 常不離世菩薩
지심귀명례 무변신보살 無邊身菩薩
지심귀명례 관세음보살 觀世音菩薩
지심귀명례 불타야중 佛陀耶衆
지심귀명례 달마야중 達摩耶衆
지심귀명례 승가야중 僧伽耶衆
지심귀명례 시방 진허공계 일체삼보 十方盡虛空界 一切三寶

 원하옵건대 대자대비로 구호하고 건져주시어 모든 중생들로 하여금 해탈을 얻게 하옵시고, 모든 중생이 지은 지옥·아귀·축생의 업보를 소멸케 하옵시고, 중생들이 결코 나쁜 과보를 받지 않게 하옵시고, 중생들로 하여금 삼악도의 괴로움을 버리고 지혜 있는 지위에 올라 끝까지 편안하고 안락하게 하옵시며, 큰 광명으로 모든 어둠을 없애고 매우 깊은 미묘법을 잘 분별하고 무상보리(無上菩提)를 구족하여 등정각(等正覺)을 이루게 하여지이다. (절)

오늘 이 도량의 동업 대중이여, 다시 지성으로 경전의 말씀을 들을지니라.

신상보살이 부처님께 여쭈었다.
'세존이시여, 어떤 중생은 말더듬이나 벙어리가 되어 말을 하지 못하고, 설령 말을 할지라도 말소리가 분명하지 못한 것은 무슨 죄보이옵니까?'
'전세에 삼보를 비방하고 성인의 도를 훼방하였거나, 남의 잘잘못을 논하고 옳고 그름을 가리면서, 착한 이를 무고(誣告)하고

어진 이를 질투한 인연으로 그와 같은 죄보를 받느니라.'

'또한 어떤 중생은 배가 매우 큰데도 목이 가늘어 먹은 것을 넘기지 못하며, 먹더라도 고름으로 변하는 것은 무슨 죄보이옵니까?'

'전세에 대중의 먹을 것을 훔쳐 먹었거나, 혹 큰 모임을 위해 준비한 음식을 몰래 훔쳐 으슥한 곳에서 먹었거나, 제 것은 아끼고 남의 것을 탐내었거나, 나쁜 마음으로 다른 이에게 독약을 먹여 기운이 통하지 못하게 하였으므로 그와 같은 죄보를 받느니라.'

'또한 어떤 중생은 옥졸이 화형(火刑)에 처하고, 뜨거운 쇳물을 입에 붓고, 쇠못으로 못질을 하고, 못질을 한 뒤에는 자연히 불

이 일어나 온몸을 태워서 무르게 하오니, 이는 무슨 죄에 대한 과보입니까?'

부처님께서 이르셨다.

'그는 전세에 침놓는 사람으로서 남의 몸을 상하게만 하고 병은 고치지 못하였거나, 거짓말로 남의 재물을 취하여 남을 괴롭혔으므로 그와 같은 죄보를 받느니라.'

'또한 어떤 중생은 쇳물이 끓는 가마솥 속에 항상 있는데, 소머리를 한 아방나찰(阿旁羅刹)이 철차(鐵叉)를 들고 가마솥 속으로 밀어 넣어 익혔다가, 다시 살게 하고는 또 삶기를 계속하옵니다. 이는 무슨 죄보이옵니까?'

'그는 전세에 중생을 도살하되 끓는 물에 넣어 털을 뽑는 일이 한량없었기 때문에 그와 같은 죄보를 받느니라.'

오늘, 이 도량의 동업 대중이여, 경의

말씀이 매우 두렵지 아니한가? 우리도 육도 속의 삶을 살면서 이와 같은 악업을 지었을 수가 있고, 오는 세상에 혹독한 과보를 받거나 현재의 몸으로 고통을 받을 수도 있나니, 말을 더듬고 벙어리가 되어 말을 하지 못하거나, 배는 크고 목구멍이 좁아져서 음식을 내리지 못하게 됨을 어떻게 부정할 수 있겠는가? 오늘은 평안하나 내일은 보증할 수 없나니, 과보가 찾아오면 벗어날 길이 없느니라. 우리 모두 이를 잘 새겨서 곧은 마음과 바른 생각으로 살아가야 하느니라.

이제 간절하게 오체투지하면서 사생 육도의 중생들 중에서 현재 고통을 받는 이와 장차 고통을 받을 이를 위해 세간의 대자대비하신 부처님께 귀의하옵니다.

지심귀명례 미륵불 彌勒佛

지심귀명례 석가모니불 釋迦牟尼佛

지심귀명례 자재왕불 自在王佛

지심귀명례 무량음불 無量音佛

지심귀명례 정광명불 定光明佛

지심귀명례 보광명불 寶光明佛

지심귀명례 보개조공불 寶蓋照空佛

지심귀명례 묘보불 妙寶佛

지심귀명례 제당불 諦幢佛

지심귀명례 범당불 梵幢佛

지심귀명례 아미타불 阿彌陀佛

지심귀명례 수승불 殊勝佛

지심귀명례 집음불 集音佛

지심귀명례 금강보정진불 金剛步精進佛

지심귀명례 자재왕신통불 自在王神通佛

지심귀명례 보화불 寶火佛

지심귀명례 정월당칭광명불 淨月幢稱光明佛

지심귀명례 묘락불 妙樂佛

지심귀명례 무량당번불 無量幢幡佛

지심귀명례 무량번불 無量幡佛

지심귀명례 대광보변불 大光普偏佛

지심귀명례 보당불 寶幢佛

지심귀명례 혜상보살 慧上菩薩

지심귀명례 상불리세보살 常不離世菩薩

지심귀명례 무변신보살 無邊身菩薩

지심귀명례 관세음보살 觀世音菩薩

지심귀명례 불타야중 佛陀耶衆

지심귀명례 달마야중 達摩耶衆

지심귀명례 승가야중 僧伽耶衆

지심귀명례 시방 진허공계 일체삼보 十方 盡虛空界 一切三寶

    원하옵건대 여러 부처님과 대보살들께서는 대자대비로 고통 받는 중생들을 구호하옵시고, 신통력으로 악업을 소멸시켜 주옵소서. 아울러 중생들이 괴로운 곳에 떨어지지 않고 청정한 몸을 얻고 청정한 국토에 태어나 공덕들을 다 갖추고, 이 몸을 버린 다음 다른 몸을 받을 때마다 여러 부처님을 만나 대보살들과 함께 정각(正覺)에 오르게 하여지이다. (절)

 오늘 이 도량의 동업 대중이여, 다시 마음을 가다듬고 귀를 기울여 경전의 말씀을 들을지니라.

 신상보살이 부처님께 여쭈었다.
 '세존이시여, 어떤 중생이 화성(火城)속에 있는데 뜨거운 불기운이 심장에까지 미치고 있나이다. 비록 사문(四門)이 열렸으나 가까이 가면 저절로 닫히고, 동서를 헤매고 다녀도 나가지 못하여 불에 타고야 마는 것은 무슨 죄의 과보이옵니까?'
 '전세에 산과 들에 불을 질렀거나, 저수지의 둑을 태워 많은 생명과 알들을 타죽게

한 인연으로 그와 같은 죄보를 받느니라.'

'또한 중생이 설산에 항상 있으면서 찬 바람에 살이 터져 죽지도 못하고 살지도 못할 뿐 아니라, 참을 수가 없는 고통을 끝없이 받는 것은 무슨 죄의 과보이옵니까?'

'전세에 강도가 되어 길을 막고 사람의 옷을 빼앗아 입어 엄동설한에 얼어 죽게 만들었거나, 소와 양의 가죽을 벗겨 참을 수 없는 고통을 주었으므로 그와 같은 죄보를 받게 되느니라.'

'또한 중생이 항상 도산지옥(刀山地獄)과 검수지옥(劍樹地獄)에 있으면서 부딪힐 때마다 살이 갈라지고 사지가 끊어지는 고통에 견딜 수가 없으니, 이는 무슨 죄의 과보이옵니까?'

'그것은 전세에 백정이 되어 짐승들을 삶아 가죽을 벗기고 골육을 찢고 머리와 다리를 낱낱이 잘라서 높이 매달아놓고 팔았거나, 산 채로 매달아 고통을 견딜 수 없게 하였으므로 그와 같은 죄보를 받느니라.'

'또한 어떤 중생이 이목구비와 손발 등이 불구이니, 이는 무슨 죄의 과보이옵니까?'
'전세에 매와 개를 이용하고 활을 쏘아 새와 짐승을 잡았거나, 잡은 새의 머리를 깨뜨리고 다리를 끊고 산 채로 날개를 뽑아 고통을 받게 하였으므로 그와 같은 죄보를 받느니라.'

오늘 이 도량의 동업 대중은 경의 말씀을 심히 두렵게 생각하오며, 시방의 모든 중생들 가운데 지금 고통을 받는 이와 앞으로 고통을 받을 이를 위해 지극한 정성으로 간절하게 오체투지하면서 세간의 대자대비하신 부처님께 귀의하옵니다.

지심귀명례 미륵불 彌勒佛
지심귀명례 석가모니불 釋迦牟尼佛
지심귀명례 정광불 淨光佛
지심귀명례 보왕불 寶王佛
지심귀명례 수근화왕불 樹根華王佛
지심귀명례 유위장엄불 維衛莊嚴佛
지심귀명례 개화보살불 開化菩薩佛
지심귀명례 견무공구불 見無恐懼佛
지심귀명례 일승도불 一乘度佛
지심귀명례 덕내풍엄왕불 德內豊嚴王佛
지심귀명례 금강견강소복괴산불 金剛堅強銷伏壞散佛
지심귀명례 보화불 寶火佛
지심귀명례 보월광명불 寶月光明佛
지심귀명례 현최불 賢最佛
지심귀명례 보련화보불 寶蓮華步佛
지심귀명례 괴마라망독보불 壞魔羅網獨步佛
지심귀명례 사자후력불 師子吼力佛
지심귀명례 비정진불 悲精進佛

지심귀명례 금보광명불 金寶光明佛

지심귀명례 무량존풍불 無量尊豊佛

지심귀명례 무량존이구왕불 無量尊離垢王佛

지심귀명례 덕수불 德首佛

지심귀명례 약왕보살 藥王菩薩

지심귀명례 약상보살 藥上菩薩

지심귀명례 무변신보살 無邊身菩薩

지심귀명례 관세음보살 觀世音菩薩

지심귀명례 시방 진허공계 일체삼보 十方盡虛空界 一切三寶

    원하옵건대 대자대비로 시방의 모든 중생을 구제하시어 현재 괴로움을 받는 이는 곧 해탈하게 하옵시고, 내세에 괴로움을 받을 이는 끝까지 살피시어 악도에 떨어지지 않게 하옵소서. 오늘부터 보리도량에 이를 때까지 탐·진·치 세가지 장애의 업과 다섯 가지 공포인 오포외(五怖畏)를 없애고, 공덕과 지혜를 두루 갖추어서 모든 중

생을 잘 거두어들이며, 함께 무상보리에 회향하여 등정각을 이루어지이다. (절)

오늘 이 도량의 동업 대중이여, 다시 마음을 하나로 모아 경전의 말씀을 들을지니라.

신상보살이 부처님께 여쭈었다.
'세존이시여, 어떤 중생은 조막손과 절름발이요, 등이 굽고 허리가 불안하며, 번정다리에 곰배팔이여서 걸음을 걷지 못하오니, 무슨 죄보 때문이옵니까?
'전세에 성질이 각박하여 길가에 창(槍)을 놓아 살생하고, 함정을 파서 살해하였으므로 그와 같은 죄보를 받느니라.'

'또한 어떤 중생은 옥졸에게 결박되어 칼을 쓰고 쇠고랑을 차는 곤액을 면치 못

하오니, 무슨 죄보 때문이옵니까?'

'전세에 중생을 그물로 잡고 여섯 가지 짐승을 가두어 길렀거나, 관리가 되어 백성들을 착취하고 호소할 곳이 없는 양민을 억울하게 괴롭혔으므로 그와 같은 죄보를 받느니라.'

'또한 어떤 중생은 어리석고 우둔하고 미쳤거나 숙맥이어서, 좋고 나쁜 것을 분별하지 못하오니, 무슨 죄보 때문이옵니까?'

'전세에 술을 먹고 만취하여 서른여섯 가지 허물을 범하였고, 술 때문에 바보가 되어 높고 낮음을 분별하지 못하였으므로 그와 같은 죄보를 받느니라.'

'또한 어떤 중생은 키는 작은데 음경이 매우 크고 몸에 힘이 없어서 움직이고 걷고 앉고 눕는 것이 자유롭지 못하니, 이는

무슨 죄의 과보이옵니까?'

'전세에 판매업을 할 때 자기 물건은 칭찬하고 다른 사람의 재물에 대해 헐뜯으면서, 저울 등을 조작하여 부피를 속이고 무게를 속여 판 악업을 지었으므로 그와 같은 죄보를 받느니라.'

오늘 이 도량의 동업 대중은 부처님의 말씀에 심히 두려움을 느끼나이다. 이제 저희는 지금 고통을 받고 있는 중생과 미래에 고통 받을 중생들, 다른 육도에서 현재와 미래에 고통을 받게 되는 중생들, 부모와 스승과 시주 단월과 선지식과 악지식을 비롯한 시방의 일체 중생을 위해, 지극한 마음으로 오체투지하면서 세간의 대자대비하신 부처님께 귀의하옵니다.

지심귀명례 미륵불 彌勒佛

지심귀명례 석가모니불 釋迦牟尼佛
지심귀명례 무수정진흥풍불 無數精進興豊佛
지심귀명례 무언승불 無言勝佛
지심귀명례 무우풍불 無愚豊佛
지심귀명례 월영풍불 月英豊佛
지심귀명례 무이광풍불 無異光豊佛
지심귀명례 역공광명불 逆空光明佛
지심귀명례 최청정무량번불 最淸淨無量幡佛
지심귀명례 호제주유왕불 好諦住唯王佛
지심귀명례 성취일체제찰풍불 成就一切諦刹豊佛
지심귀명례 정혜덕풍불 淨慧德豊佛
지심귀명례 정륜번불 淨輪幡佛
지심귀명례 유리광최풍불 瑠離光最豊佛
지심귀명례 보덕보불 寶德步佛
지심귀명례 최청정덕보불 最淸淨德寶佛
지심귀명례 도보광명탑불 度寶光明塔佛
지심귀명례 무량참괴금최풍불 無量慙愧金最豊佛
지심귀명례 문수사리보살 文殊師利菩薩

지심귀명례 보현보살 普賢菩薩
지심귀명례 무변신보살 無邊身菩薩
지심귀명례 관세음보살 觀世音菩薩
지심귀명례 시방 진허공계 일체삼보 十方 盡虛空界 一切三寶

　저희는 오늘 부처님의 힘과 법보의 힘과 대보살의 힘을 이어받아 중생을 위해 깊이 참회하면서 간절히 구하옵니다. 이미 괴로움을 받은 이는 부처님과 보살님들의 대자대비한 힘으로 곧 해탈케 하옵시고, 아직 괴로움을 받지 않은 이는 오늘부터 보리도량에 이를 때까지 다시는 나쁜 갈래에 떨어짐이 없이 팔난(八難)의 괴로움을 여의고 팔복(八福)을 받게 되며, 모든 선근을 얻어 평등을 성취하고 지혜를 구족하고 청정자재 하여져서, 부처님과 같은 정각에 오를 수 있게 하여지이다. (절)

오늘 이 도량의 동업 대중이여, 마땅히 마음을 가다듬고 귀를 기울여 경전의 말씀을 자세히 들을지니라.

신상보살이 다시 부처님께 여쭈었다.
'세존이시여, 어떤 중생은 형상이 매우 누추하오니, 몸은 칠과 같이 검고, 두 귀는 검푸르고, 두 볼은 울퉁불퉁하고, 얼굴은 여드름투성이이고, 코는 납작하고, 두 눈은 벌겋고, 이빨은 엉성하고, 입에서는 악취가 나고, 부스럼이 많고, 난장이고, 배는 크고, 허리는 가늘고, 팔다리는 뒤틀리고, 곱사등이며, 갈비는 튕겨지고, 옷은 잘 해어지고, 먹음새가 거칠고, 종기에서 고름이 흐르고, 퉁퉁 붓고, 조갈이 심하고, 옴쟁이에, 등창병 등 온갖 나쁜 것이 한 몸에 다 모여, 남에게 의지하려 하나 받아 주지 않고, 다른 이가 지은 죄에 걸려들고, 영원히 부처님을 보지 못하고, 법을 듣지 못하고, 보살을 알지 못하고, 성현을 알지 못하며, 괴로움에서 괴로움으로 들어가 잠깐도 쉴 틈이 없나이다. 이는 무슨 죄의 과보입니까?'

부처님께서 이르셨다.

'전생에 아들로서 부모에게 불효하고, 신하로서 임금께 불충하고, 윗사람으로 아랫사람을 사랑하지 않고, 아랫사람이 되어 윗사람을 공경하지 않았으며, 벗들에게는 신의가 없고, 이웃에게는 의리를 지키지 않고, 조정(朝廷)의 벼슬을 올바르게 하지 않고, 일을 처리함에 도리에 맞지 않고, 마음이 삐뚤어져 옳게 행하지 않았으며, 군신(君臣)을 살해하고, 존장(尊長)을 경멸하고, 나라를 쳐서 백성을 빼앗고, 마을을 부수고, 도적질을 하고 재물을 겁탈하는 등, 악업이 하나 뿐이 아니었느니라. 또 잘난

체하면서 남을 해치고, 외로운 늙은이들을 업신여기고, 착한 이를 비방하고, 스승을 경멸하고, 불쌍한 사람을 속이는 등 온갖 죄를 골고루 범한 업보 때문에 이러한 죄보를 받느니라.'

그때에 죄를 짓고 과보를 받는 모든 사람들이 부처님의 이 말씀을 듣고는 땅을 치며 울부짖고 하염없이 눈물을 흘리며 부처님께 아뢰었다.

'원하옵건대 세존이시여, 부디 오래 계시면서 법을 설하여 저희를 교화하고 해탈을 얻게 하옵소서.'

부처님께서 이르셨다.

'내가 세상에 오래 있으면 박복한 사람들은 선근을 심지 않느니라. 내가 항상 있으리라 믿어 무상함을 생각하지 않고 착하지 못한 업을 한량없이 짓다가 나중에 후회하나니, 그때는 뉘우쳐도 어떻게 할 수가 없느니라.

 선남자여, 마치 어린 아기가 어머니의 곁에 항상 있으면 만나기 어렵다는 생각을 하지 않지만, 어머니가 떠나가면 갈망하고 사모하는 마음을 내고, 어머니가 돌아오면 한없이 기뻐함과 같으니라. 선남자여, 나도 그와 같아서, 중생들이 항상 머물러 있기를 구하지 않는다는 것을 알기 때문에 열반에 들어가느니라.'

 그때 세존께서 죄를 받는 중생들에게 게송으로 이르셨다.

흐르는 물은 항상 가득하지 않고　水流不常滿
맹렬한 불도 늘 타지 아니하며　　火猛不久然
해는 떴다가 잠깐사이에 지고　　　日出須臾沒
달도 가득 찼다가는 기우나니　　　月滿已得虧
권세있고 영화롭고 부귀한 이의　　尊榮豪貴者
덧없음은 이보다도 더하느니라　　無常復過是

마땅히 부지런히 정진하면서
무상존인 부처님께 예배하여라

염당근정진
念當勤精進
정례무상존
頂禮無上尊

   세존께서 이 게송을 설하시자, 모든 죄인들이 슬픈 마음으로 부처님께 여쭈었다.
  '중생들이 무슨 선행을 지어야 이런 고통을 여의오리까?'
  '선남자여, 부모님께 효도하고 스승을 공경하고 삼보에 귀의하여, 부지런히 보시·지계·인욕·정진·선정·지혜와 자비희사를 닦고, 미운 이와 친한 이를 평등하게 대하여 차별하지 않으며, 외로운 이나 늙은이를 업신여기지 않고 빈천한 이를 가벼이 여기지 않으며, 다른 이 보호하기를 내 몸과 같이 하면서 나쁜 생각을 내지 말라. 너희가 이와 같이 수행하면 곧 부처님의 은혜를 갚는 것이요, 삼악도를 떠나 다시는 고통을 받지 않게 되느니라.'

부처님께서 경을 설하여 마치자, 보살 대중들은 아뇩다라삼먁삼보리를 얻었고, 성문과 연각은 육신통과 삼명(三明)을 얻고 팔(八)해탈(解脫)을 구족하였으며, 그 밖의 대중들은 청정한 법안(法眼)을 얻었다. 그리고 이 경을 들은 중생은 삼악도와 팔난에 떨어지지 않고, 지옥의 고통을 쉬어 편안함을 얻었다.

신상보살이 부처님께 여쭈었다.
'세존이시여, 이 경의 이름은 무엇이며, 보살마하살들이 어떻게 지니오리까?'
'선남자여, 이 경의 이름은 죄업보응교(罪業報應教)화지옥경(化地獄經)이니, 너희가 받들어 지니고 널리 유포하면 공덕이 무한하리라.'
그때 이 법문을 들은 대중들은 일심으로 환희하면서 우러러 받들고 봉행하였다.

오늘 이 도량의 동업 대중이여, 부처님

의 말씀이 심히 두렵나니, 오늘부터 모두가 두려운 마음과 자비한 마음을 일으켜 부처님의 힘을 이어받고 보살도를 행하며, 지옥의 고통을 받는 일체 중생과 육도에서 고통을 받고 있는 이들을 위해 한결같은 마음으로 예배하고 참회하여, 모든 중생들이 해탈을 얻을 수 있게 할지니라.

만일 방편을 부지런히 행하여 전화위복(轉禍爲福)의 기회로 삼지 아니하면 우리들 또한 낱낱의 지옥에서 죄를 받을 수 있느니라. 모두가 지극한 마음으로 부모와 스승과 친척과 권속들이 미래에 이런 고통을 받을 것을 생각하고, 스스로가 미래와 현재에 이런 고통을 받게 될 것을 생각할지니라.

이제 다같이 간절한 마음으로 오체투지하고 지극한 정성으로 간절하게 마음을 가다듬어서 일념(一念)에 시방의 부처님을 감동케 하고, 한 번의 절로써 무량한 고통을 끊어 버리며, 육도 속에서 고통을 받는 중생으로 하여금 부처님의 힘과 법의 힘과 성현의 힘으로 해탈을 얻게 하고, 아직 고통을 받지 않은 중생에 대해서도 부처님의 힘과 법의 힘과 성현의 힘으로 영원히 괴로움을 끊어 버리게 하며, 오늘부터 다시는 악도에 떨어지지 않게 하여지이다. 또한 탐·진·치 삼장(三障)의 업을 없애어 마음대로 왕생하고, 다섯 가지 두려움인 오포외(五怖畏)를 멸하여 자재하게 해탈하며, 부지런히 도업(道業)을 닦고 오묘한 행으로 장엄하여, 법운지(法雲地)를 넘고 금강심(金剛心)에 들어가서 등정각을 이루어지이다. (절)

오늘 이 도량의 동업 대중이여, 다시 마음을 가다듬고 잡장경(雜藏經)의 가르침을 귀 기울여 자세히 듣고 잘 생각할지니라.

어느 때 어떤 귀신이 목련존자께 여쭈었다.

'제 몸에는 두 어깨에 눈이 있고 가슴에 입과 코가 있으나 머리가 없습니다. 이는 무슨 죄의 과보입니까?'

'너는 전세에 항상 백정의 제자가 되어 살생을 할 때 즐거워하였고, 살생한 것을 노끈으로 얽어매어 끌었느니라. 그 인연으로 이와 같은 벌을 받게 되었다. 그러나 이것은 화보*華報일 뿐이요, 그 과보는 다시 지옥에 들어가서 받게 되느니라.'

또 어떤 귀신이 목련존자께 여쭈었다.

'제 몸은 고깃덩어리와 같아서 손·발·눈·귀·코가 없고, 항상 벌레와 새들이 뜯어먹으니 고통을 참기가 어렵습니다. 이는 무슨 죄의 과보입니까?'

'너는 전세에 다른 이에게 독약을 주어

---

* 화보華報:이승에서 당장에 받는 과보

태아를 떨어뜨렸고, 그 중생이 제대로 살지 못하게 만들었느니라. 그 인연으로 이와 같은 벌을 받게 되었으나, 이것은 화보일 뿐이요, 그 과보는 다시 지옥에 들어가서 받게 되느니라.'

또 어떤 귀신이 목련존자께 여쭈었다.
'저는 배가 엄청나게 큰데 목구멍이 바늘과 같아서 몇 해가 지났는데도 음식을 먹지 못합니다. 이는 무슨 죄의 과보입니까?'
'너는 전세에 부락의 주인이 되어 부귀함을 믿고 술을 먹고 비틀거리면서 남을 업신여겼고, 음식을 빼앗아 모든 사람을 굶주리게 하였다. 그런 인연으로 이와 같은 죄를 받고 있지만, 이것은 화보일 뿐이요, 그 과보는 다시 지옥에 들어가서 받게 되느니라.'

또 어떤 귀신이 목련존자께 여쭈었다.

'저는 한평생 내내 뜨거운 쇠바퀴가 두 겨드랑이에 있으면서 온 몸을 태우고 볶습니다. 이는 무슨 죄의 과보입니까?'

'너는 전세에 대중들이 먹을 떡을 만들면서 두 개를 훔쳐서 겨드랑이에 끼고 있었느니라. 그 인연으로 이와 같은 죄를 받지만, 이것은 화보일 뿐이요, 그 과보는 다시 지옥에 들어가서 받게 되느니라.'

오늘 이 도량의 동업대중이여, 경의 말씀이 이와 같으니 어느 누군들 두렵지 않으랴. 우리가 오랜 옛적부터 오늘에 이르기까지 한량없는 죄악을 지은 것은 자비심이 없었기 때문이요, 내가 강할 때 업신여기는 마음으로 약한 중생을 상해하거나 남의 것을 훔치거나 미혹함 때문에 착한 이를 비방하거나 여러 가지 죄를 지은 때문이니, 그 죄보로 인해 반드시 악도에 태어나 고통을 받게 되느니라.

 오늘 지극한 정성으로 오체투지하면서 육도 중에서 이미 고통 받고 있는 이와 장차 고통 받을 이를 위하여 예참하고, 부모와 스승과 모든 권속들을 위해 예참하고, 스스로를 위해 예참하오니, 이미 지은 죄들은 모두 소멸되고, 아직 짓지 아니한 죄는 다시 짓지 않게 하여지이다. 세간의 대자대비하신 부처님께 간절히 발원하옵니다.

지심귀명례 미륵불 彌勒佛

지심귀명례 석가모니불 釋迦牟尼佛

지심귀명례 연화존풍불 蓮華尊豊佛

지심귀명례 정보흥풍불 淨寶興豊佛

지심귀명례 전등번왕불 電燈幡王佛

지심귀명례 법공등불 法空燈佛

지심귀명례 일체중덕성불 一切衆德成佛

지심귀명례 현번당왕불 賢幡幢王佛

지심귀명례 일체보치색지불 一切寶緻色持佛

지심귀명례 단의발욕제명불 斷疑拔欲除冥佛

지심귀명례 의무공구위모불수불 意無恐懼威毛不豎佛

지심귀명례 사자불 師子佛

지심귀명례 명칭원문불 名稱遠聞佛

지심귀명례 법명호불 法名號佛

지심귀명례 봉법불 奉法佛

지심귀명례 법당불 法幢佛

지심귀명례 대세지보살 大勢至菩薩

지심귀명례 상정진보살 常精進菩薩

지심귀명례 불휴식보살 不休息菩薩

지심귀명례 허공장보살 虛空藏菩薩

지심귀명례 무변신보살 無邊身菩薩

지심귀명례 관세음보살 觀世音菩薩

지심귀명례 시방 진허공계 일체삼보 十方盡虛空界一切三寶

원하옵건대 시방의 다함없는 모든 삼보

님께 귀의하옵나니, 대자대비로 육도에서 현재 괴로움을 받고 있거나 장차 괴로움을 받을 모든 중생을 구호하시어 해탈을 얻게 하옵시고, 신통력으로 악도와 지옥의 업을 끊으시어 그 중생들이 오늘부터 보리도량에 이를 때까지 결코 악도에 떨어지지 않게 하여지이다. 또한 고통 받는 몸을 버리고 금강 같은 몸을 얻어서, 사무량심과 육바라밀과 네 가지 변재와 육신통을 이루고, 뜻과 같이 자재하게 용맹정진하여 십지(十地)의 행이 원만하여지오며, 다시 돌아와 일체 중생을 제도하여지이다. (절)

자비도량참법 제4권

자비도량참법 제4권을 행하면서 지극한 마음으로 삼세의 부처님께 귀의하옵니다.

천상 인간 세상에서 부처님이 제일이니
시방 세계 어디에도 견줄 이가 결코 없네
이 세간의 모든 것들 하나하나 다 보아도
부처님과 같은 이는 하늘 아래 다시 없네

지심귀명례 과거 비바시불 過去毘婆尸佛
지심귀명례 시기불 尸棄佛
지심귀명례 비사부불 毘舍浮佛
지심귀명례 구류손불 拘留孫佛
지심귀명례 구나함모니불 拘那舍牟尼佛
지심귀명례 가섭불 迦葉佛
지심귀명례 본사 석가모니불 本師釋迦牟尼佛
지심귀명례 당래 미륵존불 當來彌勒尊佛

1. 현과보顯果報 2

오늘 이 도량의 동업 대중이여, 다시 지성을 더하여 일심으로 경의 말씀을 들을지니라.

부처님께서 왕사성(王舍城)의 가란타촌에 있는 죽림정사(竹林精舍)에 계실 때, 목련(目連)존자가 좌선을 하고 일어나 항하수 옆을 거닐다가, 아귀들이 제각기 죄보를 받는 것을 보았다. 아귀들은 공경하는 마음으로 목련에게 다가와서 과거의 인연을 물었다.

한 아귀가 목련존자께 여쭈었다.

'저는 일생 동안 기갈이 매우 심합니다. 그 기갈 때문에 뒷간으로 가서 똥이라도 먹으려 하면, 뒷간에 기운 센 귀신이 있다가 몽둥이로 저를 때리기 때문에 가까이 갈 수도 없습니다. 이는 무슨 죄의 과보입

니까?'

'네가 사람이었을 때 절을 맡고 있었는데, 간탐이 많았던 너는 객승이 와서 걸식을 하면 음식을 주지 않았고, 객승이 간 뒤에야 본래 있던 대중들과 먹었느니라. 너의 도리를 벗어난 간탐과 인색함으로 인해 이 죄를 받고 있지만, 이것은 화보(華報)일 뿐이요 과보(果報)는 다시 지옥에 들어가서 받게 되느니라.'

또 한 아귀가 목련존자께 여쭈었다.

'저는 일생 동안 어깨에 큰 구리 항아리를 메고 있습니다. 그 속에는 구리물이 가득한데, 그 물을 국자 같은 구기로 퍼내면 저절로 정수리에 부어져서 고통을 참을 수 없습니다. 이는 무슨 죄의 과보입니까?'

'네가 사람이었을 때, 절의 유나(維那)가 되어

대중의 일을 보았는데, 연유(煉乳)를 항아리에 담아 외딴 곳에 숨겨 두고 때에 맞추어 공양하지 않다가, 객승이 간 뒤에야 있던 대중들끼리만 먹었느니라. 그 연유는 시방의 승물(僧物)이므로 누구나 먹을 수 있는 것인데도, 도리를 벗어난 간탐과 인색함으로 마음대로 사용하였느니라. 그 인연으로 인해 이 죄를 받고 있지만, 이 죄는 화보일 뿐이요 과보는 지옥에 들어가 받게 되느니라.'

또 한 아귀가 목련존자께 여쭈었다.
'저는 일생 동안 뜨거운 쇠구슬만 먹고 있습니다. 이는 무슨 죄의 과보입니까?'
'네가 사람의 몸을 받아 사미 노릇을 할 때, 물을 떠다가 자연꿀인 석청(石淸)을 타게 되었는데, 석청 덩어리가 큰 것을 보고 도둑의 마음을 내어 조금 깨어다가 대중이 먹기도 전에 먼저 먹었느니라. 그 인연으로 이 죄를 받고 있지만, 이 죄는 화보일 뿐이요, 과보는 지옥에 들어가 받게 되느니라.'

오늘 이 도량의 동업 대중이여, 목련존자께서 본 죄보가 이와 같으니 두렵지 아니한가. 우리 또한 예전에 그와 같은 죄를 지었으나 무명에 가려 알지 못할 뿐이로다. 혹여나 이와 같은 무량 죄업이 있어 내세에 고통을 받게 될 수도 있으니, 오늘 지성으로 다같이 오체투지하면서 참회하여 소멸되기를 바랄지니라.

저희는 시방의 수없이 많은 아귀들을 위해 참회하고, 또 부모와 스승을 위해 참회하고, 이 단(壇)의 증명아사리와 상·중·하좌를 위해 참회하고, 선지식·악지식과 시방의 무궁무진한 사생 육도의 일체 중생을 위하여 참회하되, 이미 지은 죄들은 모두 소멸되고 아직 짓지 아니한 죄는 다시 짓지 않게 되기를 시방의 모든 부처님께 발원하옵니다.

지심귀명례 미륵불 彌勒佛
지심귀명례 석가모니불 釋迦牟尼佛
지심귀명례 구루손불 拘樓孫佛
지심귀명례 구나함모니불 拘那含牟尼佛
지심귀명례 가섭불 迦葉佛
지심귀명례 사자불 師子佛
지심귀명례 명염불 明焰佛
지심귀명례 모니불 牟尼佛
지심귀명례 묘화불 妙華佛
지심귀명례 화씨불 華氏佛
지심귀명례 선수불 善宿佛
지심귀명례 도사불 導師佛
지심귀명례 대비불 大臂佛

지심귀명례 대력불 大力佛

지심귀명례 수왕불 宿王佛

지심귀명례 수약불 修藥佛

지심귀명례 명상불 明相佛

지심귀명례 대명불 大明佛

지심귀명례 염견불 炎肩佛

지심귀명례 조요불 照曜佛

지심귀명례 일장불 日藏佛

지심귀명례 월씨불 月氏佛

지심귀명례 중염불 衆炎佛

지심귀명례 선명불 善明佛

지심귀명례 무우불 無憂佛

지심귀명례 사자유희보살 師子遊戲菩薩

지심귀명례 사자분신보살 師子奮迅菩薩

지심귀명례 무변신보살 無邊身菩薩

지심귀명례 관세음보살 觀世音菩薩

지심귀명례 불타야중 佛陀耶衆

지심귀명례 달마야중 達摩耶衆

지심귀명례 승가야중 僧伽耶衆

   원하옵건대 대자대비로 지금 시방에서 아귀의 고통을 받고 있는 중생들을 모두 구원하여 주시옵고, 시방의 지옥과 축생과 인간 세계에서 무량한 괴로움을 받고 있는 중생들을 모두 구원하여 해탈을 얻게 하옵소서. 세 가지 장애[三障]와 다섯 가지 두려움[五怖畏]을 끊고, 팔해탈[八解脫]로 마음을 씻고, 사홍서원으로 중생들을 가피하시어, 불보살을 뵈옵고 묘한 가르침을 받아 제자리에서 모든 번뇌를 없애고, 생각하는 바에 맞는 불국토에 태어나 원과 행을 원만하게 갖추고 정각을 이루게 하여지이다. (절)

   오늘 이 도량의 동업 대중이여, 다시 정성을 다해 경의 말씀을 일심으로 자세히

들을지니라.

부처님께서 왕사성에 계실 때, 왕사성의 동남방에 똥오줌 등의 더러운 것들이 가득 모여 구린내가 심한 한 못이 있었으며, 이 못에 몸이 두 길이 되고 손발 없이 꿈틀거리기만 하는 큰 벌레가 생겨났으므로, 구경하는 이가 수 천 명에 이르렀다.

아난이 가서 보고 그 사실을 부처님께 아뢰었더니, 부처님께서 대중과 함께 그 못으로 가셨다. 대중들은 '오늘 여래께서 모여든 사람들을 위해 벌레의 내력을 말씀하시리라' 하였는데, 부처님께서 대중들에게 이르셨다.

"비바시불께서 열반에 드신 뒤에 그 부처님의 탑을 모신 절이 있었느니라. 어느 날 5백 명의 비구가 그 절로 찾아오자 주지가 환희하여 머무르게 한 다음, 마음을 다해 아낌없이 공양하고 뒷수발을 하였느니라. 그 뒤에 바다로 가서 보물을 채집하고 돌아온 5백 명의 상인이 그 절에 들렀다가, 5백 비구가 정진하는 것을 보고는 기쁜 마음으로 의논하였느니라.

'이런 복전을 만나기는 심히 어렵다. 마땅히 공양을 베풀어야 하리라.'

그들은 한 사람에게 한 개씩의 구슬을 거두어 5백 개의 마니주를 주지에게 맡겼으나, 주지는 혼자 다 가지려는 불량한 마음으로 공양을 베풀지 않았느니라. 이에 대중이 물었느니라.

'어찌하여 장사꾼이 보시한 진주로 공양을 베풀지 않는 것인가?'

주지가 말했느니라.

'그 진주는 나에게 준 것이다. 진주를 빼앗으려 하면 똥이나 줄 것이다. 그리고 그대들이 곧 떠나가지 않는다면 수족을

잘라 똥구덩이 속에 넣으리라.'
 비구들은 주지의 무지함을 알고 잠자코 떠나 버렸고, 주지는 그 죄업으로 인해 지금 이 벌레가 되었거니와, 뒤에는 지옥에 들어가 수많은 고통을 받게 되느니라."

 부처님께서 왕사성에 계실 때였다. 어떤 중생의 넓고 큰 혀에 쇠못을 박아 놓고 불로 태워 밤낮없이 모진 고통을 가하고 있었다. 이를 본 목련이 부처님께 여쭈었다.
 '무슨 죄를 지었기에 이와 같은 고통을 받나이까?'
 '이 사람은 전생에 주지로 있었는데, 대중과 객비구들을 욕설하여 쫓아 보내고, 받은 공양을 함께 나누지 아니한 인연으로 이와 같은 죄보를 받게 된 것이니라.'

 또, 어떤 중생은 신체가 장대한데, 머리

에 가마솥을 이고 있었다. 활활 타는 그 솥 속에서 펄펄 끓는 구리물이 4면으로 흘러내려 그의 몸을 적셨으므로, 잠시도 고통이 멈추지 않았다. 이를 본 목련이 부처님께 여쭈었다.

'무슨 죄를 지었기에 이와 같은 고통을 받나이까?'

'이 사람은 전생에 절 소임을 보면서 시주가 공양한 기름을 객비구들에게 나누어 주지 않고, 객이 간 뒤에 원래 있던 대중에게만 분배한 인연으로 그와 같은 죄보를 받게 된 것이니라.'

또 어떤 중생은 활활 타는 철환이 몸 위쪽으로 들어갔다가 몸 아래쪽으로 나왔으므로 고통이 견줄 짝이 없을 정도였다. 이를 본 목련이 부처님께 여쭈었다.

'무슨 죄를 지었기에 이와 같은 고통을

받나이까?'

'이 사람은 예전에 사미였는데, 절 소유의 밭에서 과일을 일곱 개 훔쳐 먹고, 죽어 지옥에 들어가 한량없는 고통을 받고도 죄업이 남았기에 이와 같은 죄보를 받고 있는 것이니라.'

또한 큰 물고기 한 마리가 있었는데 머리가 백 개였다. 그 머리들 각각은 모양이 달랐으며, 머리마다 각각 다른 그물에 걸려 있었다. 세존께서 보시고 자심삼매(慈心三昧)에 드시어 물고기에게 이르셨다.

'너의 어미는 어디에 있느냐?'

'뒷간의 벌레가 되었습니다.'

부처님께서 비구들에게 이르셨다.

'이 물고기는 가섭불 당시에 경·율·논에 모두 밝은 삼장 비구였으나, 나쁜 말[惡口(악구)]을 많이 한 탓으로 머리가 많은 과보를 받게 되었고, 어미는 그때 그의 덕에 이익을 얻은 탓으로 뒷간의 벌레가 되었느니라.

또한 중생이 험상궂게 악구를 놀리고, 옳지 않은 소문을 이 사람 저 사람에게 퍼뜨려 두 집안을 싸우게 만들면, 죽어 지옥에 들어갔을 때 옥졸들이 속까지 빨갛게 달군 쇠꼬챙이로 혀를 지지고, 세 갈래로 된 쇠갈구리를 달구어 혀를 끊고, 보섭을 단 소가 혀를 갈아서 뒤집고, 쇠공이를 달구어 목구멍을 찌르나니, 이와 같이 수천만 겁을 지낸 다음에, 죄보를 마치고 나와서는 새나 짐승으로 나게 되느니라. 만일 어떤 중생이 그의 임금이나 부모나 스승의 시비를 퍼뜨리게 되면 그 죄보는 이보다 더 심하니라.'

오늘 이 도량의 동업 대중이여, 부처님의 이와 같은 말씀이 크게 두렵지 아니한가? 선한 과보와 악한 과보는 늘 분명하고 죄와 복은 완연하여 의심이 없느니라. 마땅히 노력하여 부지런히 참회하라. 경을 보면 이에 대해 잘 알 수가 있느니라.

만일 노력하지 않고 게으름을 부린다면, 우리의 지금 하는 일을 어떻게 이룰 수 있겠는가? 마치 궁핍한 사람이 백 가지 음식을 마음속으로 그려볼지라도 굶주림에는 아무런 이익이 없는 것과 같으니라. 그러므로 훌륭한 법을 구하여 중생을 구제하려는 이는 마음속으로만 생각하여서는 아니 되나니, 모름지기 스스로 노력하고 부지런히 행하여야 하느니라.

저희가 지극한 마음으로 다 같이 오체투지하면서 지옥과 아귀와 축생과 인간의 모든 중생들을 위하여 애절하게 참회하고, 또 부모와 스승과 선지식과 악지식,

저희들과 저희의 모든 권속들을 위하여 참회하오니, 이미 지은 죄들은 모두 소멸되고 아직 짓지 아니한 죄는 다시 짓지 않게 하여지이다. 세간의 대자대비하신 부처님께 발원하옵니다.

지심귀명례 미륵불 彌勒佛
지심귀명례 석가모니불 釋迦牟尼佛
지심귀명례 제사불 提沙佛
지심귀명례 명요불 明曜佛
지심귀명례 지만불 持鬘佛
지심귀명례 공덕명불 功德明佛
지심귀명례 시의불 示義佛
지심귀명례 등요불 燈曜佛
지심귀명례 흥성불 興盛佛
지심귀명례 약사불 藥師佛
지심귀명례 선유불 善濡佛
지심귀명례 백호불 白毫佛

지심귀명례 견고불 堅固佛

지심귀명례 복위덕불 福威德佛

지심귀명례 불가괴불 不可壞佛

지심귀명례 덕상불 德相佛

지심귀명례 라후불 羅睺佛

지심귀명례 중주불 重住佛

지심귀명례 범성불 梵聲佛

지심귀명례 견제불 堅際佛

지심귀명례 불고불 不高佛

지심귀명례 작명불 作名佛

지심귀명례 대산불 大山佛

지심귀명례 금강불 金剛佛

지심귀명례 장중불 將衆佛

지심귀명례 무외불 無畏佛

지심귀명례 진보불 珍寶佛

지심귀명례 사자번보살 師子幡菩薩

지심귀명례 사자작보살 師子作菩薩

지심귀명례 무변신보살 無邊身菩薩

지심귀명례 관세음보살 觀世音菩薩
지심귀명례 시방 진허공계 일체삼보
十方 盡虛空界 一切三寶

　원하옵건대 자비의 힘과 대지혜의 힘과 부사의한 힘과 무량자재력(無量自在力)으로 육도의 모든 중생을 제도하시고, 육도의 모든 고통을 없애 주시고, 모든 중생들로 하여금 삼악도의 죄업을 끊게 하여, 다시는 오역죄와 십악업을 짓지 아니하고 삼악도에 떨어지지 않게 하옵소서.

　또한 오늘부터 괴로운 과보의 삶을 버리고 정토에 나게 하오시며, 괴로운 과보의 생명을 버리고 지혜의 생명을 얻게 하오시며, 괴로운 과보의 몸을 버리고 금강과 같은 몸을 얻게 하오시며, 악도(惡道)의 괴로움을 버리고 열반의 낙을 얻게 하오시며, 나쁜 세상의 괴로움을 기억하여 보리심을 발하게 하고, 사제법과 육바라밀이 항상 앞에 나타나고, 네 가지 변재와 육신통이 뜻과 같이 자재하며, 용맹정진하여 십지(十地)의 행을 원만하게 갖추고, 일체 중생을 능히 제도하여지이다. (절)

2. 출지옥 出地獄

오늘 이 도량의 동업 대중이여, 비록 만 가지 법이 각각 다르고 공부하는 일이 같지 않다 할지라도, 밝은 모양과 어두운 모양은 오직 선과 악뿐이니, 선을 행하면 인간과 천상의 좋은 과보를 받고, 악한 짓을 행하면 삼악도의 매운 과보를 받게 되느니라. 이 두 가지 결과가 세상에 있음이 분명하거늘 어리석은 사람은 의혹을 내어, '인간과 천상도 허망한 것이요 지옥도

참말이 아니다'고 하면서, 인(因)을 짓고도 과보를 추정할 줄 모르고 과보를 보고도 원인을 찾지 않느니라.

이렇게 원인과 결과를 분별하지 못하고 세상의 소견만을 고집한 채 공(空)을 말하고 유(有)를 말하고 논을 쓰고 책을 만들면서도, 마음이 선한 일에 어긋나는 것을 잘못이라 하지 아니하고, 설혹 일러주더라도 고집만 부리느니라. 이와 같은 사람은 제 발로 나쁜 세계에 들어가기를 쏜살같이 하여 지옥에 떨어지나니, 부모와 효자라도 그를 구원할 수 없느니라. 오직 먼저 지은 행동으로 확탕지옥(鑊湯地獄)에 들어가서 몸이 부서지고 정신이 쓰라리게 되나니, 이때를 당하여 후회한들 무슨 소용이 있겠는가?

오늘 이 도량의 동업 대중이여, 선과 악의 과보는 메아리와 같고, 죄와 복이 향하는 곳은 엄연히 달라 따로 기다리고 있나니, 바라건대 분명히 믿어 의심을 두지 말라.

어떤 곳을 지옥이라 하는가? 경에 이르셨다.

"삼천대천세계를 큰 철위산(鐵圍山)들이 둘러쌌으니, 이 철위산과 저 철위산 사이에 있는 캄캄한 곳을 지옥이라고 하느니라. 지옥에는 무쇠로 된 성이 있으니 가로 세로가 각각 1천 6백만 리요, 그 성안에는 8만 4천의 간격(間隔)이 있으니, 아래는 철로 된 땅이요 위에는 철로 만든 그물을 쳤느니라. 이 성은 타는 불로 안팎이 벌겋게 달았나니, 윗불은 아래로 통하고 아랫불은 위로 올라가느니라.

그 지옥의 이름들은 중합지옥(衆合地獄)을 비롯하여 흑암지옥(黑闇地獄)·도륜지옥(刀輪地獄)·검림지옥(劍林地獄)·철기지옥(鐵機地獄)·자림지옥(刺林地獄)·철망지옥(鐵網地獄)·철굴지옥(鐵窟地獄)·철환(鐵丸

지옥·첨석(尖石)지옥·탄갱(炭坑)지옥·효림(燒林)지옥·호랑(虎狼)지옥·규환(叫喚)지옥·확탕(鑊湯)지옥·노탄(爐炭)지옥·도산(刀山)지옥·검수(劍樹)지옥·화마(火磨)지옥·화성(火城)지옥·동주(銅柱)지옥·철상(鐵床)지옥·화거(火車)지옥·화륜(火輪)지옥·음동(飮銅)지옥·토화(吐火)지옥·대열(大熱)지옥·대한(大寒)지옥·발설(拔舌)지옥·정신(釘身)지옥·이경(犂耕)지옥·부작(斧斫)지옥·도병(刀兵)지옥·도렬(屠裂)지옥·회하(灰河)지옥·비뇨(沸尿)지옥·한수(寒水)지옥·어니(淤泥)지옥·우치(愚癡)지옥·제곡(啼哭)지옥·농맹(聾盲)지옥·음아(瘖啞)지옥·철구(鐵鈎)지옥·철취(鐵嘴)지옥 등의 크고 작은 지옥과 아비(阿鼻)지옥이니라.

부처님께서 아난에게 이르셨다.

"어떤 것을 아비지옥이라고 하는가? 아는 '무(無)'요 비는 '막음[遮(차)]'이며, 아(阿)는 '무(無)'요 비(鼻)는 '구함[救(구)]'이니 '막을 수 없고 구제할 수 없다'는 뜻이니라. 또 아는 '무간(無間)'이요 비는 '무동(無動)'이니, '빈틈없이 아주 좁아 움

출지옥 · 211

직일 수 없는 곳'이 아비지옥이니라. 또 아는 '극열(極熱)'이요 비는 '극뇌(極惱)'이니, '지극히 뜨겁고 괴로운 곳'이 아비지옥이며, 아는 '불한(不閑)'이요 비는 '부주(不住)'이니, '한가롭게 머물지 못하는 곳'이 아비지옥이며, 또 아는 '대염(大焰)'이요 비는 '맹렬(猛烈)'이니 '맹렬한 불길이 마음을 태우는 곳'이 아비지옥이니라."

부처님께서 아난에게 이르셨다.

"아비지옥은 길이와 넓이가 다 같이 38만리요 철로 된 성이 일곱 겹이며 철망이 7층으로 되어 있느니라. 아래가 18간격으로 막혀 있는데, 돌아가면서 일곱 겹의 도림(刀林)지옥이 있느니라. 일곱 겹의 철로 된 성안에는 다시 검림(劍林)지옥이 있고, 아래의 18간격은 간격마다 8만 4천 겹으로 이루어져 있느니라.

이 성의 네 귀에는 큰 구리 개[銅狗] 네

마리가 있으니 몸의 크기가 1만 6천리요 눈은 번갯불 같고 어금니는 칼날과 같고 이빨은 칼산과 같고 혀는 쇠가시 같으며, 모든 털에서는 맹렬한 불길이 나오는데 냄새가 악독하여 세상의 냄새로는 비유할 수가 없느니라.

또 18옥졸(獄卒)이 있으니 나찰의 머리에 야차의 입을 가졌고, 64개의 눈에서는 철환이 쏟아져 나와 10리나 날아가며, 송곳 같은 어금니가 위로 솟은 것이 160리인데, 그 어금니에서 불이 흘러 나와 앞에 있는 쇠로 된 수레들을 태우니, 수레의 쇠바퀴들이 1억의 불칼로 변하고 그 불꽃 속에서 칼과 검과 창들이 나오며, 이와 같은 불길이 아비지옥의 철성을 태우면 철로 된 성이 붉은 구리와 같이 되느니라.

옥졸의 머리 위에는 여덟 개의 소머리가 있고, 소머리마다 18개의 뿔이 있느니

라. 낱낱의 뿔에서는 불무더기가 나오나니, 불무더기는 다시 18개의 불 바퀴[火輞^{화망}]로 변화하고, 불 바퀴는 또 큰 칼바퀴[刀輪^{도륜}]로 변하느니라. 그 칼바퀴는 수레바퀴만큼 큰데, 바퀴들이 차례 차례로 불길 속에 들어차서 아비지옥을 가득 채우느니라.

구리로 된 개가 입을 벌리면 혀가 나와 땅에 닿는데, 쇠가시와 같이 생긴 그 혀가 한량없는 혀로 변하여 아비지옥을 가득 채우느니라.

일곱 겹의 성안에는 일곱 개의 쇠로 만든 당^幢이 있고, 당의 끝에서는 불길이 끓는 샘처럼 솟아오르며, 그 쇳물은 흘러서 아비지옥의 성을 가득 채우느니라.

아비지옥에 있는 네 개의 문지방 위에는 18가마솥이 있는데, 끓는 구리물이 문으로 넘쳐흘러 아비지옥의 성을 가득 채우느니라.

아래쪽 18간격의 하나하나에는 8만 4천의 무쇠 구렁이가 있어 독기와 불을 토하는데 그들의 몸이 성안에 가득하며, 또 구렁이들은 우레 소리를 내고 큰 철환의 비를 내려 아비지옥의 성을 가득 채우느니라. 성안에서 일어나는 괴로운 일이 8만 억 천 가지나 되나니, 모든 괴로움이 이 성중에 모여 있느니라.

또, 5백억의 벌레가 있으니 벌레마다 8만4천개의 입이 있고, 입에서 흘러나온 불길이 빗발같이 쏟아져서 아비지옥의 성을 가득 채우고, 아비지옥의 맹렬한 불길은 매우 치성하여 빨간 불꽃이 3백 36만 리나 뻗어나와, 아비지옥에서 위의 큰 바다에 충돌하니, 옥초산(沃焦山) 밑의 큰 바다 물방울은 수레의 굴대만한 쇠송곳[鐵尖]이 되어 아비지옥의 성을 가득 채우느니라."

부처님께서 아난에게 이르셨다.

"만일 어떤 중생이 부모를 살해하거나 육친을 모욕한 죄를 지으면, 죽을 때 구리로 된 개가 입을 벌리는데, 그 입이 18개의 수레로 변화하느니라. 그 모양은 황금 수레와 같고 보배 일산이 위에 덮여 있으며, 모든 불길은 변하여 옥녀(玉女)로 바뀌어 있느니라.

죄인이 멀리서 보고 환희한 마음을 내어, '나도 저 속에 갔으면 좋겠다'고 생각하면, 풍도(風刀)[바람칼]가 휘몰아쳐서 몸을 해부하고 몹시 춥게 만드느니라. 저도 모르게 소리를 지르며 '차라리 따뜻이 불을 피우고 저 수레 위에 앉아서 불을 쬐리라'고 생각하는 순간, 목숨이 다하여 잠깐 사이에 황금 수레에 가서 앉게 되고, 옥녀들은 도끼를 들고 그의 몸을 찍느니라. 그의 몸에서는 불이 일어나 불의 바퀴처럼 되는데, 장사가 팔을 한 번 굽히는 잠깐 사이에 아비대지옥 속으로 곧바로 떨어지느니라.

위에서 아래까지 내려가는 사이에는 불의 바퀴들이 가득하며, 구리로 된 개가 으르렁거리면서 뼈를 씹고 골수를 핥으며, 옥졸과 나찰이 들고 있는 창에서 일어난 불이 아비성을 가득 채우고, 철망에서는 칼이 비 오듯이 나와 털구멍으로 들어가며, 염라대왕이 나타나 큰 소리로 호령하느니라.

'어리석은 놈아, 세상에 있을 때 부모에게 불효하고 오만무도하게 굴더니 아비지옥에 오게 되었구나. 은혜도 모르고 부끄러움도 없더니, 여기에서 받는 고통은 어떠하냐? 즐거우냐?'

이렇게 호령하고는 온데간데 없어지느니라. 이때 옥졸이 죄인을 몰고 아래쪽 간격에서 위쪽 간격까지 8만4천 간격을 지나가는데, 몸을 끌고 철망 끝까지 가나니, 하루 낮과 밤이 지나야 아비지옥을 한 바퀴 도느니라. 지옥의 하루는 남섬부주의 시간으로 60소겁(小劫)이나 되는데, 이러한 수명으로 1대겁(大劫)을 지내느니라.

오역죄를 지은 사람은 부끄러운 생각도 없이 오역죄를 짓지만, 그 탓으로 임종할 때 열여덟 가지 풍도(風刀)가 몸을 찢고 철화차(鐵火車)가 몸을 태우는데, 그때 문득 한 생각을 일으키느니라.

'아, 아름다운 꽃이 만발한 서늘한 나무 그늘에서 한참을 놀면 얼마나 좋을까?'

바로 그때, 아비지옥의 8만4천의 나쁜 칼숲[劍林(검림)]들은 꽃과 열매가 무성한 보배나무로 화하여 열을 지어 앞에 나타나고, 뜨거운 불길은 연꽃으로 화하여 그 나무 아래에 나타나느니라. 죄인이 보고, '내가 소원하던 곳을 이제 찾았다'고 말을 하는 즉시, 소나기보다 빨리 연꽃 위에 앉게 되고, 앉자마자 쇠로 된 부리를 가진 벌레들이 불로 된 연꽃에서 나와 뼈를 뚫고 골수로 들어가서 심장과 뇌에 사무치느니라. 또 나무 위로 올라가면 칼로 된 모든 가지가 살을 깎고 뼈를 뚫으며, 한량없는 칼숲이 위로부터 내려오고, 불 수레와 화로 등의 열여덟 가지 괴로움이 한꺼번에 와서 닥치느니라.

그리고 이러한 때에 땅 속으로 빠지게 되면 아래쪽 간격에서부터 위쪽 간격까지 몸이 꽃피듯이 가득해지는데, 그 즉시 아래쪽 간격에서 맹렬한 불꽃이 일어나 윗 간격에까지 이르며, 윗 간격에 이르게 되면 그 속에 가득한 몸이 뜨겁고 답답함을 참을 수 없게 되어 눈을 부릅뜨고 혀를 빼무느니라.

이 사람은 오역죄를 지은 탓으로 만억의 구리물과 백천의 칼바퀴가 공중에서 내려와 머리로 들어가고 발로 나오는 등의 모든 고통이 앞에서 말한 것보다 백 천만 배나 되며, 오역죄를 다 갖추어 지은 이는 5대겁이 다 차도록 죄의 과보를 받느니라.

또한 어떤 중생이 부처님의 계율을 파하거나, 신도가 보시한 음식을 함부로 하거나, 사견으로 비방하고 인과를 무시하고 반야를 배우지 않거나, 시방의 부처님을 헐뜯거나, 불보와 법보의 물건을 훔치거나, 더러운 생각으로 청정한 행을 하지 않으면서도 부끄러워하지 않거나, 친척까지 욕되게 하여 온갖 나쁜 짓을 하게 되면 그 죄보로 죽을 때 풍도(風刀)로 몸을 찢어 앉을 수도 누울 수도 없을 만큼 많은 매를 맞은 듯하고, 마음이 거칠어져 발광을 하거나 어리석은 생각이 일어나서, 자기 집과 남녀노소 모두가 부정한 물건으로 보이거나, 똥과 오줌이 밖에까지 낭자하게 흘러넘치는 모습으로 보이게 되느니라. 이때 죄인은 말을 하느니라.

'어찌하여 이 곳에 노닐 만한 좋은 성곽이나 산림은 없고 부정한 것들뿐인가?'

이 말을 마치기가 무섭게 옥졸과 나찰이 큰 창으로 아비지옥의 칼숲들을 꿰어다가 보배나무와 청량한 못을 만드나니, 불꽃은 금빛의 연꽃이 되고, 쇠부리를 가진 벌레들은 기러기와 오리로 변하고, 지옥에서 고통 받는 소리는 아름다운 노랫소리로 들리게 되느니라.

죄인이 듣고는 '이렇게 좋은 곳이니 내가 마땅히 가서 노닐어야지.'하는 순간, 그는 불로 된 연꽃 위에 앉게 되고, 쇠부리를 가진 벌레들이 털구멍으로 들어가 몸을 빨아먹으며, 백천 개의 쇠바퀴는 정수리로 들어가고, 수 많은 창은 눈알을 뽑아내며, 구리로 된 지옥의 개가 백억의 무쇠개로 변하여 죄인의 몸을 다투어 찢고 염통을 꺼내어 먹는데, 잠깐 동안에 몸이 철로 된 꽃이 되어 지옥 속에 가득 차고, 꽃마다 8만4천 잎이 나고 잎새마다 손발과 팔다리가 생겨나나니, 지옥이 커진 것도 아니요 몸이 작아진 것도 아닌데 이와 같이 대지옥에 가득 차느니라.

이 죄인은 지옥에 떨어져서 지내다가, 8만4천 겁이 지나 이 지옥이 소멸되면, 또 다시 동방의 18간격 속에 들어가 고통을 받느니라.

이 아비지옥은 남방도 18간격이요 서방도 18간격이요 북방도 18간격이니, 방등경을 비방하고 오역죄를 짓고 성현을 파괴하고 선근을 끊은 죄인들은 모두 죄를 구족하였으므로, 몸은 아비지옥에 가득차고 사지는 18간격에 가득차게 되느니라.

이 아비지옥에서는 이 지옥으로 오는 중생들을 불사르다가 겁이 다하게 되면 동쪽의 문이 열리는데, 동문 밖에는 맑은 샘물과 꽃과 과일과 숲이 나타나느니라. 모든 죄인이 아래쪽 간격에서 이를 보고는 눈에 불길이 잠깐 사라지는 동안에 꿈틀꿈틀 배로 기고 몸을 굴려 아래쪽 간격에서 윗 간격까지 올라가 손으로 칼바퀴를 잡으면 공중에서 뜨거운 철환이 내려오느니라. 또 겨우 동문으로 달려가 문턱에 이르면 옥졸과 나찰이 창으로 눈을 찌르고, 구리로 된 개가 심장을 씹나니, 기절하여 죽었다가 다시 소생하느니라.

또 남쪽의 문이 열리는 것을 보게 되는

데 동문과 다르지 않으며, 서문과 북문도 또한 그러하나니, 이러는 동안 세월이 반 겁이나 지나가느니라.

아비지옥에서 죽은 다음에는 한빙(寒氷)지옥에 태어나고, 한빙지옥에서 죽게 되면 흑암지옥에 태어나 8천만 년을 아무 것도 보지 못하게 되느니라. 그 뒤 큰 벌레의 몸을 받아 꿈틀거리며 배로 기어다니는데, 모든 감각기관이 캄캄하여 아는 것이 없고, 백천 마리의 이리와 여우들이 찍어먹으며, 죽은 뒤에는 다시 축생으로 태어나 5천만 년 동안 새와 짐승의 몸을 받게 되느니라.

이렇게 죄보를 마치고야 사람의 몸을 받게 되지만, 귀먹고 눈멀고 벙어리가 되고 옴과 창병 등에 걸리며, 가난하고 천한 신분 등 모든 나쁜 것으로 치장을 하느니

라. 이렇게 천한 몸 받기를 5백생 동안 계속하다가 아귀로 태어나는데, 아귀일 때 선지식이나 대보살들을 만나면 꾸중을 듣게 되느니라.

'너는 전생의 수없는 세월 동안 한량없는 죄를 짓고 비방하고 믿음 없이 살았으므로 아비지옥에 떨어져 엄청난 고통을 받았나니, 어찌 그것을 다 말할 수 있으랴. 이제부터라도 자비심을 발하여라.'

아귀들이 이 말씀을 듣고 '나무불'하게 되면 부처님의 은혜로 곧 명을 마치고 사천왕천에 나게 되고, 그 하늘에서 잘못을 뉘우치고 스스로를 책망하고 보리심을 발하게 되면, 부처님들께서 자비심으로 그 사람들을 버리지 아니하고 거두어 주시기를 아들 라후라를 사랑하듯이 하느니라."

이어 부처님께서 염라대왕에게 이르셨다.

"대왕이여, 부처님들의 마음광명이 누구에게 비치는지를 알고 있는가? 바로 구원해주는 존재가 없어 늘 고통을 받는 중생에게 비추느니라. 부처님 마음을 인연으로 삼아 극악한 중생들을 구제하고 부처님 마음으로 장엄해주기 때문에, 여러 겁이 지나면 악인들도 보리심을 발하게 되느니라."

오늘 이 도량의 동업 대중이여, 부처님의 이런 말씀을 들었으니 더욱 마음을 가다듬어 방일하지 말아야 하나니, 만일 부지런히 보살도를 행하지 않게 되면 누구든지 지옥에서 죄를 받게 될 수 있느니라. 지금 저희는 아비지옥에서 현재 고통을 받고 있고 미래에 고통을 받을 일체 중생들, 시방의 모든 지옥에서 현재 고통을 받고 있고 미래에 고통을 받을 무궁무진한 중생들을 위해, 간절한 마음으로 오체투지하면서 대자대비하신 부처님께 귀의하옵니다.

지심귀명례 미륵불 彌勒佛
지심귀명례 석가모니불 釋迦牟尼佛
지심귀명례 과거칠불 過去七佛
지심귀명례 시방십불 十方十佛
지심귀명례 삼십오불 三十五佛
지심귀명례 오십삼불 五十三佛
지심귀명례 백칠십불 百七十佛
지심귀명례 장엄겁천불 莊嚴劫千佛
지심귀명례 현겁천불 賢劫千佛
지심귀명례 성수겁천불 星宿劫千佛
지심귀명례 시방보살마하살 十方菩薩摩訶薩
지심귀명례 십이보살 十二菩薩
지심귀명례 무변신보살 無邊身菩薩
지심귀명례 관세음보살 觀世音菩薩

거듭 시방 진허공계의 한량없는 형상(形像)과 우전왕(優塡王)의 금상과 전단나무상, 아육왕의 동상과 오(吳)나라의 석상(石像)과 사자국의 옥상(玉像), 여러 국토 중의 금상·은상·유리상·산호상·호박상·자거상·마노상·진주상·마니보상·자마상색염부단금상(紫磨上色間浮檀金像)에 귀의하옵니다. (절)

또한 시방 여래의 모든 모발탑(毛髮塔)과 모든 치아탑(齒牙塔)과 모든 조탑(瓜塔)과 모든 정상골탑(頂上骨塔)과 모든 신중사리탑(身中舍利塔), 가사탑, 숟가락과 발우를 모신 시발탑(匙鉢塔), 물병을 넣은 조병탑(澡瓶塔), 석장탑(錫杖塔) 등의 건립 불사를 행하는 이에게 귀의하옵니다. (절)

또한 제불생처탑(諸佛生處塔)·득도탑(得道塔)·전법륜탑(轉法輪塔)·반열반탑·다보불탑, 아육왕이 세운 8만4천탑, 천상탑·인간탑·용궁의 일체 보탑에

귀의하옵니다. (절)

지심귀명례 시방 진허공계 일체제불
　　　　　　十方 盡虛空界 一切諸佛
지심귀명례 시방 진허공계 일체존법
　　　　　　十方 盡虛空界 一切尊法
지심귀명례 시방 진허공계 일체현성
　　　　　　十方 盡虛空界 一切賢聖

　원하옵건대 자비의 힘과 중생을 편안하게 해주시는 힘과 무량한 자재력(自在力)과 대신통력으로 섭수(攝受)하여 주옵소서.
　오늘 이 도량에서 저희는 대아비지옥에서 고통 받는 일체 중생을 위해 참회하오며, 이루 말로 다할 수 없는 시방의 모든 지옥 중생을 위해 참회하오며, 부모와 스승과 일체 권속을 위해 참회하오니, 대자비의 물로 지금 현재 아비지옥과 다른 지옥에서 고통을 받고 있는 일체 중생의 죄를 씻어주시어 청량을 얻게 하옵시고, 오늘 이 도량에서 함께 참회하는 이와 그들의 부모와 스승과 일체 권속의 죄를 씻어 청정하게 하여 주옵소서. 그리고 모든 육도 중생의 죄를 씻어주시고 이 도량에 이르러 마침내 청정을 얻게 하여지이다.

오늘부터 보리도량에 이르는 그때까지 아비지옥의 고통과 시방세계에 있는 무수한 지옥의 고통을 모두 끊어서, 다시는 삼악도에 들어가지 않게 하고, 다시는 지옥에 떨어지지 않게 하고, 다시는 십악업을 짓지 않게 하고, 오역죄를 비롯하여 고통을 받게 되는 모든 죄악들이 소멸되게 하여지이다.

또한 지옥살이를 버리고 정토에 나게 하며, 지옥의 목숨을 버리고 지혜의 목숨을 얻게 하며, 지옥의 몸을 버리고 금강 같은 몸을 얻게 하며, 지옥의 고통을 버리고 열반의 낙을 얻게 하며, 지옥의 괴로움을 생각하면서 보리심을 발하며, 자비희사의 사무량심과 육바라밀이 항상 앞에 나타나고 사무애변과 육신통이 뜻과 같이 자재하며, 지혜를 구족하여 보살도를 행하고 용맹정진하기를 쉬지 아니하며, 계속 닦아 나아가 십지(十地)의 행(行)을 만족하고 금강심에 들어가서 등정각(等正覺)을 성취하여, 시방의 일체 중생을 제도케 하여지이다. (절)

오늘 이 도량의 동업 대중이여, 여러 지옥에서 받는 고통은 다 말할 수 없으며, 지옥의 명호와 고통도 한량이 없나니, 이제 경을 읽어 그에 대해 알아보고자 하노라.
경에 이르셨다.

"염라대왕은 일념의 악으로 인해 옥사를 모두 맡게 되었나니, 자신이 받는 고통도 다 말할 수 없느니라.

옛날 염라대왕이 비사국왕이 되어 유타(維陀)시왕(始王)과 싸웠을 때 병력이 부족하였으므로, '후생에 지옥의 왕이 되어 이 죄인들을 다스리겠다'는 서원을 세웠고 18대신과 백만 대중들도 같은 원을 세웠느니라. 그때 비사국왕은 지금의 염라대왕이요, 18대신은 지금의 18옥주(獄主)이며, 백만 대중은 지금의 옥졸인 우두아방(牛頭阿旁) 등이니, 이 무리들은 모두 북방 비사문천왕의 다스림을 받고 있느니라."

또 『장아함경』에서는, '염라대왕의 처소가 남섬부주의 남쪽 금강산 안에 있고 왕궁의 넓이와 길이가 6천 유순이다'하였으며, 지옥경에서는, "지옥에 있는 궁성의 넓이와 길이가 3만리요, 구리와 철로 되어 있는데 낮과 밤에 2번 구리물이 가득 찬 큰 구리 가마솥을 앞에 놓고, 옥졸들이 염라대왕을 철상 위에 누인 다음 갈고리로 입을 벌려 구리물을 붓는데, 그 구리물이 목구멍으로 들어가면 타지 않는 것이 없다. 여러 대신들 또한 그와 같이 한다"고 하였느니라. 그리고 또 이르셨다.

"18옥주(獄主) 중에
① 가연(迦延)은 니리(泥犁)지옥을 맡고
② 굴존(屈尊)은 도산(刀山)지옥을 맡고
③ 비수(沸壽)는 비사(沸沙)지옥을 맡고
④ 비곡(沸曲)은 비시(沸屎)지옥을 맡고
⑤ 가세(迦世)는 흑이(黑耳)지옥을 맡고
⑥ 합사(蓋傞)는 화거(火車)지옥을 맡고
⑦ 탕위(湯謂)는 확탕(鑊湯)지옥을 맡고
⑧ 철가연(鐵迦然)은 철상(鐵床)지옥을 맡고
⑨ 악생(惡生)은 합산(蓋山)지옥을 맡고
⑩ 신음(呻吟)은 한빙(寒氷)지옥을 맡고
⑪ 비가(毘迦)는 박피(剝皮)지옥을 맡고

⑫ 요두(遙頭)는 축생지옥(畜生地獄)을 맡고
⑬ 제박(提薄)은 도병지옥(刀兵地獄)을 맡고
⑭ 이대(夷大)는 철마지옥(鐵磨地獄)을 맡고
⑮ 열두(悅頭)는 회하지옥(灰河地獄)을 맡고
⑯ 천골(穿骨)은 철책지옥(鐵冊地獄)을 맡고
⑰ 명신(名身)은 저충지옥(蛆蟲地獄)을 맡고
⑱ 관신(觀身)은 양동지옥(烊銅地獄)을 맡았나니

이와 같이 각각 무량한 지옥의 권속이 되어 한 지옥의 주인이 되었느니라.

또한 옥에는 옥주가 있나니 이름이 우두아방(牛頭阿傍)으로, 성질이 악하고 잔인하여 자비심이나 인내심이 조금도 없으며, 중생들이 나쁜 과보 받는 것을 보면서 더 괴롭히지 못할까를 근심하고 더 독하게 대하지 못할까 걱정하느니라.

어떤 이가 옥졸에게 물었느니라.

"중생들의 고통 받는 것이 너무나 슬프

거늘, 너는 어찌 혹독한 생각만 품을 뿐 자비심이라고는 조금도 없느냐?"

옥졸이 답하였다.

"죄악이 있어 이같이 고통을 받는 것뿐이다. 부모에게 불효하고, 부처님과 불법을 비방하고, 성현들을 훼방하고, 육친을 꾸짖고, 어른을 경멸하고, 일체를 헐뜯고 모함하고, 악구와 양설로 아첨하고 왜곡하고 질투하면서 남들을 이간하고, 진심(瞋心)을 내어 살해하고, 탐욕을 일으켜 사기치고, 삿된 생활과 삿된 마음과 삿된 소견으로 게으르고 방일하게 살고, 모든 원결들을 맺은 사람들이 이와 같은 고통을 받는 것이다.

그들이 지옥을 떠날 때 항상 타이르기를, '지옥 속의 심한 고통은 가히 참을 수가 없다. 여기서 나가거든 다시는 죄를 짓지 말라'고 하여도, 이 죄인들은 뉘우치는 생각이 없기 때문에 오늘 나갔다가는 다시 돌아오기를 쳇바퀴 돌듯이 할 뿐, 깊은 괴로움을 알지 못한다.

그러므로 나 또한 이 중생들 때문에 근력이 피로하다. 또 이 겁으로부터 저 겁에 이르도록 늘 다시 만나게 되므로 죄인들에 대해 조금도 연민의 생각이 생겨나지 않음은 물론이요, 혹독한 고통을 더하여 그들로 하여금 괴로움을 알고 부끄러움을 알아서 다시는 이 곳에 오지 않기를 바라고 있다. 하지만 저 중생들은 고통을 달게 여겨 조금도 피하려 하지 않는다. 결단코 선을 수행하여 열반에 나아갈 희망이 없는 무지한 무리이기 때문에, 고통을 피해 낙을 구하려 하지 않는 것이다. 그래서 세간 사람보다 더 심하고 혹독한 고통을 계속 받는 것이니, 이런 무리들에게 어떻게 자비심과 인내심이 생기겠는가?"

오늘 이 도량의 동업 대중이여, 이 세상의 감옥과 비교해 보면 곧 알 수 있는 것이니, 어찌 빈말이겠는가?

만일 어떤 이가 세 번째로 옥에 들어가게 되면 비록 친척일지라도 동정하는 마음이 없어지는데, 하물며 우두아방이야 그 중생이 나갔다가 다시 들어와 끝없이 고통을 받는 것을 보면서 어찌 계속 가엾이 여기고 싶겠는가?

지옥에서 한번 나갔으면 마땅히 허물을 뉘우치고 버릇을 고쳐야 하느니라. 만일 회개하지 않으면 영원히 그 가운데 빠져 차례대로 고통을 겪으면서 괴로운 곳을 드나들 터이니, 어찌 쉴 틈이 있겠는가.

실로 과거 현재 미래의 원수가 서로 대함으로써 인과가 다시 생하는 것이니, 선과 악의 두 가지 보응(報應)은 잠깐도 없어지지 않느니라. 또한 이 보응은 분명하여 악한 일을 하면 고통으로 보응하는 것이니, 지옥에 떨어져서 혹심한 고통을 받고 지옥의 죄보가 끝나면 또 축생으로 태어나며, 축생의 죄를 마치고는 또 다시 아귀에 태어나느니라. 이렇게 돌아다니며 무량한 생사와 무량한 고통을 받게 되나니, 어찌 사람의 몸을 받았을 때 보살도를 행하지 않을 것인가.

저희 모두는 오늘 간절한 마음으로 오체투지하면서, 시방세계에 있는 지옥의 옥주와 대신과 우두아방과 권속들을 위하고, 아귀도의 아귀신과 권속들을 위하고, 축생도의 축생신과 권속들을 위하고, 시방세계의 무궁무진한 일체 중생들을 위하여 참회하오며, 지난 일을 뉘우치고 앞날을 닦되 다시는 악한 일을 짓지 않겠사오니, 이미 지은 죄를 소멸하게 하옵시고 아직 짓지 아니한 죄는 결코 짓지 않게 하여 주옵소서.

시방의 모든 부처님이시여, 바라옵건대 부사의하고 자재한 신통력으로 가피하시고 어여삐 여겨 거두어 주옵소서. 어느 때나 중생들에게 응하시여 해탈의 길을 열어 주시는 세간의 대자대비하신 부처님께 귀의하옵니다.

지심귀명례 미륵불 彌勒佛
지심귀명례 석가모니불 釋迦牟尼佛
지심귀명례 화일불 華日佛
지심귀명례 군력불 軍力佛
지심귀명례 화광불 華光佛
지심귀명례 인애불 仁愛佛
지심귀명례 대위덕불 大威德佛
지심귀명례 범왕불 梵王佛
지심귀명례 무량명불 無量明佛

지심귀명례 용덕불 龍德佛

지심귀명례 견보불 堅步佛

지심귀명례 불허견불 不虛見佛

지심귀명례 정진덕불 精進德佛

지심귀명례 선수불 善守佛

지심귀명례 환희불 歡喜佛

지심귀명례 불퇴불 不退佛

지심귀명례 사자상불 師子相佛

지심귀명례 승지불 勝知佛

지심귀명례 법씨불 法氏佛

지심귀명례 희왕불 喜王佛

지심귀명례 묘어불 妙御佛

지심귀명례 애작불 愛作佛

지심귀명례 덕비불 德臂佛

지심귀명례 향상불 香象佛

지심귀명례 관시불 觀視佛

지심귀명례 운음불 雲音佛

지심귀명례 선사불 善思佛

지심귀명례 사자번보살 獅子幡菩薩
지심귀명례 사자작보살 獅子作菩薩
지심귀명례 무변신보살 無邊身菩薩
지심귀명례 관세음보살 觀世音菩薩
지심귀명례 시방 진허공계 일체삼보 十方盡虛空界 一切三寶

　원하옵건대 자재한 신통력으로 지옥도의 옥주와 대신과 모든 지옥의 권속과 18격자지옥과 18격자지옥에 딸린 지옥들이 모두 없어지고, 우두아방과 고통 받는 모든 중생들을 오늘 모두 구제하여 해탈을 얻게 하오시며, 죄의 원인과 괴로운 과보가 함께 소멸되어 오늘 이후로는 지옥도의 업을 모두 끊고 다시는 삼악도에 떨어지지 않게 하여지이다.
　아울러 지옥의 생을 버리고 정토에 태어나며, 지옥의 생명을 버리고 지혜의 생명을 얻으며, 지옥의 몸을 버리고 금강같은 몸을 얻으며, 지옥의 괴로움을 버리고 열반의 낙을 얻어지이다. 또한 지옥의 고통을 생각하며 보리심을 발하고, 자비희사와 육바라밀이 항상 앞에 나타나고, 네 가지 변재와 육신통이 뜻과 같이 자재하고, 용맹하게 정진하여 쉬지 아니하고, 닦아 나아가 십지의 행을 원만히 이루어 가이없는 일체 중생을 제도하고, 금강심에 들어가 등정각을 이루게 하여지이다. (절)

자비도량참법 제5권

자비도량참법 제5권을 행하면서 지극한 마음으로 삼세의 부처님께 귀의하옵니다.

천상 인간 세상에서 부처님이 제일이니
시방 세계 어디에도 견줄 이가 결코 없네
이 세간의 모든 것들 하나하나 다 보아도
부처님과 같은 이는 하늘 아래 다시 없네

지심귀명례 과거 비바시불 過去毘婆尸佛

지심귀명례 시기불 尸棄佛

지심귀명례 비사부불 毘舍浮佛

지심귀명례 구류손불 拘留孫佛

지심귀명례 구나함모니불 拘那含牟尼佛

지심귀명례 가섭불 迦葉佛

지심귀명례 본사 석가모니불 本師釋迦牟尼佛

지심귀명례 당래 미륵존불 當來彌勒尊佛

3. 해원석결 解寃釋結 1

오늘 이 도량의 동업 대중이여, 일체 중생에게는 다 원한의 대상이 있느니라. 그것을 어떻게 아는가? 만일 원한의 대상이 없으면 악도(惡道)가 없을 터인데, 지금도 악도가 없어지지 아니하고 삼악도가 항상 끓고 있기 때문에 원한의 대상이 끝이 없다는 것을 알 수가 있느니라.

경에 이르셨다.

"일체 중생 모두에게는 마음이 있고, 마음이 있는 이는 다 부처님이 될 수 있느니라. 그러나 생각이 전도된 중생은 세간에만 탐착할 뿐, 세간을 벗어날 방법은 알고자 하지 않고 고통의 근본이 되는 원한들을 기르기 때문에, 삼계와 육도를 윤회하고 왕래하면서 몸을 버리고 몸을 받기를 거듭하여, 잠시도 멈추거나 쉬지를 못하느니라."

　어찌하여 그러한가? 아주 오랜 옛적부터 일체 중생이 어두운 생각들을 서로 전하여 무명에 덮이고, 애욕에 빠져 삼독을 일으키고 네 가지 전도를 일으켰느니라. 또한 삼독으로부터 십번뇌가 일어나고, 신견(身見)을 의지하여 그릇된 오견(五見)이 일어나며, 오견으로부터 외도들의 62견이 일어나고, 몸과 말과 뜻을 의지하여 십악(十惡)을 일으키나니, 몸으로는 살생과 도둑질과 음행을, 입으로는 망어와 기어와 양설과 악구를, 뜻으로는 탐심과 진심과 치심을 일으켜서, 스스로도 십악을 행하고 다른 이에게도 십악을 행하게 하면서 십악법(十惡法)을 찬탄하며, 십악법을 찬탄하는 이는 몸과 말과 뜻으로 40종류의 악을 일으키느니라.

또 육근(六根)으로 육경(六境)을 탐착하여 마침내는 8만 4천 번뇌의 문[塵勞門]을 열게 되느니라. 한 생각 동안에 62견을 일으키고, 한 생각 동안에 40종류의 악을 행하고, 한 생각 동안에 8만 4천의 진로문(塵勞門)을 열 수 있거늘, 하물며 한 달 1년 더 나아가 일생 동안 일으키는 죄들이야 오죽하겠는가.

이와 같은 죄악이 무량무변하여 원한의 대상을 찾기를 끊임없이 계속하게 되지만, 어리석은 중생들은 무명으로 지혜를 덮고 번뇌로 마음을 덮어서 이를 알지 못할 뿐 아니라, 전도된 마음으로 경의 말씀을 믿지 않고 부처님 말씀을 의지하지 않기 때문에, 원결을 풀 생각도 해탈하기를 바라지도 않나니, 마치 불을 찾아 덤비는 나방과 같이 스스로 악도 속으로 들어가 수많은 세월동안 무량한 고통을 받느니라.

또한 업보가 끝이나서 다시 사람이 된다 할지라도, 이러한 악인은 고칠 줄을 모르나니, 그러므로 성현들께서는 대자대비한 마음을 일으켜 원한의 대상을 찾는 중생들을 바르게 이끌고자 하는 것이니라.

이제 저희도 보리심을 발하고 보살도를 행하고자 하옵니다. 중생을 괴로움에서 구하는 것을 양식으로 삼고, 원결을 푸는 것을 요긴한 행으로 삼고, 중생을 버리지 않는 것을 근본으로 삼는 보살마하살이시여. 저희도 오늘 그와 같이 용맹심을 일으키고 자비심을 내어, 부처님의 마음과 부처님의 힘을 이어받아, 도량에 번(幡)을 세우고 감로의 북을 치면서, 지혜의 활과 견고한 화살로 사생육도 속의 삼세 원수와 부모와 스승과 육친 권속을 위하여 원결을 푸옵나니, 이미 맺어진 원결은 모두 풀리고, 아직 맺어지지 않은 원결은 끝까지 맺지 않게 하여지이다.

　원하옵건대 모든 부처님과 큰 보살들께서는 자비력과 본원력(本願力)과 신통력으로 가피를 내려 보호하시고 삼세의 무량한 원결들을 절복(折伏)하고 섭수(攝受)하시어, 오늘부터 보리에 이를 때까지 맺힌 원결들이 모두 풀리게 하옵시고 다시는 원결을 맺지 않게 하여, 마침내는 모든 괴로움을 끊게 하여지이다.

　저희가 지금 사생육도 속의 삼세 원수와 부모와 스승과 일체 권속을 위해, 지극한 마음으로 오체투지하면서 세간의 대자대비하신 부처님께 귀의하옵니다.

지심귀명례 미륵불 彌勒佛
지심귀명례 석가모니불 釋迦牟尼佛
지심귀명례 선의불 善意佛

지심귀명례 이구불 離垢佛
지심귀명례 월상불 月相佛
지심귀명례 대명불 大名佛
지심귀명례 주계불 珠髻佛
지심귀명례 위맹불 威猛佛
지심귀명례 사자보불 師子步佛
지심귀명례 덕수불 德樹佛
지심귀명례 관석불 觀釋佛
지심귀명례 혜취불 慧聚佛
지심귀명례 안주불 安住佛
지심귀명례 유의불 有意佛
지심귀명례 앙가타불 鴦伽陀佛
지심귀명례 무량의불 無量意佛
지심귀명례 묘색불 妙色佛
지심귀명례 다지불 多智佛
지심귀명례 광명불 光明佛
지심귀명례 견계불 堅戒佛
지심귀명례 길상불 吉祥佛

지심귀명례 보상불 寶相佛
지심귀명례 연화불 蓮華佛
지심귀명례 나라연불 那羅延佛
지심귀명례 안락불 安樂佛
지심귀명례 지적불 智積佛
지심귀명례 덕경불 德敬佛
지심귀명례 견용정진보살 堅勇精進菩薩
지심귀명례 금강혜보살 金剛慧菩薩
지심귀명례 무변신보살 無邊身菩薩
지심귀명례 관세음보살 觀世音菩薩
지심귀명례 시방 진허공계 일체삼보 十方盡虛空界 一切三寶

　원하옵건대 삼세의 모든 원결로 인해 지금 육도 중에서 원한의 대상을 만난 이들은 부처님의 힘과 법의 힘[法力]과 성현의 힘으로 모두 다 해탈을 얻게 하여지이다.
　또한 육도 중에서 아직 원한의 대상을 만나지 아니한 이는 부처님의 힘과 법의 힘과 성현의 힘으로 다시는 악도에 들어가지 않게 하고, 다시는 나쁜 마음으로 서로 대하지 않게 하고, 서로 해독을 입히지 않게 하고, 모든 원한을 잊어버려서 원수라는 생각이 없게 하고, 모든 허물을 각각 소멸하고 모든 원한을 소멸하여지이다.

또한 같은 마음으로 화합하기를 물에 젖을 탄 듯이 하고, 함께 기뻐하기를 환희(歡喜)지(地)를 얻은 것과 같이 하여, 수명이 무궁무진하고 몸과 마음이 항상 즐겁고, 천당과 극락에 마음대로 왕생하고, 옷을 생각하면 옷이 오고 음식을 생각하면 음식이 오게 하여지이다.

결코 원수를 상대하여 입으로 다투지 않고, 몸으로 부딪치거나 서로 해치지 않고, 번뇌로운 생각들을 일으킴이 없으며, 모든 좋은 일들은 모여들고 나쁜 것은 모두 소멸되며, 대승심(大乘心)을 발하여 보살행을

닦고, 자비희사와 육바라밀을 모두 구족하여, 생사의 과보를 버리고 다 함께 정각을 이루어지이다. (절)

오늘 이 도량의 동업 대중이여, 무엇이 원수와 고통의 근본이 되는 줄을 알고 있는가? 눈으로 빛을 탐하고 귀로 소리를 탐하고 코로 향기를 탐하고 혀로 맛을 탐하고 몸으로 부드러움을 탐하여, 항상 오경(五境)의 속박을 받고 있기 때문에 오래도록 해탈하지 못하는 것이니라.

또한 육친과 일체 권속이 우리들 삼세의 원수이니, 모든 원한의 대상은 친한데서 생기느니라. 만일 친한 사이가 없으면 원수도 없을 것이요, 친한 이를 여의면 곧 원수를 여읠 것이니, 무슨 까닭인가? 만일 서로가 다른 고장으로 가서 떨어져 있으면 마침내 원한의 마음을 일으키지 않게 됨과 같으니라.

　실로 원한을 일으키는 것은 친함으로부터 생기나니, 친한 이에게 탐진치의 삼독심을 일으키기 때문에 충돌이 생기고, 서로 충돌하기 때문에 원한을 일으켜 친척과 권속들이 서로 원망하나니, 혹 부모가 자식을 원망하고 자식이 부모를 원망하고 형제나 자매가 서로 원망하고 서로 싫어하며, 조금만 안 맞아도 성을 내느니라.

　가령 재물이 많이 있으면 친척들이 서로 달라고 하고, 주면 적게 준다고 하고, 더 주어도 항상 부족하게 생각하고, 달라는 대로 백 번을 주어도 은혜로 생각하지 않을 뿐더러, 한 번만이라도 불쾌함을 느끼게 되면 문득 분노를 일으키느니라. 이렇게 잠깐 나쁜 생각을 품어 원수를 맺고, 화를 불러일으키는 실마리를 만들어서 대대로 계속 이어가게 되느니라.

이로써 추측하여 보건대, 삼세의 원수란 결코 다른 이가 아니다. 모두가 나와 친했던 권속들이니, 권속이 곧 원수가 되는 줄을 알아야 하느니라. 이러할진대, 어찌 꾸준하게 허물을 뉘우치지 않을 것인가?

　이제 저희가 지극한 마음으로 오체투지하면서, 영식(靈識)이 있은 뒤부터 오늘에 이르기까지의 다생 부모와 여러 겁의 친척과 육도 중에서 원결을 맺은 이는 물론이요, 원한의 대상이거나 대상이 아니거나, 원한이 경한 이거나 중한 이거나, 지금 있는 곳이 지옥·축생·아귀·아수라·인간·천상·신선들 속에 있거나 우리들 권속 속에 있는 이 할 것 없이, 모든 삼세의 원수와 그들의 권속들을 위해 자비심을 일으켜서, '원수다 친한 이다'는 생각을 모두 버리고, 부처님 같은 마음과 부처님 같은 서원으로 그들을 대할 수 있기를 발원하면서, 세간의 대자대비하신 부처님께 귀의하옵니다.

지심귀명례 미륵불 彌勒佛
지심귀명례 석가모니불 釋迦牟尼佛
지심귀명례 범덕불 梵德佛
지심귀명례 보적불 寶積佛
지심귀명례 화천불 華天佛
지심귀명례 선사의불 善思議佛
지심귀명례 법자재불 法自在佛
지심귀명례 명문의불 名聞意佛
지심귀명례 요설취불 樂說聚佛
지심귀명례 금강상불 金剛相佛
지심귀명례 구이익불 救利益佛
지심귀명례 유희신통불 遊戲神通佛
지심귀명례 이암불 離闇佛
지심귀명례 명천불 名天佛

지심귀명례 미루상불 彌樓相佛

지심귀명례 중명불 衆明佛

지심귀명례 보장불 寶藏佛

지심귀명례 극고행불 極高行佛

지심귀명례 제사불 提沙佛

지심귀명례 주각불 珠角佛

지심귀명례 덕찬불 德讚佛

지심귀명례 일월명불 日月明佛

지심귀명례 성수불 星宿佛

지심귀명례 일명불 日明佛

지심귀명례 사자상불 師子相佛

지심귀명례 위람왕불 違藍王佛

지심귀명례 복장불 福藏佛

지심귀명례 기음개보살 棄陰蓋菩薩

지심귀명례 적근보살 寂根菩薩

지심귀명례 무변신보살 無邊身菩薩

지심귀명례 관세음보살 觀世音菩薩

지심귀명례 시방 진허공계 일체삼보 十方盡虛空界一切三寶

원하옵건대 부처님의 힘과 법의 힘과 깨달음의 경지가 높은 보살님의 힘과 일체 성현의 힘으로, 육도 속에 있으면서 원한의 대상이 된 저희 부모와 친척과 그 권속들 모두가 동시에 이 도량으로 와서, 전세의 죄를 참회하고 원결을 풀어지이다. 만일 몸에 장애가 있어 오지 못하는 이는 삼보의 힘으로 그들의 영혼을 섭수하여 올 수 있게 하여서, 저희의 참회를 받고 모든 원결을 풀어 해탈을 얻게 하여지이다.

이 도량의 대중들은 각각 마음으로 생각하고 입으로 말하나이다. 저희의 영식(靈識)이 생겨난 뒤부터 오늘에 이르기까지, 여러 생의 부모와 고모·이모·삼촌 등 여러 겹의 친척과 내외 권속들에게 탐진치 삼독심을 일으켜 십악업을 지었나이다. 그러나 지은 업을 알지도 못하고 믿지도 않은 채 무명에 사로잡혀 부모 등의 권속 및 육도 중생들과 더욱 깊은 원결을 맺게 되었나이다. 이와 같은 죄가 무량무변하오며, 오늘 모두 참회하면서 소멸되기를 발원하옵니다.

또한 아주 오랜 옛적부터 오늘에 이르도록, 어떤 때는 성을 내고 어떤 때는 탐욕을 부리고 어떤 때는 어리석음으로 가지가지 죄를 지었나이다. 이와 같은 죄악이 무량무변하오며, 모두 참회하면서 소멸되기를 발원하옵니다.

또한 아주 오랜 옛적부터 오늘에 이르도록 때로는 논밭 때문에, 때로는 집 때문에, 때로는 재물 때문에 원한을 살만한 업을 지었고, 권속들을 살해하는 등의 죄업 또한 다 말할 수 없으나, 맺은 원한을 풀 기약이 없었나이다. 이를 부끄러이 여기면서 오늘 드러내어 참회하옵니다. 원하옵건대 부모 육친과 모든 권속들은 자비한 마음으로 저의 참회를 받아들여 모든 원결을 풀어 버리고, 다시는 원결을 맺지 않게 하여지이다.

또한 훔치고 사음하고 나쁜 말을 하면서 십악업과 오역죄를 많이 지었고, 뒤바뀐 망상으로 여러 경계를 따라 갖가지 죄를 지었나이다. 이와 같은 죄가 한량없고 끝없나니, 어떤 때는 부모님께 지었고, 어떤 때는 형제자매에게 지었으며, 어떤 때는 집안의 어른들께 지었나이다. 그리고 영식이 생겨난 뒤부터 오늘에 이르기까지, 육친 권속들에게 일으킨 이러한 죄와 죄의 원인과 괴로운 과보와 원한을 맺은 겁수(劫數)와 원결의 많고 적음 등을, 시방의 모든 부처님과 경지 높은 보살님들은 다 아시고 다 보셨을 것이옵니다.

이제 부처님과 보살님들께서 다 보셨고

알고 계신 죄들과 원한을 맺은 겁수와 오는 세상에 받게 될 과보에 대해, 저희가 오늘 매우 부끄럽게 여기고 통탄하고 자책하면서, 지난날의 잘못들을 뉘우치고 다시는 죄를 짓지 않겠나이다.

원하옵건대 부모와 친척과 권속들이 유연한 마음과 조화로운 마음과 선(善)을 좋아하는 마음과 환희로운 마음과 수호하는 마음과 부처님과 같은 마음을 발하여 저희의 오늘 참회를 받아들여 모든 원결을 풀고, 원한과 친함에 대한 생각을 모두 버리게 하여지이다.

거듭 원하옵건대 부모와 친척과 모든 권속들 중에 원결을 가지고 육도 속에 있는 이와 다른 일체 중생도 다 함께 원결을 풀어서 삼세의 원결을 일시에 소멸하고, 오늘부터 보리도량에 이르는 그날까지 영원히 삼악도를 여의고 지옥·아귀·축생·

아수라의 고통을 끊어서, 모두가 화합하기를 물에 젖을 탄 듯이 하고, 일체에 장애됨이 없기를 허공처럼 되게 하여지이다.

또한 언제나 법과 친한 자비 권속이 되어 무량한 지혜를 스스로 닦아 익히고, 일체 공덕을 남김없이 성취하며, 용맹 정진하여 보살도를 행하되 게으름을 부리지 않는 등, 부처님 같은 마음과 부처님 같은 서원으로 부처님의 신구의 삼업인 삼밀을 얻고, 오분법신을 구족하며, 마침내는 무상보리를 얻어 등정각을 성취하여지이다.

오늘 이 도량의 동업 대중이여, 이제 우리가 부모 친척 등의 원결을 풀었으니, 다음으로는 스승의 원결을 풀어야 하느니라. 대성 아래의 스승들은 아직 지극히 원만하지 못하여, 무생법인을 얻었다 할지라도 생하고 머물고 멸하는 세 가지 변천이 있느니라.

　여래께서 쓴 말씀을 하는 까닭은 악한 중생으로 하여금 도를 깨닫게 하려는 것이니, 위덕 크신 부처님도 중생을 교화할 때 쓴 말씀을 하시거늘, 하물며 청정한 경계에 이르지 못한 범부야 어떠하겠는가? 선과 악이 뒤섞여 흑백을 분별하기 어렵나니, 어찌 행동과 말과 생각에 실수가 없겠는가?

　그러므로 바른 가르침을 받을 때에는 스스로를 자책하며 스승의 은덕을 무한히 고맙게 생각할 뿐, 놀라거나 의심하거나 나쁜 생각을 품어서는 안되느니라. 경에 이르시기를 '비록 출가는 하였으나 아직 해탈하지 못하였다' 하셨으니, 출가한 사람이라도 나쁜 일이 없다고 단언할 수가 없고, 세속에 있는 사람이라도 선한 일이 없다고 단언할 수 없느니라.

부처님께서 대중에게 이르셨다.

'너희는 마땅히 스승의 은혜를 생각해야 하느니라. 부모가 비록 낳아서 기르고 가르치기는 하나, 능히 삼악도를 여의게 하지는 못하느니라. 하지만 스승은 대자비로 아이에게 권유하여 출가하고 구족계를 받게 하나니, 이는 곧 아라한의 태(胎)를 배어 아라한의 과를 낳게 하며, 생사의 괴로움을 떠나 열반의 낙을 얻게 하느니라.'

스승은 이와 같이 세간을 벗어나게 하는 큰 은덕이 있으니, 이 은덕을 누가 능히 갚을 것인가? 비록 죽을 때까지 도를 행할지라도, 자리(自利)는 될지언정 스승의 은혜를 갚는 것은 아니니라. 그러므로 부처님께서 '천하의 그 어떤 선지식이라도 스승보다 뛰어난 이는 없다'고 하신 것이다.

오늘 이 도량의 동업 대중이여, 부처님

의 말씀과 같이, 스승에게 이와 같은 은덕이 있지만, 은혜를 갚을 생각도 하지 않고 가르침을 믿지도 않으며, 때로는 거친 말로 비방을 하고 도리어 시비를 걸어 불법을 쇠퇴케 하나니, 이러한 죄를 짓는데 어떻게 삼악도를 면할 수 있으며, 괴로운 죄보를 대신 받을 이가 있겠는가.

   죽을 때 낙(樂)이 가고 고통이 찾아오면, 정신이 참담하고 뜻이 혼미하고 육식이 총명하지 못하고 오근(五根)이 쇠락하여, 가려고 해도 발을 움직일 수 없고 앉으려 해도 몸이 자유롭지 못하며, 법문을 들으려 하나 귀에 들리지 않고, 좋은 경치를 보려하여도 눈에 들어오지 아니 하나니, 이러한 때를 당하여서야 예참을 생각한들 무슨 소용이 있겠는가. 다만 지옥의 무량한 고통만이 있을 뿐이니, 이 고통은 제가 지어 제가 받는 것이니라. 경에 이르셨다.

"어리석어 스스로만 믿을 뿐 재앙이 닥쳐옴을 믿지 아니하며, 스승을 비방하고 스승을 헐뜯고 스승을 미워하고 스승을 질투하는 무리가 있나니, 이들은 법속의 큰 악마요 지옥의 종자로서, 스스로 원결을 맺어 무궁한 죄보를 받느니라.

저 화광(華光)비구는 법문을 잘하였는데, 교만을 품은 한 제자가 스승의 말을 믿지 않고 말했느니라.

'우리 스승은 지혜가 없고 공허한 일만을 찬탄한다. 다음 생에 나는 그 분을 보고 싶지 않다.'

이렇게 법(法)을 비법(非法)이라 하고 비법을 법이라고 말하면서 법을 잘못 해석하였기에, 계행을 범하지 않고 잘 지켰으나, 죽은 다음에 쏜살같이 아비지옥으로 들어가 80억 겁을 지내면서 큰 고통을 받았느니라."

오늘 이 도량의 동업 대중이여, 경의 말씀이 이와 같나니, 어찌 두렵다는 생각을 내지 않을 것인가?

스승에 대해 나쁜 말 한 마디 하고도 아비지옥에 떨어져 80억겁을 고생하였는데, 하물며 출가한 후로 오늘까지 스승에게 저지른 악업이 무량하다면 죽은 다음 저 제자가 받은 과보보다 훨씬 더하게 되느니라. 어찌하여 그러한가? 스승이 항상 가르치고 깨우쳐 주어도 제자가 그대로 수행하지 않고 스승을 거역하는 일이 많으며, 무엇을 주더라도 만족하지 않느니라. 이에 스승이 제자를 꾸짖기도 하고, 제자가 스승을 원망하기도 하여, 삼세 속에서 기쁨과 노여움이 한량없게 되고, 이에 따른 죄 또한 다 말할 수 없이 많게 되기 때문이니라.

경에 이르기를, '한번 진심(瞋心)을 일으키면 원한이 한량없이 생겨난다'고 하였느니라.

원한은 육친 사이에서만 생겨나는 것이 아니다. 스승과 제자 사이에도 원한이 많이 생겨나고, 한방에서 함께 생활하는 상·중·하좌(座) 사이에서도 많이 생겨나느니라. 그들은 출가가 멀리 여의는 법임을 믿지 않고, 인욕이 안락한 행임을 알지 못하며, 평등이 보리임을 알지 못하고, 망상을 여의는 것이 세간을 벗어나는 해탈법임을 알지 못하기 때문에, 스승과 제자가 한방에 있으면서도 맺힌 업을 없애기는커녕, 서로 맞지 않음과 다투는 마음을 복잡하게 일으켜서 세세생생토록 화합하지 못하느니라.

또한 출가한 사람 중에 학업을 같이 닦거나 스승을 함께 섬겼던 이가 높은 경지로 올라가면 문득 진심(瞋心)을 품어, 예전부터 그가 지혜를 익혀 온 것은 말하지 않고, '그에게는 복덕이 있고 나에게는 선근이 없다'고 하면서 그 사람의 잘됨에 대해 불안해하고, 높다 낮다는 망상심을 일으켜 싸움을 일삼을 뿐 화합을 하지 못하며, 서로 싫어하면서 자기의 허물은 인정하지 않고 상대의 잘못만을 말하느니라.

또 삼독심으로 서로 비방을 할 뿐, 충성스런 마음도 공경하는 뜻도 없거늘, 어떻게 자신이 부처님 계율을 위반한 것에 대해 생각하리요. 나아가 큰 소리와 거친 말로 서로 꾸짖고, 스승의 교훈을 조금도 믿지 않으며, 상·중·하좌가 각각 원한을 품고 서로 시비를 일으켰기 때문에 악도 중에서 많은 원한의 대상들을 만나게 되는 것이니라.

이러한 시비와 원결은 모두 스승과 제자와 함께 공부하는 도반들 사이에서 생겨나게 되며, 상·중·하좌에게까지 원한의 마음을 내게 되면 그 대상이 한량없느니라.

그러므로 경에 이르시기를, '이 세상에서 조금만 미워하여도 내생은 점점 심하여 큰 원수가 된다'고 하신 것이니, 하물며 종신토록 일으킨 악업들이랴.

오늘 이 도량의 동업 대중이여, 우리가 어느 때 어느 세상에서 스승과 상·중·하좌에 대해 원결을 맺었는지를 모르지만, 이러한 원결은 무궁무진하고 형상이 없기 때문에 기한도 없고 겁수(劫數)도 없으며, 고통을 받을 때는 참고 견딜 수가 없느니라. 그러므로 보살 마하살은 원수다·친하다는 생각을 버리고 자비심으로 모두를 평등하게 섭수하느니라.

우리가 오늘 보리심을 발하고 보리원을 세웠으니, 마땅히 보살행을 잘 익히고, 사무량심과 육바라밀과 사홍서원과 사섭법(四攝法) 등 부처님과 보살의 본행들을 잘 실천하여 원친(怨親)을 평등하게 보고, 일체에 대해 무애(無礙)하게 되도록 해야 하느니라. 그리고 오늘부터 보리도량에 이를 때까지 맹세코 일체 중생을 구호하여, 마침내 일승에 이르게 해야 하느니라.

저희가 지극한 마음으로 오체투지하면서, 영식(靈識)이 생겨난 때부터 지금까지 출가를 한 수많은 생에서 스승이었던 분들 중에 원결이 있는 이와, 같은 단상의 증명법사 중에 원결이 있는 이와, 함께 공부를 한 상·중·하좌 중에 원결이 있는 이, 인연이 있거나 인연이 없거나 간에 시방세계 사생육도 속의 삼세 원결 대상이 되거나 대상이 아니거나 경하거나 중한 권속들, 곧 육도의 일체 중생 중에 우리와 원결이 있어 지금 그 대상이 되어 있거나,

미래에 원결의 대상이 될 이를 위해 오늘 모두 참회를 하여 원결이 다 소멸되기를 원하옵니다.

저희가 오늘 자비한 마음과 원친(怨親)이 없는 생각으로 삼세의 원결들을 위해 참회하오니, 또한 육도의 일체 중생에게 원결이 있는 이들도 맺힌 것을 모두 풀어 버리고, 다시는 나쁜 마음으로 상대하지도 말고 독한 생각으로 마주 서지도 않게 하여지이다.

원하옵건대, 육도의 일체 중생이 모두 원결을 풀어서 한결같이 환희하고, 지금부터는 성을 내거나 원한을 품음이 없이, 서로 공경하고 은혜를 갚고자 하여지이다. 아울러 부처님의 마음과 같고 부처님의 서원과 같아지기를 발원하면서 지극한 정성으로 세간의 대자대비하신 부처님께 귀의하옵니다.

지심귀명례 미륵불 彌勒佛

지심귀명례 석가모니불 釋迦牟尼佛

지심귀명례 견유변불 見有邊佛

지심귀명례 전명불 電明佛

지심귀명례 금산불 金山佛

지심귀명례 사자덕불 師子德佛

지심귀명례 승상불 勝相佛

지심귀명례 명찬불 明讚佛

지심귀명례 견정진불 堅精進佛

지심귀명례 구족찬불 具足讚佛

지심귀명례 이외불 離畏佛

지심귀명례 응천불 應天佛

지심귀명례 대등불 大燈佛

지심귀명례 세명불 世明佛

지심귀명례 묘향불 妙香佛

지심귀명례 지상공덕불 持上功德佛

지심귀명례 이암불 離闇佛

지심귀명례 보찬불 寶讚佛

지심귀명례 사자협불 師子頰佛
지심귀명례 멸과불 滅過佛
지심귀명례 지감로불 持甘露佛
지심귀명례 인월불 人月佛
지심귀명례 희견불 喜見佛
지심귀명례 장엄불 莊嚴佛
지심귀명례 주명불 珠明佛
지심귀명례 산정불 山頂佛
지심귀명례 명상불 名相佛
지심귀명례 법칭불 法稱佛
지심귀명례 혜상보살 慧上菩薩
지심귀명례 상불리세보살 常不離世菩薩
지심귀명례 무변신보살 無邊身菩薩
지심귀명례 관세음보살 觀世音菩薩
지심귀명례 시방 진허공계 일체삼보 十方 盡虛空界 一切三寶

　원하옵건대 부처님과 법과 경지 높은 보살님과 일체 성현의 힘으로, 원한의 대상이 되거나 되지 않거나를 막론하고 삼세의 다함 없는 모든 중생들이 함께 참회하여 원결을 풀고, '원수다 친하다'는 생각을 모두 버려서, 일체와 화합하기를 물과 젖이 화합하는 것과 같이 하고, 일체에 대해 환희하기를 초지(初地)의 환희지보살과 같이 하고, 무애자재하기를 허공과 같이 하여, 오늘부터 보리도량에 이를 때까지 언제나 법(法)과 친할 뿐 다른 생각이 없이 살고, 항상 보살의 자비 권속이 되게 하여지이다.

또한 오늘 예배하고 참회하고 원결을 푼 공덕과 인연으로 스승과 아사리와 단상에서 증명하는 이와, 함께 공부하는 상·중·하좌와 일체 권속과 원결이 있는 이들, 사생 육도에서 삼세의 원결을 해탈하지 못한 이, 지금 천상에 있거나 신선세계에 있거나 아수라계에 있거나 지옥에 있거나 아귀계에 있거나 축생계에 있거나 인간계에 있는 모든 이들, 현재 권속 중에 있는 이들, 시방삼세의 모든 원수로서 대상이 되거나 되지 않거나를 막론하고, 모두가 지금부터 무상보리에 이르도록 모든 죄업을 다 소멸하고 모든 원결을 마침내 해탈하여지이다. 아울러 번뇌와 습기가 아주 청정하여져서 지옥·아귀·축생·아수라의 사취(四趣)를 길이 하직하고 자재하게 태어나며, 생각마다 법류(法流)요 마음마다 자재하여 육바라밀을 다 성취하고 십지의 행원들을 모두 닦아 마쳐서, 부처님의 십력을 얻고 걸림없는 신통력과 아뇩다라삼먁삼보리를 구족하여 등정각을 이루어지이다. (절)

오늘 이 도량의 동업 대중이여, 이 앞에서는 통틀어서 삼세의 원결을 풀었거니와, 이제부터는 스스로의 마음을 깨끗이 하고 잘 가다듬을지니라.

지금 우리는 어찌하여 해탈하지 못하고, 부처님을 대면하여 수기(受記)를 받지 못하며, 부처님의 설법을 듣지 못하는가? 진실로 죄업이 무겁고 원결이 견고한 탓이니, 예전에 계셨던 부처님과 앞으로 오실 부처님과 보살 성현을 뵙지 못할 뿐 아니라. 십이분교(十二分敎)의 법문을 들을 길이 영원히 막힐까 심히 두렵도다. 또한 악도에서 원한의 대상을 만나게 되고, 이 몸을 버리고는 지옥에 빠지고 삼악도 등의 나쁜 세상을 두루 돌아다니게 될 것이니, 언제 사람의 몸을 다시 얻을 수 있겠는가? 이와 같은 생각을 하면 실로 눈물겹도록 슬프고 가슴 아프도록 괴롭도다.

우리는 이미 불법을 앙모하여 속세의

영화를 버렸으니 다시 돌아볼 것이 없도다. 어찌 시간을 다투어 안심입명(安心立命)할 곳을 구하지 않을 것인가?

만일 뜻을 견고히 하여 노고를 아끼지 않거나 가슴 아프게 분발하지 않다가, 홀연히 죽을 병에 걸려 중음(中陰)이 나타나게 되면 옥졸 나찰과 우두아방의 험상궂은 모습이 한꺼번에 이르고, 칼바람이 몸을 쪼개면 마음이 두렵고 어지러워져서 권속들이 곡을 하여도 깨닫지 못하느니라. 이런 때를 당하여 지금 하는 것과 같은 예참을 구하여 선심을 일으키려 한들 어떻게 될 수 있겠는가? 오직 삼악도의 무량한 고초가 있을 뿐이니라.

오늘 여기 있는 대중들은 각자 노력하고 시간을 다툴지어다. 만일 허망한 정(情)에 맡겨놓으면 나아감이 더디고, 지금의 수고로움을 참고 견디면 나아감이 빠르느니라.

그러므로 경에 이르기를 '자비가 곧 도량이니 괴로움을 잘 참는 연고요, 발심과 수행이 곧 도량이니 일을 잘 판단하는 연고이니라'고 하셨느니라.

여러 가지 착한 일로 장엄하는 것도 부지런해야만 이룰 수가 있고, 큰 바다를 건너려면 마땅히 큰 배가 있어야 하느니라.

만일 원하는 마음만 있고 원하는 일을 행하지 않는다면, 마음과 일이 함께 하지 아니하여 결과를 보지 못하게 되나니, 마치 양식이 떨어진 사람이 여러 가지 음식에 마음을 두어도 굶주림에서 벗어날 수 없는 것과 같으니라.

마땅히 알아라. 훌륭한 과보를 구하려면 마음과 일을 함께 행해야 하나니, 서로 더 잘하려는 마음을 내고 매우 부끄러워하면서 참회하여 죄를 멸하고 원결을 풀어야 하느니라. 만일 다시 어두운 곳에 빠지면 벗어날 기약이 없나니, 모두가 해탈하여 후회하는 일이 없도록 하라.

이제 지극한 정성으로 간절하게 오체투지하면서 세간의 대자대비하신 부처님께 귀의하옵니다.

지심귀명례 미륵불 彌勒佛
지심귀명례 석가모니불 釋迦牟尼佛
지심귀명례 정의불 定義佛
지심귀명례 시원불 施願佛
지심귀명례 보중불 寶衆佛
지심귀명례 중왕불 衆王佛
지심귀명례 유보불 遊步佛
지심귀명례 안은불 安隱佛
지심귀명례 법차별불 法差別佛
지심귀명례 상존불 上尊佛

지심귀명례 극고덕불 極高德佛

지심귀명례 상사자음불 上師子音佛

지심귀명례 요희불 樂戲佛

지심귀명례 용명불 龍明佛

지심귀명례 화산불 華山佛

지심귀명례 용희불 龍喜佛

지심귀명례 향자재불 香自在佛

지심귀명례 대명불 大名佛

지심귀명례 천력불 天力佛

지심귀명례 덕만불 德鬘佛

지심귀명례 용수불 龍手佛

지심귀명례 선행의불 善行意佛

지심귀명례 인장엄불 因莊嚴佛

지심귀명례 지승불 智勝佛

지심귀명례 무량월불 無量月佛

지심귀명례 보어불 寶語佛

지심귀명례 일명불 日明佛

지심귀명례 약왕보살 藥王菩薩

지심귀명례 약상보살 藥上菩薩

지심귀명례 무변신보살 無邊身菩薩

지심귀명례 관세음보살 觀世音菩薩

지심귀명례 시방 진허공계 일체삼보 十方盡虛空界 一切三寶

저희들이 쌓은 죄업은 대지(大地)보다 깊고, 무명으로 가리워진 밤이 길어 밝지 못하며, 항상 삼독을 따라 원한을 맺었으므로 삼계에서 빠져나올 기약이 없나이다.

오늘 모든 불보살님의 대자비력에 의해 깨우침을 받아서, 크게 부끄러워하고 지극한 마음을 드러내어 참회하옵니다.

원하옵건대 모든 불보살님이시여, 자비로 섭수하시어 대지혜의 힘과 불가사의한 힘과 한량없는 자재력과 사마(四魔)를 항복시키는 힘과 번뇌를 멸하는 힘과 원결을 푸는 힘과 중생을 제도하는 힘과 중생을 편안하게 하는 힘과 지옥을 벗어나게 하는 힘과 아귀를 제도하는 힘과 중생을 구제하는 힘과 아수라를 교화하는 힘과 인간을 섭수하는 힘과 천인 및 신선의 번뇌를 소멸시키는 힘과 가없는 공덕의 힘과 다함없는 지혜의 힘으로, 사생육도의 모든 원결들을 이 도량에 모아 저희의 금일 참회를 받게 하옵시고, 원수나 친하다는 생각들을 모두 버려서 맺은 원결을 함께 벗어버리고, 팔난과 사취(四趣)의 괴로움을 완전히 떠나고, 항상 부처님을 만나 법문을 들으며 도를 깨닫고, 보리심을 발하여 출세간의 업을 행하고, 자비희사와 육바라밀을 지성으로 닦아 익혀 일체의 행원이 십지에 이르고, 마침내는 금강심에 들어가서 함께 정각을 이루게 하여지이다. (절)

오늘 이 도량의 동업 대중이여, 무릇 원한의 대상이 서로 만나는 것은 삼업이 사람을 조정하여 괴로운 업보를 받게 하고자 하기 때문이니라. 이제 우리가 괴로움의 근본을 알았으니 마땅히 괴로움을 용맹스럽게 꺾어 버려야 하고, 괴로움을 멸하는 데는 참회가 제일이니라.

그러므로 경에서 두 사람을 칭찬하였나니, '첫째는 죄를 짓지 아니한 이요, 둘째는 능히 참회한 이다'고 하였느니라.

대중들이여, 지금 참회를 하려거든 마음을 깨끗이 하고 몸가짐을 단정히 한 다음, 속으로 크게 부끄러워하고 밖으로 슬퍼하면서, 두 가지 마음을 일으키면 멸하지 못할 죄가 없느니라.

무엇이 두 가지 마음인가? 첫째는 참(慚)이요 둘째는 괴(愧)이니라. 참은 하늘에 대한 부끄러움이요 괴는 사람에 대한 부끄러움이며, 참은 스스로 참회하여 원결을 멸하는 것이요 괴는 다른 이로 하여금 결박을 풀게 하는 것이며, 참은 여러 가지 선을 짓는 것이요 괴는 보고 기뻐하는 것이며, 참은 안으로 부끄러워하는 것이요 괴는 사람들을 향하여 부끄러움을 드러내는 것이니라. 이 두 가지 법은 수행하는 사람으로 하여금 걸림 없는 낙을 얻게 하느니라.

대중들이여, 오늘 크게 참괴하는 마음을 일으키고 크게 참회하면서 지극한 마음으로 사생육도의 중생들을 어여삐 여길지니라. 무슨 까닭인가?

경에 이르기를 '일체 중생은 모두 친척이 될 연이 있어서, 혹 부모가 되고 스승이 되고 형제자매가 되지만, 무명의 그물에 얽혀 서로 알지를 못하고, 알지 못하기 때문에 서로 해롭게 하고, 해롭게 하기 때문에 원한이 그지없어 많아진다'고 하였느니라.

대중은 오늘 이 이치를 잘 깨달아 지극

한 정성으로 마음을 가다듬어서, 일념으로 시방의 부처님을 감동케 하고 한 번의 절로써 무량한 원결을 끊어 버릴지어다.

 이제 다 같이 간절한 마음으로 오체투지하면서 세간의 대자대비하신 부처님께 귀의하옵니다.

지심귀명례 미륵불 彌勒佛
지심귀명례 석가모니불 釋迦牟尼佛
지심귀명례 정의불 定意佛
지심귀명례 무량형불 無量形佛
지심귀명례 조명불 照明佛
지심귀명례 보상불 寶相佛
지심귀명례 단의불 斷疑佛
지심귀명례 선명불 善明佛
지심귀명례 불허보불 不虛步佛
지심귀명례 각오불 覺悟佛
지심귀명례 화상불 華相佛

지심귀명례 산주왕불 山主王佛
지심귀명례 대위덕불 大威德佛
지심귀명례 변견불 偏見佛
지심귀명례 무량명불 無量名佛
지심귀명례 보천불 寶天佛
지심귀명례 주의불 住義佛
지심귀명례 만의불 滿意佛
지심귀명례 상찬불 上讚佛
지심귀명례 무우불 無憂佛
지심귀명례 무구불 無垢佛
지심귀명례 범천불 梵天佛
지심귀명례 화명불 華明佛
지심귀명례 신차별불 身差別佛
지심귀명례 법명불 法明佛
지심귀명례 진견불 盡見佛
지심귀명례 덕정불 德淨佛
지심귀명례 문수사리보살 文殊師利菩薩
지심귀명례 보현보살 普賢菩薩

지심귀명례 무변신보살 無邊身菩薩
지심귀명례 관세음보살 觀世音菩薩
지심귀명례 시방 진허공계 일체삼보 十方 盡虛空界 一切三寶

　원하옵건대 삼보님께서는 가피하고 섭수하시어 저희 제자들이 참회하는 죄업들이 모두 소멸되어 청정하게 하옵소서. 그리고 오늘 함께 참회하는 이들이 오늘부터 보리도량에 이를 때까지 모든 원결을 소멸하여 모든 괴로움을 해탈하고, 익힌 버릇과 번뇌가 청정하여지고 사취를 영원히 떠나 자재하게 태어나며, 부처님으로부터 친히 수기를 받고 자비희사와 육바라밀을 모두 구비하며, 네 가지 변재와 부처님의 십력(十力)을 얻고 훌륭한 상호로 몸을 장엄하며, 걸림 없는 신통으로 금강심에 들어가 등정각을 이루게 하여지이다. (절)

자비도량참법 제6권

자비도량참법 제6권을 행하면서 지극한 마음으로 삼세의 부처님께 귀의하옵니다.

천상 인간 세상에서 부처님이 제일이니
시방 세계 어디에도 견줄 이가 결코 없네
이 세간의 모든 것들 하나하나 다 보아도
부처님과 같은 이는 하늘 아래 다시 없네

지심귀명례 과거 비바시불 過去毘婆尸佛
지심귀명례 시기불 尸棄佛
지심귀명례 비사부불 毘舍浮佛
지심귀명례 구류손불 拘留孫佛
지심귀명례 구나함모니불 拘那含牟尼佛
지심귀명례 가섭불 迦葉佛
지심귀명례 본사 석가모니불 本師釋迦牟尼佛
지심귀명례 당래 미륵존불 當來彌勒尊佛

3. 해원석결 解怨釋結 2

　오늘 이 도량의 동업대중이여, 먼저 사생육도를 향하여 몸으로 지은 악업을 참회할지니라.

　경에 이르기를, '이 몸이 있으면 괴로움이 생기고, 몸이 없으면 괴로움이 멸한다'고 하였으니, 이 몸은 모든 괴로움의 근본이요, 삼악도의 과보가 다 이 몸 때문에 생겨난 것이니라.

　다른 이가 지은 것을 내가 받는 것이 아니요, 내가 지은 것을 다른 이가 받는 것도 아니니, 오직 내가 원인을 짓고 내가 과보를 받느니라. 한 가지 업만 지어도 그지없는 죄보를 받거늘, 하물며 종신토록 지은 죄악의 과보는 어떠하겠는가?

　지금 내 몸 있는 줄만 알 뿐 다른 이도 몸이 있는 줄을 알지 못하며, 나의 고통만 알 뿐 다른 이의 고통을 알지 못하며, 내 안락을 구하는 것만 알 뿐 다른 이도 안락을 구하는 줄을 알지 못하느니라.

어리석음 때문에 '나다 남이다' 하는 분별을 일으키고, '원수다 친하다' 하는 생각을 내기 때문에 원한의 대상이 육도에 두루하게 된 것이니, 만일 원결을 풀지 않는다면 어느 때에 육도 속의 삶을 면할 것인가? 이 겁으로부터 저 겁에 이르기를 계속할 것이니, 어찌 원통하지 않겠는가?

오늘 우리 모두 용맹한 마음을 일으키고 매우 부끄러워하면서 통쾌하게 참회하여 반드시 일념으로 시방의 부처님을 감동케 하고, 한 번 절로써 무량한 원결을 끊을지니라.

이제 저희가 간절하게 오체투지하면서

세간의 대자대비하신 부처님께 귀의하옵니다.

지심귀명례 미륵불 彌勒佛
지심귀명례 석가모니불 釋迦牟尼佛
지심귀명례 월면불 月面佛
지심귀명례 보등불 寶燈佛
지심귀명례 보상불 寶相佛
지심귀명례 상명불 上名佛
지심귀명례 작명불 作名佛
지심귀명례 무량음불 無量音佛
지심귀명례 위람불 違藍佛
지심귀명례 사자신불 師子身佛
지심귀명례 명의불 明意佛
지심귀명례 무능승불 無能勝佛
지심귀명례 공덕품불 功德品佛
지심귀명례 월상불 月相佛
지심귀명례 득세불 得勢佛

지심귀명례 무변행불 無邊行佛

지심귀명례 개화불 開華佛

지심귀명례 정구불 淨垢佛

지심귀명례 견일체의불 見一切義佛

지심귀명례 용력불 勇力佛

지심귀명례 부족불 富足佛

지심귀명례 복덕불 福德佛

지심귀명례 수시불 隨時佛

지심귀명례 광의불 廣意佛

지심귀명례 공덕경불 功德敬佛

지심귀명례 선적멸불 善寂滅佛

지심귀명례 재천불 財天佛

지심귀명례 경음불 慶音佛

지심귀명례 대세지보살 大勢地菩薩

지심귀명례 상정진보살 常精進菩薩

지심귀명례 무변신보살 無邊身菩薩

지심귀명례 관세음보살 觀世音菩薩

지심귀명례 시방 진허공계 일체삼보 十方 盡虛空界 一切三寶

원하옵건대 부처님의 힘과 법의 힘과 대보살님의 힘과 일체 성현의 힘으로 사생육도의 모든 원수들이 이 도량으로 와서 각기 참회하기를 바라면서 다음과 같이 아뢰옵니다.

　저희들이 시작을 알 수 없는 아주 먼 옛적부터 오늘에 이르기까지 이 몸으로 악업을 지어 천인 및 인간들과 원결을 맺었으며, 아수라 및 지옥중생과 원결을 맺었으며, 아귀 및 축생들과 원결을 맺었나이다. 원하옵건대 부처님과 법과 보살과 모든 성현의 힘으로 사생육도와 삼세의 원결을 맺었거나 맺지 않았거나, 가볍거나 중하거나를 막론하고 이번에 참회하는 공덕으로 원결이 소멸되고 업이 청정하여져서, 삼계의 괴로움을 다시 받지 아니하고, 태어나는 곳마다 항상 부처님들을 만나게 하여지이다.

 또한 오늘 함께 참회하는 이들도 생사가 시작된 먼 옛적부터 오늘에 이르기까지, 악도(惡道)에서 진심과 탐심과 어리석음을 일으켜 원결을 맺었나이다. 또한 이 삼독심을 뿌리로 삼아 십악업을 짓되, 농사를 위하고 집안을 위하고 재물을 위하여 짐승들과 소와 양을 죽였을 것이옵니다. 또 오랜 옛적부터 오늘에 이르기까지 이양을 위하여 중생을 살상하거나, 의사가 되어 백성들에게 침을 놓고 뜸을 뜨면서 맺은 원결도 무량하였을 것이오니, 오늘의 참회로 모두 소멸되게 하여지이다.

 또 오랜 옛적부터 오늘에 이르기까지 중생을 굶주리게 하거나, 남의 양식을 빼앗거나, 중생을 핍박하여 고생을 시켰거나, 음식을 못 먹게 하는 등의 여러 가지 악업으로 맺은 원결들을 오늘 참회하오니 모두 소멸되게 하여지이다.

또한 오랜 옛적부터 오늘에 이르기까지 중생을 살해하여 고기를 먹기도 하고, 삼독심을 일으켜 중생을 때리기도 하고, 독한 음식을 중생에게 먹여 죽이기도 하였나이다. 이와 같은 죄업으로 맺은 무량무변한 원결들을 오늘 지성으로 참회하오니 모두 소멸되게 하여지이다.

또한 오랜 옛적부터 오늘에 이르기까지 밝은 스승을 여의고 나쁜 벗을 가까이하여 신구의 삼업으로 갖가지 죄를 짓되, 마음으로 살해하여 무고한 이를 요절시키거나, 못물을 퍼내고 도랑을 막아 물에 사는 고기와 작은 벌레들을 살해하거나, 산에

불을 놓고 그물을 설치하여 짐승을 살해하였나이다. 이와 같은 죄업으로 맺은 무량무변한 원결들을 오늘 지성으로 참회하오니 모두 소멸되게 하여지이다.

또한 오랜 옛적부터 오늘에 이르기까지 자비심 없고 평등하지 않은 행동으로 말[斗]을 속이고 저울을 조작하여 사람들을 농락하였거나, 성읍을 파괴하고 재물을 겁탈하였거나, 남의 재산을 훔쳐 스스로 사용하였거나, 뚜렷한 이유 없이 상대방에게 피해를 입혔나이다. 이와 같은 죄업으로 맺은 무량무변한 원결들을 오늘 지성으로 참회하오니 모두 소멸되게 하여지이다.

또한 오랜 옛적부터 오늘에 이르기까지 자비행을 실천하기는커녕 육도 속의 모든 중생에게 해독(害毒)을 끼치거나, 권속들에게

매질하고 속박하고 가두었거나, 고문하고 벌을 주었거나, 찌르고 상해하고 찍고 때렸거나, 껍데기를 벗기고 굽고 볶는 등의 행동을 하였나이다. 이와 같은 죄업으로 맺은 무량무변한 원결들을 오늘 지성으로 참회하오니 모두 소멸되게 하여지이다.

또한 오랜 옛날부터 오늘에 이르기까지 몸으로 짓는 살생·투도·사음 등의 세 가지 악업과 입으로 짓는 망어·양설·악구·기어 등의 네 가지 악업과 뜻으로 짓는 탐욕·분노·사견의 세 가지 악업과 오역죄(五逆罪) 등, 온갖 죄업을 짓지 않은 것이 없으며, 스스로의 팔자를 믿고 귀신도 두려워하지 아니하거나, 오직 내가 남만 못할 것만 두려워하고 남이 나보다 못할 것은 생각지 아니하거나, 명문귀족이라고 뽐내면서 남을 업신여겼거나, 지식이 많다고 남을 업신여겼거나, 글을 잘한다고 남을 업신여겼거나, 부귀하다고 남을 업신여겼거나, 말을 잘하노라며 남을 업신여기는 등의 원결을 삼보 복전(福田)들에게 짓기도 하고, 화상이나 아사리에게 짓기도 하고, 함께 공부하는 상·중·하좌에게 짓기도 하고, 함께 공부하는 도반에게 짓기도 하고, 부모 친척에게 짓기도 하였나이다. 이와 같은 무량무변한 원결들을 오늘 지성으로 참회하오니 모두 소멸되게 하여지이다.

또한 오랜 옛적부터 오늘에 이르기까지 천인이나 인간을 상대로 삼아 원결을 맺었거나, 아수라와 지옥 중생을 상대로 삼아 원결을 지었거나, 축생과 아귀를 상대로 삼아 원결을 짓는 등, 시방의 일체 중생을 상대로 삼아 맺은 무량무변한 원결들을 오늘 지성으로 참회하오니 모두 소멸되게 하여지이다.

또한 오랜 옛적부터 오늘에 이르기까지 질투를 하거나, 그릇된 방법으로 윗자리에 오르거나, 명예와 이익을 위해 삿된 소견으로 부끄러운 짓을 하며 맺은 원결과 가볍고 무거운 죄업으로 인해 받는 많은 고통들을 부처님과 대보살님께서는 모두 아시리이다. 여러 불보살님이시여 대자비로 저희를 어여삐 여겨 주옵소서.

저희가 오랜 옛적부터 오늘에 이르기까지 지은 죄업들 중에 스스로 지었거나 남을 시켜 지었거나 남이 짓는 것을 보고 기뻐하였거나, 삼보의 물건을 스스로 취하였거나 남을 시켜 취하였거나 남이 취하는 것을 보고 기뻐하였거나, 덮어 감추었거나 감추지 않았거나를 막론하고, 그 죄업의 과보로 지옥·아귀·축생계에 태어나고 다른 나쁜 갈래와 변방과 하천한 곳에 태어나는 것을 불보살님께서는 다 알고 보시나이다. 지금 이와 같은 죄업을 지성으로 참회하오니 모두 소멸되게 하여지이다.

부처님의 위신력은 참으로 불가사의하옵니다. 이제 자비하신 마음으로 일체를 구호하시어, 저희들이 오늘 사생육도 속의 부모와 스승과 일체권속을 향하여 지은 지난 죄업을 모두 참회하여 원결을 풀어 버리고, 원수와 친한 이라는 생각이 사라져서, 일체에 걸림 없기를 허공과 같이 되어지이다.

또한 오늘부터 무상보리에 이를 때까지 모든 번뇌를 반드시 끊어 버리며, 삼업이 청정해지고 원결이 아주 없어져서 천궁보전(天宮寶殿)에 뜻대로 왕생하며, 자비희사와 육바라밀을 항상 수행하여 많은 복으로 몸을 장엄하고 여러 가지 선행을 구족하며, 수능엄삼매에 머물러 금강 같은 몸을 얻고, 육도를 다니면서 잠깐 동안에 모든 이를 제도하여, 모두가 함께 도량에 앉아 등정각을 이루게 하여지이다.

오늘 이 도량의 동업 대중이여, 우리들이 몸으로 지은 죄를 참회하여 신업(身業)은 청정하여졌으나, 남아 있는 구업(口業)은 다시 일체 원결(寃結)과 화(禍)의 문(門)이 되느니라. 그러므로 부처님께서 경계하시기를, '양설과 악구와 망어와 기어를 하지 말라'고 하셨으니, 마땅히 알라. 왜곡되고 꾸민 말로 시비를 엮게 되면 환란이 적지 않고 과보가 매우 무거우니라.

사람이 세상을 살아가면서 마음에 독한

생각을 품고 입으로 독한 말을 하고 몸으로 독한 행동을 하여 중생을 해롭게 하면, 독해를 입은 중생은 곧 원한을 품어 보복을 하되, 현세에서 그 원을 이루기도 하고 죽은 뒤에 그 원을 이루기도 하느니라. 이렇게 원결로 인해 육도를 두루 다니면서 서로 보복하여 끝이 날 때가 없나니, 모두가 전세의 원결 때문이요 그냥 생겨난 것이 아니니라. 그러므로 몸으로 짓는 세 가지 업과 입으로 짓는 네 가지 업이 진실로 모든 악의 근원인 줄을 알아야 하느니라.

세속에 사는 사람이 효도를 하지 않으면, 죽어 태산지옥(泰山地獄)에 들어가서 끓는 물과 타는 불의 참혹한 고통을 받게 되고, 출가한 사람이 불법을 좋아하지 않으면 태어나는 곳마다 나쁜 일과 얽히게 되나니, 이 모두는 다 삼업 때문에 생겨나고, 삼업 중에서도 구업이 가장 무거우니라. 과보를 받게 되면 여러 가지 혹독함을 당하게 되지만, 지금은 동이 트지 않은 밤이라 알지 못할 뿐이니라.

오늘 이 도량의 동업 대중이여, 우리들이 육도를 윤회함은 모두가 구업(口業)때문이니, 경솔하게 말을 함부로 하거나 이익을 위해 말을 허망하게 꾸며대면, 말과 행동이 서로 달라져서 나쁜 과보가 스스로 오게 되고, 여러 겁을 지나도 업을 면하기 어려우니라. 어찌 사람으로서 두려워하지 않을 것이며, 그와 같은 허물을 참회하지 않을 것인가.

우리는 오랜 옛적부터 오늘에 이르기까지 좋지 않은 구업을 지어 사생육도와 부모와 스승과 윗사람과 모든 권속들을 괴롭히고 힘들게 만들었으며, 추악하고 훼손시키는 말을 많이 하였도다.

또 여럿이 모여서는 이치에 어기는 말을 하되, 공한 것을 있다 하고 있는 것을 공하다 하였으며, 본 것을 보지 않았다 하고 보지 못한 것을 보았다 하였으며, 들은 것을 듣지 못했다 하고 듣지 못한 것을 들었다 하였으며, 지은 것을 짓지 않았다 하고 짓지 아니한 것을 지었다고 하였도다. 이렇게 하늘을 땅으로 뒤바꾸어 놓으면서 자기의 이익을 위해 다른 이를 해롭게 하고 훼방하였느니라.

자기는 여러 가지 공덕을 지었다고 하면서 다른 사람에게는 악한 짓을 하였다고 씌울 뿐 아니라, 성현을 속이고 임금과 부모를 따르지 않고 스승과 윗사람을 기만하고 선지식을 등지되, 도의(道義)도 체면도 돌아보지 않았느니라. 이 때문에 세상에서 뜻하지 않은 액난으로 목숨을 잃기도 하고, 미래에 오래오래 고통을 받게 되는 것이니라.

　잠깐 웃고 희롱하는 동안에도 죄악을 저지르게 되기 쉽거늘, 일부러 나쁜 말로 여러 사람을 욕되게 하면 그 결과가 어떠하겠는가?

　오랜 옛적부터 오늘에 이르기까지 나쁜 구업으로 천인이나 인간들에게 원결을 맺은 이, 아수라와 지옥 중생에게 원결을 맺는 이, 아귀와 축생들에게 원결을 맺은 이, 부모와 스승과 윗사람과 모든 권속에게 원결을 맺은 이들을 위해, 저희들이 자비심으로 보살의 행과 보살의 원으로 같이하여 대자대비하신 부처님께 귀의하고 예경하옵니다.

지심귀명례 미륵불 彌勒佛

지심귀명례 석가모니불 釋迦牟尼佛

지심귀명례 정단의불 淨斷疑佛

지심귀명례 무량지불 無量持佛

지심귀명례 묘락불 妙樂佛

지심귀명례 불부불 不負佛

지심귀명례 무주불 無住佛

지심귀명례 득차가불 得叉迦佛

지심귀명례 중수불 衆首佛

지심귀명례 세광불 世光佛

지심귀명례 다덕불 多德佛

지심귀명례 불사불 弗沙佛

지심귀명례 무변위덕불 無邊威德佛

지심귀명례 의의불 義意佛

지심귀명례 약왕불 藥王佛

지심귀명례 단악불 斷惡佛

지심귀명례 무열불 無熱佛

지심귀명례 선조불 善調佛

지심귀명례 명덕불 名德佛

지심귀명례 화덕불 華德佛

지심귀명례 용덕불 勇德佛

지심귀명례 금강군불 金剛軍佛

지심귀명례 대덕불 大德佛

지심귀명례 적멸의불 寂滅意佛

지심귀명례 향상불 香象佛

지심귀명례 나라연불 那羅延佛

지심귀명례 선주불 善住佛

지심귀명례 불휴식보살 不休息菩薩

지심귀명례 묘음보살 妙音菩薩

지심귀명례 무변신보살 無邊身菩薩

지심귀명례 관세음보살 觀世音菩薩

지심귀명례 시방 진허공계 일체삼보 十方 盡虛空界 一切三寶

　원하옵건대 부처님과 법보와 보살과 성현의 힘으로 사생육도의 일체 중생이 깨달음을 얻을 수 있는 이 보리도량에 오게 하옵소서. 만일 마음은 있으나 몸에 장애가 있어 오지 못하는 이가 있으면 부처님의 힘과 법의 힘과 성현들의 힘으로 그의 정신을 섭수하고 모두 함께 올 수 있게 하시어, 구업으로 지은 죄를 참회할 수 있게 하옵소서.

저희 모두는 무명(無明)이 자리 잡은 후부터 오늘에 이르기까지 나쁜 구업의 인연으로 육도 중생과 두루 원결을 맺었사오니, 삼보의 위신력으로 사생육도와 삼세 중생의 원결이 영원히 소멸되게 하여지이다.

저희가 오랜 옛적부터 오늘에 이르기까지 성냄과 탐애와 어리석음의 삼독으로 십악행(十惡行)을 지었을 때, 입으로 네 가지 무량한 죄를 일으키되, 욕설 등의 악구(惡口)로 부모와 스승과 웃어른과 권속과 모든 중생을 힘들게 만들었나이다.

또한 부모에게 망어업(妄語業)[거짓말]을 일으키고, 스승과 웃어른에게 망어업을 일으키고, 권속에게 망어업을 일으키고, 일체 중생에게 망어업을 일으켜서, 본 것을 보지 못했다 하고 보지 못한 것을 보았다 하였으며, 들은 것을 듣지 못했다 하고 듣지 못한 것을 들었다 하였으며, 아는 것을 알지 못한다 하고 알지 못하는 것을 안다 하였을 뿐아니라, 교만함과 질투심 때문에 망어업을 일으키기도 하였나이다. 이와 같은 무량무변한 죄들을 오늘 지성으로 참회하오니 남김없이 소멸되게 하여지이다.

또한 오랜 옛적부터 오늘에 이르도록 양설업(兩舌業)을 일으켰으니, 남에게서 들은 나쁜 말을 덮어두지 못한 채, 저 사람에게는 이 사람의 말을 하고 이 사람에게 저 사람의 말을 하여 사람들이 헤어지거나 고통을 받게 하였나이다. 그리고 희롱 삼아 두 사람을 싸우게 하였고, 남의 골육을 이간질시켜 그 권속들을 헤어지게 하였으며, 임금에게 다른 신하를 모함하여 분하고 어지럽게 만들었나이다. 이와 같은 무량무변한 죄들을 오늘 지성으로 참회하오니 남김없이 소멸되게 하여지이다.

또한 오랜 옛적부터 오늘에 이르기까지 기어(綺語)의 죄를 지었나니, 뜻이 없는 이상한 말과 이익이 없는 말을 하여 부모를 시끄럽게 하고 스승과 웃어른을 시끄럽게 하고 벗들을 시끄럽게 하고 육도의 일체 중생을 시끄럽게 하였나이다. 이와 같은 구업으로 맺은 무량무변한 원결들을 오늘 지성으로 참회하오니, 남김없이 소멸되게 하여지이다.

부처님의 힘과 법의 힘과 보살의 힘과 일체 성현의 힘으로 저희의 오늘 참회를 받아들이시어 사생육도와 삼세의 원결들이 반드시 해탈을 하여 일체의 죄업을 모두 끊어 버리고, 다시는 원결을 일으켜 삼악도에 들어가지 않게 하고 다시는 육도 속에서 독해를 입지 않게 하여지이다.

또한 오늘부터 모든 원결을 풀어서 원수나 친한 이라는 생각을 갖지 않고, 모두와 화합하기를 물과 젖이 화합하듯이 하고, 일체가 환희하기를 초지(初地)의 환희지보살과 같이 하며, 영원히 법의 친척과 자비의 권속이 되게 하여지이다.

그리고 이제부터 무상보리에 이를 때까지 삼계의 과보를 영원히 받지 않고, 세 가지 장애[三障]와 다섯 가지 두려움을 끊고, 사무량심과 육바라밀 등의 대승도를 더욱 깊이 행하여 부처님의 지혜 속으로 들어가서 원해(願海)를 모두 구족하고, 육신통과 과거 현재 미래를 모두 아는 지혜인 삼달지(三達智)를 분명히 알며, 부처님의 삼밀(三密)을 얻고 오분법신(五分法身)을 구족하여 부처님의 지혜인 금강지(金剛智)를 이루어지이다. (절)

오늘 이 도량의 동업 대중이여, 이미 몸과 입으로 지은 죄를 참회하였으니, 다음에는 마땅히 생각을 일으켜서 지은 의업(意業)을 청정하게 해야 하느니라.

일체 중생이 생사 속을 윤회하면서 해탈하지 못하는 것은 의업이 굳게 얽힌 탓이니, 의업으로 말미암아 십악업과 오역죄를 짓게 되느니라. 그러므로 부처님께서는 이를 경계하여, '탐욕과 성냄과 어리석음 등의 사견(邪見)을 내지 말라. 훗날 지옥에 떨어져 무궁한 고통을 받는다.'고 하셨느니라.

오늘 우리는 마음[心]이 모든 식(識)을 움직이는 것을 보나니, 이는 임금이 신하를 부리는 것과 같으니라. 곧 생각[意]에 따라 입으로 나쁜 말을 하고 몸으로 나쁜 행동을 함으로써 육도를 흘러 다니며 혹독한 과보를 받게 되나니, 마땅히 알아라. 몸을 망치는 일이 생기는 까닭은 마음으로 업을 짓기 때문이니라.

그러므로 지금 뉘우치고 행동을 고치려 할진대는 먼저 마음[心]을 꺾고, 다음에 생각[意]을 억제해야 하느니라. 이에 경에서는 이르기를, '한가지만 잘 제어하라. 모든 것을 잘 할 수 있다'고 하였느니라.

마땅히 알라. 마음을 깨끗이 하는 것이 해탈의 근본이요, 의업(意業)을 청정하게 만드는 것이 좋은 세상으로 나아가는 터전이니라.

삼악도의 나쁜 과보는 그냥 오는 것이 아니요, 삼악도의 고통은 그냥 가는 것이 아니니, 모두가 삼업 때문이니라. 그런데 몸과 입의 업은 거칠어 없애기가 쉽지만, 생각의 업은 미세하여 제거하기가 어려우니라.

여래와 일체지(一切智)를 얻은 이는 신·구·의 삼업을 닦지 않아도 되지만, 우치한 범부들이야 어찌 삼가하고 닦지 아니하랴. 특히 의업을 꺾지 아니하면 삼업 모두 잘 제어할 수가 없느니라.

그러므로 경에 이르기를, '생각을 방비하기를 성(城)을 지키듯이 하고 입을 조심하기를 병(瓶)을 지키듯이 하라' 하였나니, 어찌 의업을 잘 보호하지 않을 것인가.

우리가 시작 없는 옛적부터 이 몸에 이

르기까지 무명(無明)으로 애욕을 일으키고 생사를 증장하여, 열두 가지 괴로운 일[十二苦事]과 여덟 가지 삿된 길[八邪]과 여덟 가지 액난[八難]을 모두 갖춘 삼악도와 육도를 윤회하면서 경험하지 않은 것이 없느니라. 이렇게 여러 곳에서 무량한 고통을 받는 것은 모두 의업으로 원결을 맺은 다음 여러 가지 생각들을 끊임없이 일으켜서 잠깐도 버리지 못하고, 육근(六根)을 선동하여 온몸으로 가볍고 무거운 악업을 골고루 지었기 때문이니라. 또한 몸과 말이 생각과 같이 되지 않으면, 마음에 분노의 독기가 더하여져서 서로를 살해하되 조금도 가엾은 생각이 없고, 자신은 조그마한 괴로움도 참지 못하면서 남에게는 고통이 더 심하기를 바라며, 남의 허물은 선전하고 퍼뜨리면서 자기의 허물은 다른 이가 들을까 염려하나니, 이러한 심사야말로 참으로 부끄러워해야 할 일이니라.

 생각의 땅[意地]에서 진심(瞋心)을 내는 것은 대도(大道)의 원수이다. 그러므로 경에 이르기를 '공덕을 겁탈하는 도둑으로는 진심보다 더한 것이 없다'고 하였느니라.

 또 『화엄경』에 이르셨다.

"불자여, 만약 진심을 한번 일으키게 되면 이 진심이 모든 악을 뛰어 넘느니라. 왜냐하면 한번 진심을 내면 백 천 가지 장애가 한꺼번에 생겨나기 때문이니라. 이른바 보리(菩提)를 보지 못하는 장애, 법(法)을 듣지 못하는 장애, 악도(惡道)에 태어나는 장애, 질병이 많은 장애, 비방을 받는 장애, 어둡고 둔해지는 장애, 정념(正念)을 잃는 장애, 지혜가 작아지는 장애, 악지식(惡知識)을 가까이 하는 장애, 어진 이를 좋아하지 않는 장애, 정견(正見)과 멀어지는 장애와 함께, 부처님의 정법을 멀리하고, 마(魔)의 세계로 들어가고, 선지식을 등지고, 몸의 여러 기관이 불구가 되고, 나쁜 직업에 종사하는 집에 태어나거나 변방에 살게 되나니, 이러한 장애는 이루 다 말할 수가 없느니라."

오랜 옛적부터 오늘에 이르기까지 우리는 진심을 한량없고 가없이 내었을 것이다. 친족에게 성을 내었음은 물론이요, 육도의 모든 중생들에게 성을 낸 것이야 말할 것이 있겠는가?

만일 일이 마음대로 된다면 피곤해 할 사람이 없겠지만, 일이 마음대로 되지 않으면 무슨 생각인들 하지 않았겠는가? 특히 번뇌가 혹독한 때에는 스스로가 성을 내는 것조차 알지 못하나니, 그러므로 '천자(天子)가 한번 노하면 송장이 만리에 덮인다'고 한 것이니라.

비록 이보다는 나을지라도 공연히 분주하게 채찍으로 갈기고 결박하고 때린 죄업이 많았을 것이니, 이러한 때에 어떻게 '나는 선한 계율을 의지하였다'고 하겠는가? 오직 고초가 더 심하거나 중하지 않기만을 바랄 뿐이로다.

　마음으로 짓는 악은 여러 중생에게 다 통하는 것이니, 지혜로운 이나 어리석은 이, 귀하고 천한 이 모두가 쉽게 깨닫지 못하기 때문에, 이 죄를 지으면서 부끄러워하거나 뉘우치기가 쉽지 않느니라.

　오늘 이 도량의 동업 대중이여, 진심(瞋心)의 고뇌와 애욕의 정은 깊은 것이어서, 비록 버리고자 하나 대상을 만나면 즉시 발동하게 되고, 동하면 악과 함께하는 생각들이 무수하게 일어나나니, 어느 때가 되어야 이 괴로움을 면할 수 있겠는가? 대중들이여, 이미 진심의 죄를 알았거늘, 어찌 태연하게 참회하지 않을 수 있겠는가?

저희가 오늘 지극정성을 다하여 이 죄를 참회하고자 간절하게 오체투지하면서 세간의 대자대비하신 부처님께 귀의하옵니다.

지심귀명례 미륵불 彌勒佛
지심귀명례 석가모니불 釋迦牟尼佛
지심귀명례 무소부불 無所負佛
지심귀명례 월상불 月相佛
지심귀명례 전상불 電相佛
지심귀명례 공경불 恭敬佛
지심귀명례 위덕수불 威德守佛
지심귀명례 지일불 智日佛
지심귀명례 상찰불 上刹佛
지심귀명례 수미정불 須彌頂佛
지심귀명례 치원적불 治怨賊佛

지심귀명례 연화불 蓮華佛

지심귀명례 응찬불 應讚佛

지심귀명례 지차불 智次佛

지심귀명례 이교불 離橋佛

지심귀명례 나라연불 那羅延佛

지심귀명례 상락불 常樂佛

지심귀명례 불소국불 不少國佛

지심귀명례 천명불 天名佛

지심귀명례 견유변불 見有邊佛

지심귀명례 심량불 甚良佛

지심귀명례 다공덕불 多功德佛

지심귀명례 보월불 寶月佛

지심귀명례 사자상불 師子相佛

지심귀명례 요선불 樂禪佛

지심귀명례 무소소불 無所小佛

지심귀명례 유희불 遊戱佛

지심귀명례 사자유희보살 師子遊戱菩薩

지심귀명례 사자분신보살 師子奮迅菩薩

지심귀명례 무변신보살 無邊身菩薩
지심귀명례 관세음보살 觀世音菩薩
지심귀명례 시방 진허공계 일체삼보 十方 盡虛空界 一切三寶

　원하옵건대 삼보님의 자비하신 힘과 무량무변하고 자재하신 힘에 의지하여 저희가 오늘 참회하오니, 사생육도의 중생과 부모와 스승과 웃어른과 일체 권속이 저희의 생각으로 맺은 모든 원결의 대상이 되거나 되지 않거나, 가볍거나 무겁거나를 가릴 것 없이 모두가 저희의 참회를 받아 주시어, 이미 맺은 원결은 모두 소멸되게 하옵시고, 아직 맺지 않은 원결은 다시 맺지 않게 하옵소서. 원하옵건대 삼보님의 힘으로 가피하고 섭수하고 어여삐 여겨 해탈케 하여지이다.

　저희가 시작 없는 옛적부터 오늘에 이

르기까지, 생각으로 지은 악업의 인연으로 사생육도의 중생과 부모와 스승과 웃어른과 모든 권속에게 맺은 원결의 가볍고 무겁고를 가릴 것 없이, 모두를 매우 부끄럽게 여기면서 지성으로 참회하오니, 일체의 원결이 모두 소멸되게 하여지이다.

또한 시작 없는 옛적부터 오늘에 이르기까지 삼독의 뿌리에 의지하여 탐심을 일으키고, 탐욕이라는 번뇌로 인해 탐업(貪業)을 일으켰나이다. 감추어져 있거나 드러났거나를 막론하고, 다함없는 법계에 있는 다른 이의 소유물에 대해 나쁜 생각을 일으켜서 가지려고 하였나이다. 부모의 물건, 스승과 웃어른의 물건, 권속의 물건, 일체 중생의 물건, 천인의 물건, 신선의 물건 등을 저의 것으로 만들고자 하였던 생각과 죄악이 한량없고 끝이 없었나이다. 오늘 이 탐욕의 업들을 지성으로 참회하오니, 모두가 소멸되게 하여지이다.

또한 시작 없는 옛적부터 오늘에 이르기까지 밤낮으로 성냄의 업[瞋業]을 지어 불태우기를 잠시도 쉬지 아니하였고, 조금만 뜻에 안 맞아도 크게 성을 내어 모든 중생에게 갖가지 피해를 입혔나이다. 채찍으로 때리고, 물에 빠뜨리고, 굶주리게 하고, 매어 달고 가두는 등, 진심으로 지은 원결이 한량이 없나이다. 오늘 이 성냄의 업들을 지성으로 참회하오니, 모두가 소멸되게 하여지이다.

또한 시작 없는 옛적부터 오늘에 이르기까지 무명을 좇아 치심(癡心)을 일으켜서 악업을 두루 지었으며, 바른 지혜가 없어 삿된 말을 믿고 삿된 법을 받는 등의 어리석은 업을 지어 원결을 맺은 것이 한량없고 끝이 없나이다. 오늘 이 치심으로 지은 업들을 지성으로 참회하오니, 모두가 소멸되게 하여지이다.

또한 시작 없는 옛적부터 오늘에 이르기까지 열 가지 삿된 도[十邪道]를 행하여 원결을 맺지 않은 것이 없었고 업을 짓지 않은 바가 없었으며, 생각마다 반연하여 잠깐도 버리지 못한 채 육정(六情)을 선동하여 원결의 업을 지었나이다. 바라던 일을 성취하지 못하면 마음이 혹독하여져서 희롱하거나 시비를 일으켰고, 순직한 마음으로 사람을 대하지 않았으며, 항상 왜곡된 생각을 하면서도 부끄러워할 줄 모르는 등의 죄가 한량없고 끝이 없으며, 그로 인해 육도중생에게 큰 괴로움을 주었나이다. 오늘 이 죄업들을 지성으로 참회하오니, 모두가 소멸되게 하여지이다.

또한 시작 없는 옛적부터 오늘에 이르기까지 신업(身業)이 선하지 않았고, 구업(口業)이 선하지 않았고, 의업(意業)이 선하지 않았나이다. 이 악업으로 부처님에 대해 일으킨 모든 죄업과 법에 대해 일으킨 모든 죄업과 보살 및 성현들에 대해 일으킨 모든 죄업이 한량없고 끝이 없나이다. 오늘 이 죄업들을 지성으로 참회하오니, 모두가 소멸되게 하여지이다.

또한 시작 없는 옛적부터 오늘에 이르기까지 몸으로 짓는 세 가지 업과 입으로 짓는 네 가지 업과 뜻으로 짓는 세 가지 업으로 오역죄와 사바라이(四波羅夷)의 죄를 범하였나이다. 오늘 이 죄업들을 지성으로 참회하오니, 모두가 소멸되게 하여지이다.

또한 시작 없는 옛적부터 오늘에 이르기까지 망상(妄想)에 전도(顚倒)되어 육근(六根)과 육진(六塵)과 육식(六識)으로 경계를 반연하면서 일체 죄악을 범하였나이다. 오늘 이 죄업들을 지성으로 참회하오니, 모두가 소멸되게 하여지이다.

또한 시작 없는 옛적부터 오늘에 이르기까지 섭율의계(攝律儀戒)와 섭선법계(攝善法戒)와 섭중생계(攝衆生戒)를 범한 죄가 많아서 죽은 뒤에 삼악도에 떨어지되, 지옥에서는 항하의 모래알과 같이 많은 괴로움을 받고, 아귀도에서는 항상 기갈이 심한 괴로움을 받으며, 축생계에서는 나쁜 음식과 굶주리고 추위에 떠는 등의 고난과 괴로움을 받게 되옵니다. 또한 인간으로 태어날지라도, 삿된 소견을 가진 집에 태어나 마음이 항상 사악하고 왜곡되며, 삿된 말을 믿어 바른 도를 잃어버리고, 생사고해에 빠져 나올 기약이 없으며, 삼세의 모든 죄악과 원결이 이루 말할 수 없사오니, 이는 오직 부처님만이 모두 알고 보시나이다. 부처님께서 다 알고 다 보고 계신 이 모든 죄업들을 오늘 지성으로 참회하오니, 모두가 소멸되게 하여지이다.

원하옵건대 부처님의 대자비력과 대신통력과 중생을 조복(調伏)하는 힘으로 저희가 오늘 참회하는 모든 원결이 즉시에 모두 소멸되게 하옵시고, 육도사생 중에서 오늘 원한의 대상이 되는 이는 물론이요 대상이 되지 않는 이들에게까지도, 부처님과 높은 대보살님과 일체 성현의 대자비력으로 원결들을 끝까지 풀어주시옵소서.

또한 오늘부터 무상보리에 이를 때까지

모든 죄업이 마침내 청정하여져서, 악도에 태어나지 않고 정토에 태어나며, 원결의 생명을 버리고 지혜의 생명을 얻으며, 원결의 몸을 버리고 금강 같은 몸을 얻으며, 악도의 괴로움을 버리고 열반의 낙을 얻으며, 악도의 괴로움을 생각하고 보리심을 발하며, 사무량심과 육바라밀이 항상 앞에 나타나고 사무애변(四無礙辯)과 육신통이 뜻과 같이 자재하며, 쉬지 아니하고 용맹정진하며 닦아 나아가 십지행(十地行)을 다 갖추고 가없는 일체 중생을 제도하여지이다.

4. 발원 發願

오늘 이 도량의 동업 대중이여, 과거 현재의 사생육도와 미래의 세계가 다하도록, 일체 중생이 오늘의 참회로써 함께 청정하여지고 함께 해탈하고 지혜를 구족하고 자재한 신통력을 얻어서, 오늘부터 무상보리에 이를 때까지 항상 시방에 가득한 제불의 법신과 제불의 삼십이상 팔십종호 자금색신(紫金色身)의 몸을 보게 되고, 그 몸을 시방에 가득 채워 중생을 구제하심을 보게 되며, 모든 부처님이 미간백호에서 광명을 놓아 지옥고를 구제함을 보게 되기를 발원할지니라.

원하옵나니, 오늘 이 도량의 동업 대중이 지금 참회하는 청정한 공덕과 인연으로, 오늘부터 몸을 버리거나 몸을 받을 때 확탕지옥에서 몸을 볶는 고통을 겪지 않으며, 아귀의 세계에서 바늘 같은 목구멍과 북과 같은 배로서 기갈을 참는 고통을 겪지 않으며, 축생의 세계에서 빚과 목숨을 갚느라 몰려다니고 가죽이 벗겨지는 고통을 겪지 않으며, 인간의 세계에서 404종의 병이 몸에 침노하고, 더위와 추위를 참는 고통과 칼과 작대기와 독약으로 해로움을 당하는 고통과 굶주림과 목마름과 궁핍함 등의 고통을 경험하지 않게 하여지이다.

또한 원하옵나니, 이 대중들이 오늘부터 청정한 계행을 받들어 마음에 오염됨이 없고, 항상 인의(仁義)를 수행하여 은혜 갚을 생각을 하고, 부모 공양하기를 부처님 받들듯이 하고, 스승 섬기기를 부처님 대하듯이 하고, 국왕 공경하기를 부처님의 법신을 대하듯이 하며, 모든 것을 대하기를 제 몸 대하듯이 하여지이다.

또한 원하옵나니, 이 대중이 오늘부터 무상보리에 이를 때까지 깊은 법을 통달하여 두려움이 없는 지혜를 얻고, 대승을 밝게 해석하여 정법을 분명히 알되 스스로 알게 될 뿐 다른 이로 말미암아 깨닫지 아니하며, 지극한 마음으로 한결같이 견고하게 불도를 구하고, 가없는 일체 중생을 모두 제도하여, 여래와 같은 정각을 이루게 하여지이다.

오늘 이 도량에 있거나 모습을 나타내지 않고 있는 대중이 발하는 조그마한 소원도 증명하여 주옵소서.

저희의 소원은 성현이 계시는 곳에 나서 도량을 건립하고, 공양을 이바지하고, 중생들을 위해 큰 이익을 짓고, 항상 삼보께서 자비로써 섭수하여 주심을 받으며, 힘 있게 교화를 행하고, 항상 정진하고 닦으며, 세상의 낙에 집착하지 않고 일체법이 공함을 알며, 원수와 친한 이를 다 같이 잘 교화하고 무상보리에 이를 때까지 마음이 물러나지 않으며, 오늘부터는 아주 조그만 선들까지도 모두 이 원력을 돕게 하여지이다.

또한 원하옵나니, 인간으로 태어나면 선행을 닦는 집에 나서 자비도량을 건립하여 삼보님께 공양하고, 모두에게 선을 베풀고 화상과 아사리를 항상 떠나지 않으며, 나물밥을 먹고 애욕을 끊고 충성하고 정직하고 인자하고 화평하며, 나에게 해로와도 남을 구제하고 명리를 구하지 않게 하여지이다.

또한 원하옵나니, 만일 이 목숨이 다하도록 해탈을 얻지 못하고 귀신 중에 나게 되면, 법을 보호하는 힘 있는 선신(善神)이 되고 괴로움에서 구제하는 선신이 되어, 옷과

밥을 도모하지 않아도 자연히 배부르고 따뜻하게 하여지이다.

또한 원하옵나니, 이 목숨이 다하도록 해탈을 얻지 못하고 축생 중에 나게 되면, 항상 깊은 산에서 풀을 먹고 물을 마시며 살되 괴로움을 받지 아니하고, 산 밖으로 나오게 되면 상서로운 짐승이 되어 속박을 받지 않게 하여지이다.

또한 원하옵나니, 이 목숨이 다하도록 해탈을 얻지 못하고 아귀 중에 나게 되면, 몸과 마음이 안락하여 열(熱)과 번뇌가 없고, 같은 동족들을 잘 교화하여 모두가 허물을 뉘우치고 보리심을 발하게 하여지이다.

또한 원하옵나니, 이 목숨이 다하도록 해탈을 얻지 못하고 지옥에 떨어지게 되면, 스스로 전세의 인연을 알고, 같은 동족들을 교화하여 모두 허물을 뉘우치고 보리심을 발하게 하여지이다.

저희는 항상 보리심을 생각하고, 보리심이 항상 계속되어 끊이지 않게 하고자 하옵니다. 시방의 모든 부처님과 지위 높은 대보살님과 일체 성인들께서는 자비심으로 저희를 위하고 증명하여 주옵소서. 그리고 모든 천신과 신선과 세상을 보호하는 사천왕, 선을 내세우며 악을 징벌하고 주문을 수호하는 오방의 용왕과 팔부신중들도 함께 증명하여 주옵소서. 거듭 지성을 다해 삼보에 귀의하옵니다. (절)

찬불축원 讚佛祝願

대성세존 높고 크고 웅장하고 당당하여
천안숙명 누진통(天眼宿命漏盡通)의 세 지혜로 비추시니
여러 성인 가운데서 으뜸가는 왕이로다
보리도량 앉으시어 몸 나투어 제도하고
인천(人天)들이 귀의하여 계속 법을 묻는구나
부처님의 팔종(八種) 음성 멀리까지 퍼져가자
마군들은 크게 놀라 정신없이 허둥대네
그 위엄이 대천세계 모든 곳에 두루하고
자비로써 교화하심 멀리까지 미치누나
자비하신 그 힘으로 시방중생 섭수하사
여덟 가지 괴로움을 영원토록 하직하고
무상보리 고향 땅에 이르도록 하시도다

그러므로 여래(如來)·응공(應供)·정변지(正遍知)·명행족(明行足)·
선서(善逝)·세간해(世間解)·무상사(無上士)·조어장부(調御丈夫)·천인사(天人師)·
불세존(佛世尊)의 열 가지 이름을 얻으셨고, 무량

중생을 제도하여 생사고(生死苦)를 완전히 뿌리 뽑아 주시나이다.

이제 지금까지 부처님을 찬탄하고 참회를 한 공덕들과 인연으로, 사생 육도의 일체 중생이 오늘부터 무상보리를 증득하는 그날까지, 부처님의 신력(神力)을 입어 자유자재하여지이다.

자비도량참법 제7권

자비도량참법 제7권을 행하면서 지극한 마음으로 삼세의 부처님께 귀의하옵니다.

천상 인간 세상에서 부처님이 제일이니
시방 세계 어디에도 견줄 이가 결코 없네
이 세간의 모든 것들 하나하나 다 보아도
부처님과 같은 이는 하늘 아래 다시 없네

지심귀명례 과거 비바시불 過去毘婆尸佛

지심귀명례 시기불 尸棄佛

지심귀명례 비사부불 毘舍浮佛

지심귀명례 구류손불 拘留孫佛

지심귀명례 구나함모니불 拘那含牟尼佛

지심귀명례 가섭불 迦葉佛

지심귀명례 본사 석가모니불 本師釋迦牟尼佛

지심귀명례 당래 미륵존불 當來彌勒尊佛

오늘 이 도량의 동업 대중이여, 지극한 덕은 매우 아득하여 본래 말이 없고 말할 수도 없느니라. 그러나 말은 덕을 밝혀 도에 들어가게 하는 지름길이니, 말을 하는 까닭 또한 진리에 오르게 하는 계단인 말에 의지하여 성인의 자리로 인도하기 위함이로다. 그러므로 말을 빌려 진리를 나타내지만 진리는 말이 아니요, 진리가 말을 의지하여 드러나게 되지만 말은 진리를 넘어서지 못하느니라.

비록 말과 진리가 서로 어긋나고 선과 악이 현저하게 다르다 할지라도, 그림자와 메아리처럼 서로 부합하여 크게 어긋나지 않느니라. 처음 배울 때는 말에 의지하여 도를 알게 되다가, 더 배울 것이 없는 무학에 이르게 되면 이내 진리와 계합하여 말을 잊어버리게 되느니라.

생각건대, 어리석은 범부는 번뇌의 업

장이 두텁기 때문에 모든 법문에서 말을 버릴 수가 없느니라. 지금 아는 것이 부족하기 때문에 묘한 진리를 다하지 못하고 소견이 천박하기 때문에 궁극에까지 이르지 못하는 것이다. 이 또한 말하기는 쉬우나 실행하기는 어렵나니, 오직 성인들만이 다 갖추어 행하느니라.

어떤 사람이 힐난하여 말하였느니라.
'자신이 바르지 못하면서 어떻게 남을 바르게 하며, 자신의 삼업이 혼탁하거늘 어떻게 다른 이를 청정하게 만들겠는가? 자기가 청정하지 못하면서 남을 청정하게 만든다는 것은 있을 수 없는 일이요, 자신이 견고하지 못하고서야 어떻게 다른 사람에게 권할 수 있겠는가. 지금 부질없는 말과 행동으로 남을 고민스럽게 만들면 남들이 괴로워하거늘, 어찌하여 그치지를

않는가? 거듭 생각해봐도 부끄럽기 그지없도다.'

'내가 선지식이로다'하면서 이런 말을 하기에, 의복을 단정히 하고 얼굴을 공손히 하였을 뿐 대답을 하지 않았는데, 선지식의 이 말을 지금 되새겨보니 마음이 부끄럽고 잘못이 크며, 감히 성인을 기만한 허물을 감추지 못하겠노라.

이에 말을 하지 않고자 하나 혹 어떤 사람은 이로 인해 복이 증가할 것 같기도 하고, 그냥 두고자 하나 혹 어떤 사람은 이로 인하여 비방할는지도 모르는 터이다. 나아가지도 물러서지도 못하고 망설이면서 어찌할 바를 알지 못하여 우선 참법을 말하느니라.

다만 마음은 선한 것이요 선한 법에는 장애가 없나니, 오로지 노력할 뿐 다른 생각을 하지 말지니라. 세간의 대자대비하신 부처님께서 보호하고 섭수하심을 믿을 뿐, 방해되는 말들을 억지로 없애고자 하지 말고 오직 참회에 집중할지니라.

대중은 괴롭게 생각하지 말라. 조금이라도 진리와 맞으면 이 참법에 의지하여 지나간 허물을 고치고 앞으로 선을 닦아라. 그럼 선지식이 될 것이다. 만일 진리를 모른다 할지라도 보시하고 환희하면 악지식이 되지 않을 뿐더러, 틀림없이 보리의 권속이 될 수 있느니라.

1. 자경自慶

1) **자경自慶**[스스로 경축하라]

오늘 이 도량의 동업 대중이여, 삼보에

귀의한 이후부터 지극한 덕(德)을 알아서 의심을 끊고 참회하였으니 죄업과 번뇌가 모두 없어졌을 것이요, 계속하여 발심하고 실행할 것을 권장하였으니 원결이 이미 풀려 걸림 없이 소요할 수 있게 되었을 것이다. 어찌 뛸 듯이 기뻐하지 않을 것이요, 스스로 경축하지 않을 것인가! 이제 그 뜻을 말하리라.

경에서 부처님을 뵙기 어려운 팔난(八難)을 말하였으니, 첫째는 지옥이요, 둘째는 아귀요, 셋째는 축생이요, 넷째는 변지(邊地)요, 다섯째는 장수천(長壽天)이요, 여섯째는 사람의 몸을 얻었으나 보지도 듣지도 말하지도 못하게 됨이요, 일곱째는 삿된 외도의 집안에 태어남이요, 여덟째는 부처님이 계시지 않을 때 나는 것이니라. 이러한 팔난이 있으면 생사윤회로부터 벗어나기 어려우니라.

　우리는 여래의 말법(末法) 중에 나서 비록 부처님을 뵙지는 못하였으나, 경사로움은 오히려 많으니라.

　'난(難)'은 곧 마음에 죄가 있음을 말하는 것이니, 마음으로 의심하면 난 아닌 것도 난이 되고, 마음에 의심이 없으면 난도 난(難)이 되지 않느니라.

　어떻게 그런 줄을 아는가? 팔난의 여덟째에 '부처님이 계시지 않을 때 나는 것을 난'이라 하였지만, 성 동쪽에 사는 성동노모(城東老母)는 부처님과 한 세상에 나고 부처님과 한 처소에 있었으나 부처님을 뵈옵지 못하였다. 그러므로 마음으로 의심을 할 때 난이 되는 것이요, 다른 때에 난다고 하여 난이 되는 것이 아니니라. 또한 파순(波旬)은 나쁜 생각을 품고 있다가 산 채로 지옥에 떨어졌고, 용왕은 설법을 듣고 문득 도를 깨

쳤느니라.

　마땅히 알라. 천인이나 인간으로 태어났다고 하여 반드시 난을 면한다고 할 수 없나니, 마음을 선하지 않게 쓰면 타고난 과보와 다르게 바뀌느니라. 천상의 귀한 몸으로도 지옥에 떨어질 수 있고 축생의 천한 몸으로도 보리도량에 오르게 되나니 이로써 미루어 볼진대, 마음이 삿되면 가벼운 난도 무겁게 되고, 마음이 바르면 무거운 난도 걸림이 없게 되느니라.

　오늘 이 도량의 동업 대중이여, 마음에 걸림이 있게 되면 가는 곳마다 난(難)이 되지만, 마음이 바르면 난도 난이 아니니, 이 한 가지만은 분명히 따라야 하느니라. 그러므로 알지니라. 부처님 앞과 부처님 뒤도 정법 아닌 것이 없고, 변지(邊地)와 축생세계라 할지라도 도를 얻지 못하는 곳이 아니니라. 만일 지금 마음이 바르면 팔난이 다시 없을 것이요, 만일 의혹을 품으면 난이 한량없을 것이다.

　이와 같이 스스로 경축할 일이 적지 않건만, 대중은 경축할 일을 날마다 만나면서도 알지 못하기에, 이제 대강 나의 소견을 말하여 스스로 경축할 일이 무엇인지를 알게 하리니, 대중은 스스로 경축하면서, 모름지기 세상을 벗어나는 마음을 닦을지니라.

　　어떤 것이 스스로 축하[自慶]할 일인가?
① 부처님 말씀에 '지옥을 면하기 어렵다' 하였으나, 우리는 이미 지옥의 고통을 면하였으니 첫 번째 스스로 경축할 일이요
② '아귀를 벗어나기 어렵다' 하였으나, 우리는 이미 아귀의 괴로움을 여의었으니 두 번째 스스로 경축할 일이요

③ '축생업을 버리기 어렵다'하였으나, 우리가 축생의 과보를 받지 아니 하였으니 세 번째 경축할 일이요

④ 변지(邊地)에 태어났으면 인의(仁義)가 무엇인지를 모를 것인데, 이미 이 나라에 태어나 도법을 배우면서 묘한 이치를 찾고 있으니 네 번째 스스로 경축할 일이요

⑤ 장수천(長壽天)에 나면 복을 지을 줄을 모르지만, 여기에서 이미 복이 될 좋은 인을 심었으니 다섯 번째로 경축할 일이요

⑥ 사람의 몸은 얻기 어렵고 한번 잃으면 다시 만나기 어려운데, 우리는 모두 사람이 되었으니 여섯 번째로 경축할 일이요

⑦ 육근이 불구이면 선근(善根)을 심기 어려운데, 우리의 육근이 청정하여 깊은 법문을 향하고 있으니 일곱 번째로 경축할 일이요

⑧ 세상의 지혜 있고 말 잘하고 총명한 이는 도리어 난(難)이 되지만, 우리는 일심으로

자경 · 349

정법에 귀의하고 있으니 여덟 번째로 경축할 일이니라.

⑨ '부처님 앞과 부처님 뒤에 나면 난이 되고 부처님을 뵙지 못함은 더 큰 난이 된다' 하였으나, 우리는 이미 좋은 원을 발하고 미래세에 중생을 구제할 수 있게 되었으니 지금 여래를 뵙지 못했다고 하여 난이 될 것이 아니며, 한 번 형상을 뵙고 한 번 정법을 듣는 것이 옛날 녹야원에서의 설법 때와 다를 것이 없느니라. 죄를 멸하고 사람으로 태어날 복을 지으면 부처님을 뵙지 못한다 하여도 난이라 할 수 없으며, 부처님 말씀에 '부처님 뵙는 것이 어렵다' 하였으나 우리는 이미 불상을 대하였으니 아홉 번째로 경축할 일이니라.

⑩ 부처님 말씀에 '법문 듣기가 어렵다' 하였으나, 우리는 이미 감로수를 마셨으니

열 번째로 경축할 일이요

⑪ 부처님 말씀에 '출가하기가 어렵다' 하였으나, 우리는 이미 부모의 애정을 끊고 불도에 귀의하였으니 열한 번째 경축할 일이요

⑫ 부처님 말씀에 '자기를 이롭게 하기는 쉬우나 남을 이롭게 하기는 어렵다' 하였으나, 우리가 오늘 한 번 뵙고 한 번 예배한 것까지 모두 시방의 일체 중생에게 회향하였으니 열두 번째도 경축할 일이요

⑬ 부처님 말씀에 '애써 노력하며 괴로움을 참는 일이 어렵다'하였으나, 우리는 오늘 부지런히 선한 일을 하였으니 열세 번째 경축할 일이요

⑭ 부처님 말씀에 '경을 독송함이 어렵다' 하였으나, 우리는 경전을 무시로 읽고 보니 열네 번째로 경축할 일이요

⑮ '좌선이 어렵다' 하였으나, 지금 잡념을 쉬고 뜻을 흔들림 없이 하고 있으니 열다섯 번째 스스로 경축할 일이니라.

오늘 이 도량의 동업 대중이여, 이와 같이 스스로 경축할 일이 진실로 한량이 없나니, 어찌 변변치 못한 말로써 다 표현할 수 있으리오. 사람들이 사는 세상에는 괴로움이 많고 낙이 적어서, 한 가지 기쁨과 한 가지 즐거움도 오히려 얻기가 어려운데, 우리는 이제 여러 가지 무애(無礙)를 얻어 걸림없이 되었으니, 이 모두가 시방 삼보의 위신력이 아니겠는가.

이제 저희는 지성으로 이 은혜를 생각하면서 다같이 간절하게 오체투지하고, 국왕과 국토와 국민, 부모와 스승과 윗사람과 상·중·하좌와 시주단월, 선지식과 악지식, 천인·신선·호세 사천왕과 총명하고 정직함을 수호하는 이와 오방의 용왕과 용신 등의 팔부신, 모든 대마왕과 오제대마(五帝大魔)와 모든 마왕, 염라왕·태산부군·오도대신(五道大神)·18옥주와 그 모든 권속들, 삼계육도의 무궁무진한 불성 있는 중생들을 위하여 지성으로 시방의 다함없는 삼보님께 귀의하옵니다.

원하옵건대 자비하신 마음으로 가피를 내려 섭수하시고 부사의한 신통으로 보호하고 구제하시어, 천인과 신선과 일체 신중과 삼계 육도의 일체 중생들로 하여금 생사의 바다를 건너서 열반의 저 언덕에 이르게 하옵시고, 행과 원을 원만하게 갖추어 십지에 오르고 금강심에 들어가서 등정각을 이루게 하여지이다. (절)

2) 경연삼보警緣三寶[삼보와의 인연을 깨우침]

오늘 이 도량의 동업 대중이여, 각자가 다시 삼보를 생각할지니라. 무슨 까닭인가? 삼보를 알지 못하고서야 어떻게 인자한 마음[慈心]으로 중생을 연민하며, 삼보를 알지 못하고서야 어떻게 어여삐 여기는 마음[悲心]으로 일체를 섭수하며, 삼보를 알지 못하고서야 어떻게 평등한 마음[平等心]으로 원수와 친한 이를 한결같이 관찰하며, 삼보를 알지 못하고서야 어떻게 묘한 지혜[妙智]를 얻어 무상보리를 증득하며, 삼보를 알지 못하고서야 어떻게 이공二空과 진실상眞實相을 분명하게 알 수 있겠는가?

부처님께서 '사람되기 어렵다' 하셨으나 우리는 이미 사람의 몸을 얻었고, '신심을 내기 어렵다' 하였으나 우리는 이미 신심을 내었도다.

 이제 삼보께 귀의하여, 눈으로는 지옥 아귀의 혀를 뽑고 불을 토하는 모습을 보지 말고, 귀로는 지옥 아귀의 고통 받고 번민하는 소리를 듣지 말고, 코로는 지옥 아귀의 껍질을 벗기고 찢은 몸에서 나는 피고름 냄새를 맡지 말고, 혀로는 썩고 더러운 맛을 보지 말고, 몸으로는 불지옥과 얼음지옥의 괴로움 겪지 말지니라.

 뜻으로는 항상 부처님이 자비하신 아버지요 큰 의사이신 줄 알고, 모든 교법이 중생의 병을 치료하는 약인 줄을 알고, 여러 성현이 모든 중생의 병을 보살피는 어머니인 줄을 알지니라. 또한 뜻으로 잘 생각해보면 항상 삼보께서 일깨워 주는 인연으로 세상을 구호하고 있음을 능히 알 수 있느니라.

 우리가 비록 부처님을 뵈옵지 못하는

말법시대에 태어났으나, 신심이 있고 육근이 청정하여 쇠약하거나 괴로움이 없으며, 장애 없이 마음대로 다니고 있나니, 이러한 과보가 모두 숙세의 인연이요 삼보의 은혜이며, 금세에 또한 보리심을 발하게 되었으니 그 이익은 말로 다 할 수가 없느니라. 어찌 보은(報恩)의 공양을 하지 않을 것인가?

오늘 이 도량의 동업 대중이여, 모든 공덕 가운데 공양 공덕이 제일이니라. 그러므로 경에 이르기를, '생각건대 지난 세상에서 공양한 것이 변변치 않았는데도, 그 과보로 여러 겁을 잘 지냈고, 남은 복으로 세존을 만났도다' 하였고, 또 경에 이르기를, '은혜를 갚고자 하면 탑과 절을 세우고 등촉과 번(幡)과 천개(天蓋)와 향과 꽃과 좌복 등을 갖추어 공양하면, 오는 세상에 그 복을 스스로 받게 된다'고 하였느니라.

그러나 아무리 공양을 많이 할지라도 부처님의 은혜는 다 갚지 못하나니, 부처님 은혜를 갚으려면 보리심을 발하고, 사홍서원을 세우고, 무량한 인연을 지어 몸을 장엄하고, 정토의 행을 닦아야 하나니, 이것이 지혜 있는 이의 은혜를 알고 은혜를 갚는 방법이니라.

오늘 이 도량의 동업 대중이여, 부처님의 자비로운 은혜를 갚아야 하건만, '보살 마하살이 몸을 부수어도 만 분의 일도 갚지 못한다'고 하거늘, 하물며 범부인 우리가 어떻게 갚을 수 있겠는가?

경에 이르기를, '사람을 이롭게 함이 으뜸되는 방법'이라 하였으니, 시방의 무궁무진한 사생 중생의 이익을 위해 저희 모두가 지극한 마음으로 오체투지하면서 세간의 대자대비하신 부처님께 귀의하옵니다.

지심귀명례 미륵불 彌勒佛

지심귀명례 석가모니불 釋迦牟尼佛

지심귀명례 덕보불 德寶佛

지심귀명례 응명칭불 應名稱佛

지심귀명례 화신불 華身佛

지심귀명례 대음성불 大音聲佛

지심귀명례 변재찬불 辯才讚佛

지심귀명례 금강주불 金剛珠佛

지심귀명례 무량수불 無量壽佛

지심귀명례 주장엄불 珠莊嚴佛

지심귀명례 대왕불 大王佛

지심귀명례 덕고행불 德高行佛

지심귀명례 고명불 高名佛

지심귀명례 백광불 百光佛

지심귀명례 희열불 喜悅佛

지심귀명례 용보불 龍步佛

지심귀명례 의원불 意願佛
지심귀명례 보월불 寶月佛
지심귀명례 멸기불 滅己佛
지심귀명례 희왕불 喜王佛
지심귀명례 조어불 調御佛
지심귀명례 희자재불 喜自在佛
지심귀명례 보계불 寶髻佛
지심귀명례 이외불 離畏佛
지심귀명례 보장불 寶藏佛
지심귀명례 월면불 月面佛
지심귀명례 정명불 淨名佛
지심귀명례 무변신보살 無邊身菩薩
지심귀명례 관세음보살 觀世音菩薩
지심귀명례 시방 진허공계 일체삼보 十方盡虛空界一切三寶

　원하옵건대 삼보께서 지니오신 자비의 힘과 중생을 보호하는 힘과 큰 방편의 힘과 부사의한 힘으로, 참법을 수행하는 제자들과 법계의 일체 중생들이 세세생생 나는 곳마다 항상 삼보의 이름을 듣고, 항상 삼보의 형상을 보고, 항상 삼보의 광명이 몸과 마음을 비추고, 항상 삼보의 자비가 몸과 마음을 덮어 보호하심을 입고, 항상 삼보의 위신력으로 몸과 마음을 제도 받고, 항상 삼보의 지혜로 몸과 마음을 깨우쳐 주심을 얻어, 무생법인(無生法忍)을 깨닫고 진실상을 증득하여지이다.

거듭 원하옵나니, 세세생생 있는 곳마다 항상 삼보의 인연을 알고, 항상 삼보의 덕을 생각하고, 항상 삼보를 칭찬하고, 항상 삼보를 공경하고, 항상 삼보께 공양하고, 항상 삼보를 건립(建立)하고, 항상 삼보를 호지(護持)하고, 항상 삼보를 상속케 하여지이다. 이렇게 삼보와의 인연을 스스로 새김으로서 은혜를 알고 은혜를 갚게 되며, 저마다 육근이 청정해지고, 오안(五眼)이 원명(圓明)해지고, 사무량심과 사무애지(四無礙辯)가 생각을 좇아 앞에 나타나고, 육신통과 육바라밀이 마음대로 자재하고, 미래의 세계가 다하도록 중생을 이익되게 하며, 행과 원이 원만히 성취되어 함께 정각에 올라지이다. (절)

3) 참주사대중懺主謝大衆[대중을 향한 참주의 사죄]

오늘 이 도량의 동업 대중이여, 서로가 견고한 신심을 내고 보리심을 발하여 맹세코 물러서지 않으려 하는 우리의 불가사의한 마음과 뜻을 부처님들께서는 칭찬하시느니라.

오늘 함께 깊이 수희(隨喜)하면서, 이 몸을 버리고 내세에 다른 몸을 받아도 서로 떠나지 말고 다시 만나, 무상보리에 이르도록 영원히 법의 친척과 자비의 권속이 될지어다.

　오늘 내가 이 법을 세우고 대중을 모은 것은 외람되고도 부끄러운 일이다. 아직은 지혜가 모자라고 몸이 행과 어긋나는데도 경솔히 이러한 뜻을 내었으니, 진실로 보고 듣는 이가 놀랄 것이다. 하지만 사람은 미약하고 일은 중대하다. 또한 마음에는 반대되는 생각이 서로 교차하기 때문에, 만일 굳센 인연을 의지하지 않으면 좋은 과보를 얻을 수가 없다. 그러므로 진실로 잘못하는 줄 알면서도, 마음으로 선을 잊지 아니하고 생각의 힘을 모아 자비의 친족이 되고자 한 것이니라.
　대중들을 이 도량에 모이도록 하였으나 시간의 흐름이 고정되어 있지 아니하고 문득 기한이 박두하니, 주위에서 요구하는 좋은 법회를 기약하기 어렵도다. 마땅히 스스로를 독려하여 다른 이까지 이롭게 하고, 빼어나게 군중을 바로잡아 후회하는 일이 없도록 할지니라.

법음(法音)은 귀에 스치기만 하여도 공덕의 과보가 여러 겹에 이르고, 일념의 선(善)도 오래오래 몸을 도우며, 언제나 한결같이 한 가지 뜻을 지니면 이루지 못할 원이 없다고 하였나이다. 이제 저희가 지극한 정성으로 오체투지하면서 세간의 대자대비하신 부처님께 귀의하옵니다.

지심귀명례 미륵불 彌勒佛
지심귀명례 석가모니불 釋迦牟尼佛
지심귀명례 위덕적멸불 威德寂滅佛
지심귀명례 수상불 受相佛
지심귀명례 다천불 多天佛
지심귀명례 수염마불 須焰摩佛

지심귀명례 천위불 天威佛

지심귀명례 보중불 寶衆佛

지심귀명례 보보불 寶步佛

지심귀명례 사자분불 師子分佛

지심귀명례 극고행불 極高行佛

지심귀명례 인왕불 人王佛

지심귀명례 선의불 善意佛

지심귀명례 세명불 世明佛

지심귀명례 보위덕불 寶威德佛

지심귀명례 덕승불 德乘佛

지심귀명례 각상불 覺想佛

지심귀명례 희장엄불 喜莊嚴佛

지심귀명례 향제불 香濟佛

지심귀명례 향상불 香象佛

지심귀명례 중염불 衆焰佛

지심귀명례 자상불 慈相佛

지심귀명례 묘향불 妙香佛

지심귀명례 견개불 堅鎧佛

지심귀명례 위덕맹불 威德猛佛
지심귀명례 주개불 珠鎧佛
지심귀명례 인현불 仁賢佛
지심귀명례 무변신보살 無邊身菩薩
지심귀명례 관세음보살 觀世音菩薩
지심귀명례 시방 진허공계 일체삼보 十方盡虛空界一切三寶

　원하옵나니 이 도량의 동업 대중과 법계의 일체 중생이 동일한 보리심과 동일한 보리원菩提願을 발하여, 오늘부터 미래의 세계가 다하도록 세세생생 언제나 삼보의 권속이 되고, 지혜와 업의 친척이 되고, 자비의 골육이 되고, 같은 곳에서 인행을 닦고, 같은 곳에서 과를 증득하되, 소리와 메아리가 서로 응하고 형상과 그림자가 서로 따르듯이 하여, 정토를 장엄하고 부처님을 섬기되 함께 행하고 함께 이르며, 세계를 구호하고 중생을 접인하되 힘을 함께하여 함께 이루어지이다.

　법신은 본래 두 체(體)가 없고, 행과 원 또한 한 가지이니 함께 삼신(三身)과 사지(四智)를 원만히 성취하고 자재한 팔해탈과 육신통으로 함께 미래의 사람들을 이익되게 하고, 함께 정각에 올라지이다. (절)

4) 총발대원總發大願[모두가 대원을 발함]

　오늘 이 도량의 동업 대중이여, 우리가 오늘 참회하고 발심한 공덕 인연으로 발원할지니라.

　시방의 다함없는 모든 천왕과 모든 하늘과 그 권속들, 선주(仙主)와 일체 진선(眞仙)과 그 권속들, 범왕과 제석천과 호세 사천왕과 신왕(神王)과 신장과 그 권속들, 천지허공 중에서 총명하고 정직하게 선을 권하고 악을 벌하는 이와 주문을 수호하는 이와 모든 신왕(神王)과 신장과 그 권속들, 묘화(妙化)용왕과 두화제(頭化提)용왕과 오방 용왕과 용신, 팔부신의 왕과 팔부신장과 그 권속들, 아수라계의 모든 왕과 모든 신장과 그 권속들, 인간세상의 일체 인왕(仁王)과 신하와 백성과 장수와 그 권속들, 시방의 비구·비구니·식차마나·사미·사미니와 그 각각의 권속들, 염라왕과 태산부군(泰山府君)과 오도대신(五道大神)과 18옥왕(獄王)과 일체 신왕과 일체 신장과 그 권속들, 지옥계의 일체 중생과 아귀계의 일체 중생과 축생계의 일체 중생과 그 권속들, 시방의 다함없는 법계와 미래의 세계가 끝나기까지의 크고 작은 일체 중생과 그 권속들, 뒤에 오는 중생과 다른 세계의 중생들까지도 모두 대원(大願)의 바다로 들어가서 각각 공덕과 지혜를 구족하여지이다.

또한 이와 같은 삼계 안팎의 무궁무진

한 일체 중생과 불성을 지닌 모든 생명들이 저희와 함께 오늘을 꼭 기억하여지이다.

오늘 저희들은 시방의 다함없는 모든 부처님의 대자비력(大慈悲力)과 여러 대보살님과 일체 성현의 본서원력(本誓願力)과 한량없는 지혜력(智慧力)과 다함없는 공덕력(功德力)과 자재한 신통력과 중생을 두루 보호하는 힘과 중생을 편안하게 하는 힘과 천인과 신선의 번뇌를 다하게 하는 힘과 일체 선신(善神)을 교화하는 힘과 지옥 중생을 구제하는 힘과 모든 아귀를 제도하는 힘과 모든 축생을 해탈케 하는 힘 등을 이어받고, 여러 중생들의 소원한 바가 모두 성취되기를 원하옵니다.

또한 오늘 저희들이 이어받은 자비도량의 힘[慈悲道場力]과 삼보에 귀의한 힘[三寶歸依

力]과 의심을 끊고 신심을 낸 힘[斷礙生信力]과 참회하고 발심한 힘[懺悔發心力]과 원결을 풀어 내고 스스로 경축한 힘[解諸怨結自慶力]과, 환희하고 용약한 지극한 마음의 힘[歡喜踊躍至心力]과, 발원하고 회향한 선근의 힘[發願迴向善根力]으로 모든 중생이 원하는 바를 다 얻어지이다.

또한 오늘 저희들이 이어받은 칠불(七佛)의 대자심력(大慈心力)과 시방 제불의 대비심력(大悲心力)과 35불의 번뇌를 멸하는 힘과 53불의 마군을 항복 받는 힘과 170불의 중생을 제도하는 힘과 천 불의 중생을 섭수하시는 힘과 12보살의 중생을 보호하는 힘과 무변신보살·관세음보살의 참법을 유통시키는 힘으로, 시방과 삼계육도의 미래가 끝날 때까지 크고 작고 위에 있고 아래 있음에 상관없이, 명색이 있고 불성이 있는 모든 이로 하여금 지금 참회한 후부터 태어나는 곳마다 각각 부처님과 대보살들의 광대한 지혜와 불가사의하고 무량하고 자재한 신력의 몸을 얻어지이다.

곧 신력의 몸인 육도신(六度身)으로는 보리로 향하고, 사섭신(四攝身)으로는 일체를 버리지 않고, 대비신(大悲身)으로는 일체의 괴로움을 뽑아주고, 대자신(大慈身)으로는 일체의 낙을 주고, 공덕신(功德身)으로는 일체를 이익케 하고, 지혜신(智慧身)으로는 무궁하게 설법하고, 금강신(金剛身)으로는 무너짐이 없게 하고, 정법신(淨法身)으로는 생사를 여의고, 방편신(方便身)으로는 자재한 힘을 나타내고, 보리신(菩提身)으로는 무상보리를 이루어지이다.

원하옵건대 사생육도의 일체 중생이 모두 이와 같은 몸을 구족하여 여러 부처님의 위없는 대지혜의 몸을 구족하고 성취하여지이다.

또한 원하옵건대 시방의 일체 중생이 오늘부터 태어나는 곳에서 각각 부처님과 대보살들의 불가사의한 공덕의 입을 얻어지이다. 곧 부드러운 유연구(柔軟口)로는 일체를 안락케 하고, 감로구(甘露口)로는 모두에게 청량을 얻게 하고, 헛되지 아니한 불허구(不虛口)로는 진실한 법을 말하고, 성실하게 굴리는 실전구(實轉口)로는 꿈에서도 헛된 말을 않고, 존중구(尊重口)로는 제석천왕·범천왕·사천왕을 공경하고 존중하며, 매우 깊은 심심구(甚深口)로는 법성(法性)을 나타내어 보이고, 견고구(堅固口)로는 불퇴전(不退轉)의 법(法)을 말하고, 정직구(正直口)로는 빼어난 말재주를 갖추고, 장엄구(莊嚴口)로는 때와 업에 맞게 잘 설명하고, 모든 지혜의 입인 일체지구(一切智口)로는 응하는 바를 따라 모두를 해탈케 하여지이다.

원하옵건대 사생 육도의 일체 중생 모두가 모든 부처님과 보살님의 청정구업(淸淨口業)을 고루 갖추어지이다.

또한 원하옵건대 시방의 일체 중생이 오늘부터 태어나는 곳에서 각각 모든 부처님과 대보살님의 불가사의한 대지혜심들을 얻어지이다. 곧 항상 번뇌를 떠나고자 하는 염리번뇌심(厭離煩惱心)과 맹리심(猛利心)과 견강심(堅强心)과 금강심(金剛心)과 불퇴심(不退心)과 청정심(淸淨心)과 명료심(明了心)과 선심(善心)과 장엄심(莊嚴心)과 광대심(廣大心)이 그것입니다.

이와 같이 크게 지혜로운 마음의 힘에 의해, 법을 들을 때 스스로 알게 되고, 자비한 마음[慈心]으로 사람을 대하여 모든 원결을 끊고, 수치를 알기 때문에 항상 부끄러운 마음을 품고, 너와 남을 구별하지 않음이 선지식과 같고, 보시·지계·인욕·정진·선정·지혜를 수행하는 사람을 보면 환희심을 내고, 원수와 친한 이를 한결같이 관찰하여 교만한 마음이 없으며, 다른 이의 선악과 장단을 말하지 않으며, 누구의 사이가 좋고 나쁜 것을 전하지 아니하고, 부처님의 공덕을 찬탄하고, 경전 배우기를 좋아하고, 중생을 애호하되 내 몸과 같이하고, 복을 짓는 이를 비방하지 아니하고, 자비한 마음으로 화합하되 성중(聖衆)들과 같이하여, 보살님들과 함께 등정각을 이루어지이다. (절)

2. 위육도예불 爲六道禮佛

1) 봉위천도예불 奉爲天道禮佛 [천인들을 위한 예불]

오늘 이 도량의 동업 대중이여, 모든 천신과 신선과 일체 선신은 중생들에게 무량하고 불가사의한 은덕을 베풀고, 중생들과 함께 안락을 누리고, 은근하게 수호하되 선한 일만을 따르느니라. 어떻게 그러한 줄을 아는가?

부처님은 　제두뢰타(提頭賴陀) 　천왕에게 　명하시어
자비로운 　마음 품고 　경 읽는이 　옹호하되
자비라는 　이름자만 　듣게 되는 　경우라도
천자들이 　법(法)의 신하 　보호하듯 　하게 했네
여래께서 　또 이발라(伊鉢羅) 　용왕에게 　명하시어
자비로운 　마음 품고 　경 읽는이 　옹호하되
눈 아픔을 　마다하고 　사랑하는 　아들 향해
밤낮없이 　바라보고 　보호할 것 　지시했네
또 엽파(閻婆)와 　나찰자(羅刹子)와 　독룡들과 　용녀에게
자비로운 　마음 품고 　경 읽는이 　옹호하되
그 누구도 　정수리를 　마음대로 　못 만지듯
이 사람을 　건드리지 　못하도록 　명하였네
비류륵가(毘留勒迦) 　왕에게도 　또한 명해 　이르기를
자비로운 　마음 품고 　경 읽는이 　옹호하되

어머니가 외아들을 지극하게 사랑하듯
밤낮으로 함께하며 옹호하라 하셨도다
발난타와 사가라와 우바타와 난타용왕
이들 사대 용왕에게 명령하여 이르기를
자비로운 마음 품고 경 읽는 이 옹호하되
공경하고 공양하고 발에 예경 하라셨네
이는 마치 천인들이 제석천왕 받들 듯이
또한 효자 부모님을 정성다해 모시듯이
이 자비의 도량에다 안락함을 베풀어서
많은 중생 교화하고 법의 친척 되게 하여
후생에는 불전(佛前)에서 삼매 속에 들어가서
마침내는 불퇴전의 경지 얻게 함이로다
시방세계 제불들의 명호 듣는 이들이나
무변신과 관세음의 보살 명호 듣는 이들
삼장(三障) 모두 소멸하고 모든 악을 없애어서
불(佛)의 오안(五眼) 구족하고 무상보리 성취토록
여러 천(天)과 신왕(神王)들이 그들 두루 염려하며
위신력을 베풀어서 권장하고 돕게 했네

오늘 이 도량의 동업 대중이여, 제천(諸天)과 신왕(神王)들은 은덕을 베풀어서 중생을 보호하는데, 중생들은 발심하여 그 은덕을 갚으려 하지 않느니라. 옛사람은 밥 한 그릇을 신세진 것 때문에 목숨을 버리고 몸을 잊었거늘, 하물며 제천선신과 팔부신장이 우리 중생에게 베푼 은덕에는 어떻게 해야 하는가? 그 은혜와 공덕이 그지없나니, 우리가 오늘 참회하고 발심하는 것도 모두 천왕들이 위신력으로 가피하여, 수행자를 돕고 성취하게 하는 것이니라. 만일 천왕이 돕지 아니하였다면, 이와 같은 마음도 벌써 물러갔을 것이다.

그러므로 보살마하살이 찬탄하였느니라. '선지식은 큰 인연인지라, 우리로 하여금 보리도량에 오르게 한다. 만일 선지식이 아니었던들 우리가 어떻게 부처님을 뵙게 되었겠는가? 몸을 던져도 선지식의

큰 자비를 보답할 수 없고, 목숨을 끊어도 선지식의 깊은 은덕을 갚지 못한다.'

보살마하살도 이와 같이 말하였는데, 그보다 못한 우리는 어떻게 하여야 보답할 수 있겠는가?

대중이여, 우리는 오늘 몸을 던지지도 목숨을 끊지도 못하였다. 그러나 부지런히 수행하는 것 역시 은혜를 갚는 방법이 되느니라. 이제 각자가 마땅히 마음을 가다듬어 은혜를 갚을지니, 허송세월하면서 스스로를 반성하지 아니하면 어찌 되겠는가? 앞서 말한 경축할 일도 다시 만나기 어렵고, 지금의 결과도 얻기 어렵나니, 장차를 어떻게 하랴? 기회를 한번 잃으면 어떻게 될지를 알지 못하나니, 마땅히 용맹스럽게 몸을 잊고 수행할지니라.

일을 이루려면 실패도 있기 마련이니,

마치 봄에도 겨울이 있는 것과 같으니라. 시간은 사람을 기다려주지 않나니, 목숨인들 어찌 장구하리오. 한번 이별하면 다시 만날 기약이 없느니라.

저희가 이제 노력하고 간절하게 오체투지하면서, 시방의 다함없는 모든 천왕과 여러 하늘과 그 권속들을 위해 세간의 대자대비하신 부처님께 귀명하고 예경하옵니다.

지심귀명례 미륵불 彌勒佛

지심귀명례 석가모니불 釋迦牟尼佛

지심귀명례 선서월불 善逝月佛

지심귀명례 범자재왕불 梵自在王佛

지심귀명례 사자월불 師子月佛

지심귀명례 복위덕불 福威德佛

지심귀명례 정생불 正生佛

지심귀명례 무승불 無勝佛

지심귀명례 일관불 日觀佛

지심귀명례 보명불 寶名佛

지심귀명례 대정진불 大精進佛

지심귀명례 산광불 山光佛

지심귀명례 시명불 施明佛

지심귀명례 전덕불 電德佛

지심귀명례 덕취불 德聚佛

지심귀명례 공양명불 供養名佛

지심귀명례 법찬불 法讚佛

지심귀명례 보어불 寶語佛

지심귀명례 구명불 救命佛

지심귀명례 선계불 善戒佛

지심귀명례 선중불 善衆佛

지심귀명례 정의불 定意佛

지심귀명례 희승왕불 喜勝王佛

지심귀명례 사자광불 師子光佛

지심귀명례 파유암불 破有闇佛

지심귀명례 조명불 照明佛

지심귀명례 상명불 上名佛

지심귀명례 무변신보살 無邊身菩薩

지심귀명례 관세음보살 觀世音菩薩

지심귀명례 시방 진허공계 일체삼보 十方盡虛空界 一切三寶

또한 시방의 다함없는 모든 삼보님께 귀의하옵니다.

원하옵건대 자비하신 힘으로 가피하고 섭수하시어, 시방의 다함없는 모든 천왕과 모든 하늘과 그 권속들에게 평등하고 공한 지혜[平等空慧]가 항상 나타나고, 지혜의 힘과 방편으로 무루의 도를 열며, 십지의 행과 원이 점점 더 밝아지고, 육바라밀로 마음을 닦고 사무량심으로 널리 가피하여 보살도를 행하고 부처님의 행처에 들어가며, 사홍서원으로 중생을 버리지 아니하고, 중생의 소원에 따라 법을 설하는 요설변재가 무궁하고, 좋은 방편으로 사생을 교화하고 이롭게 하여, 제10지인 법운지에 올라 항상 함께 머무는 과보를 증득하게 하여지이다. (절)

2) 봉위제선예불奉爲諸仙禮佛 [신선들을 위한 예불]

오늘 이 도량의 동업 대중들은 시방의 다함없는 모든 선주仙主와 일체 진선眞仙과 그 권속들을 위해 지극한 마음으로 간절하게 오체투지하면서 세간의 대자대비하신 부처님께 귀의하고 예경하옵니다.

지심귀명례 미륵불彌勒佛

지심귀명례 석가모니불釋迦牟尼佛

지심귀명례 이혜불利慧佛

지심귀명례 주월불珠月佛

지심귀명례 위광불威光佛

지심귀명례 블파론블 不破論佛

지심귀명례 광명블 光明佛

지심귀명례 주륜블 珠輪佛

지심귀명례 세사블 世師佛

지심귀명례 길수블 吉手佛

지심귀명례 선월블 善月佛

지심귀명례 보염블 寶焰佛

지심귀명례 라후수블 羅睺守佛

지심귀명례 요보리블 樂菩提佛

지심귀명례 등광블 等光佛

지심귀명례 지적멸블 至寂滅佛

지심귀명례 세최묘블 世最妙佛

지심귀명례 무우블 無憂佛

지심귀명례 십세력블 十勢力佛

지심귀명례 희력왕블 喜力王佛

지심귀명례 덕세력블 德勢力佛

지심귀명례 덕세블 德世佛

지심귀명례 대세력블 大勢力佛

지심귀명례 공덕장불 功德藏佛

지심귀명례 진행불 眞行佛

지심귀명례 상안불 上安佛

지심귀명례 제사불 提沙佛

지심귀명례 무변신보살 無邊身菩薩

지심귀명례 관세음보살 觀世音菩薩

지심귀명례 시방 진허공계 일체삼보 十方盡虛空界 一切三寶

   원하옵건대 자비하신 힘으로 가피하고 섭수하시어 모든 선주(仙主)와 일체 진선(眞仙)과 그 권속들이 객진번뇌(客塵煩惱)를 해탈하고, 인연의 장애를 청정하게 하며, 묘색(妙色)이 고요하여 부처님의 몸과 같고, 사무량심과 육바라밀이 항상 앞에 나타나고, 사무애지(四無礙智)와 육신통이 뜻과 같이 자재하고, 보살의 경지에 자유롭게 노닐고 출입함이 법운지 보살과 같으며, 금강심(金剛心)에 들어가 부사의한 힘으로 육도중생을 섭수하여지이다. (절)

3) 봉위범왕등예불 奉爲梵王等禮佛 [범왕들을 위한 예불]

오늘 이 도량의 동업 대중들은 범천왕과 제석천왕과 호세 사천왕과 그 권속들을 위해 세간의 지성으로 오체투지하면서 대자대비하신 부처님께 귀명하고 예경하옵니다.

지심귀명례 미륵불 彌勒佛
지심귀명례 석가모니불 釋迦牟尼佛
지심귀명례 대광불 大光佛
지심귀명례 전명불 電明佛
지심귀명례 광덕불 廣德佛
지심귀명례 진보불 珍寶佛
지심귀명례 복덕명불 福德明佛
지심귀명례 조개불 造鎧佛
지심귀명례 성수불 成手佛
지심귀명례 선화불 善華佛

지심귀명례 집보불 集寶佛

지심귀명례 대해지불 大海智佛

지심귀명례 지지덕불 持地悳佛

지심귀명례 의의맹불 義意猛佛

지심귀명례 선사유불 善思惟佛

지심귀명례 덕륜불 德輪佛

지심귀명례 보화불 寶火佛

지심귀명례 이익불 利益佛

지심귀명례 세월불 世月佛

지심귀명례 미음불 美音佛

지심귀명례 범상불 梵相佛

지심귀명례 중사수불 衆師首佛

지심귀명례 사자행불 師子行佛

지심귀명례 난시불 難施佛

지심귀명례 응공불 應供佛

지심귀명례 명위덕불 明威德佛

지심귀명례 대광왕불 大光王佛

지심귀명례 무변신보살 無邊身菩薩

지심귀명례 관세음보살 觀世音菩薩
지심귀명례 시방 진허공계 일체삼보 十方盡虛空界 一切三寶

　원하옵건대 자비하신 힘으로 가피하고 섭수하시어 범천왕과 제석천왕과 호세 사천왕과 그 권속들에게 육바라밀과 사무량심이 밤낮으로 증장하고, 사무애변이 나날이 자라나며, 팔자재(八自在)와 육신통을 구족하고 모든 삼매와 다라니가 생각대로 앞에 나타나며, 자비로 널리 덮어서 시방의 사생을 백복(百福)으로 장엄하고 만 가지 선한 일이 원만하며, 과거 현재 미래를 다 아는 삼달지(三達智)가 열리고 천안통을 구족하며, 법륜왕(法輪王)이 되어 육도중생을 포섭하여 교화하여지이다. (절)

자비도량참법 제8권

자비도량참법 제8권을 행하면서 지극한 마음으로 삼세의 부처님께 귀의하옵니다.

천상 인간 세상에서 부처님이 제일이니
시방 세계 어디에도 견줄 이가 결코 없네
이 세간의 모든 것들 하나하나 다 보아도
부처님과 같은 이는 하늘 아래 다시 없네

지심귀명례 과거 비바시불 過去毘婆尸佛

지심귀명례 시기불 尸棄佛

지심귀명례 비사부불 毘舍浮佛

지심귀명례 구류손불 拘留孫佛

지심귀명례 구나함모니불 拘那含牟尼佛

지심귀명례 가섭불 迦葉佛

지심귀명례 본사 석가모니불 本師釋迦牟尼佛

지심귀명례 당래 미륵존불 當來彌勒尊佛

4) 봉위아수라도일체선신예불 奉爲阿修羅渡一切善神禮佛 [아수라와 일체 선신을 위한 예불]

오늘 이 도량의 동업 대중들은 다시 지성으로 오체투지하면서 시방의 다함없는 아수라왕과 모든 아수라와 그 권속들을 위하고, 총명 정직함으로 시방의 다함없는 천지 허공에서 선을 권장하고 악을 형벌하는 이와 주문을 수호하는 이, 안팎과 가깝고 먼 곳과 동서남북 사유四維 상하의 다함없는 모든 법계에서 대신족력大神足力과 대위덕력大威德力을 갖춘 팔부신왕과 팔부신장과 그 권속들을 위해, 일체 세간의 대자대비하신 부처님께 귀명하고 예경하옵니다.

지심귀명례 미륵불 彌勒佛
지심귀명례 석가모니불 釋迦牟尼佛
지심귀명례 보명불 寶明佛
지심귀명례 중청정불 衆淸淨佛

지심귀명례 무변명불 無邊名佛

지심귀명례 불허광불 不虛光佛

지심귀명례 성천불 聖天佛

지심귀명례 지왕불 智王佛

지심귀명례 금강중불 金剛衆佛

지심귀명례 선장불 善障佛

지심귀명례 건자불 建慈佛

지심귀명례 화국불 華國佛

지심귀명례 법의불 法意佛

지심귀명례 풍행불 風行佛

지심귀명례 선사명불 善思名佛

지심귀명례 다명불 多明佛

지심귀명례 밀중불 密衆佛

지심귀명례 공덕수불 功德守佛

지심귀명례 이의불 利意佛

지심귀명례 무구불 無懼佛

지심귀명례 견관불 堅觀佛

지심귀명례 주법불 住法佛

지심귀명례 주족불 珠足佛

지심귀명례 해탈덕불 解脫德佛

지심귀명례 묘신불 妙身佛

지심귀명례 선고불 善高佛

지심귀명례 보덕불 普德佛

지심귀명례 무변신보살 無邊身菩薩

지심귀명례 관세음보살 觀世音菩薩

지심귀명례 시방 진허공계 일체삼보 十方 盡虛空界 一切三寶

  원하옵건대 자비의 힘으로 가피하고 보호하시어, 아수라왕과 모든 아수라와 그 권속들, 총명 정직함으로 천지 허공에서 선을 권장하고 악을 벌주는 이와 주문을 수호하는 이, 팔부신왕과 팔부신장과 그 권속들이 객진번뇌 客塵煩惱 를 해탈하고, 인연의 장애를 청정하게 하고, 대승심을 발하여 장애 없는 도를 닦아서, 사무량심과 육바라밀이 항상 앞에 나타나고, 사무애변재와 육신통이 뜻과 같이 자재하며, 항상 자비로 중생을 구호하고 보살도를 행하여, 부처님 지혜 속으로 들어가 금강심을 얻고 등정각을 이루어지이다. (절)

5) 봉위용왕예불 奉爲龍王禮佛 [용왕을 위한 예불]

오늘 이 도량의 동업 대중들은 다시 지성으로 오체투지하면서, 시방의 다함없는 모든 부사의한 용왕인 묘화(妙化)용왕·두화제(頭化堤)용왕·오방(五方)용왕·천(天)용왕·지(地)용왕·산(山)용왕·해(海)용왕·일궁(日宮)용왕·월궁(月宮)용왕·성궁(星宮)용왕·세시(歲時)용왕·청해(靑海)용왕·호형명(護形命)용왕·호중생(護衆生)용왕을 비롯하여, 시방의 안팎과 가깝고 먼 곳과 동서남북 사유 상하의 다함없는 법계에서 대신족(大神足)과 대위덕(大威德)의 힘을 갖춘 일체 용왕과 일체 용신과 그 권속들을 위해 세간의 대자대비한 부처님께 귀명하고 예경하옵니다.

지심귀명례 미륵불 彌勒佛
지심귀명례 석가모니불 釋迦牟尼佛
지심귀명례 묘지불 妙智佛
지심귀명례 범재불 梵財佛
지심귀명례 실음불 實音佛
지심귀명례 정지불 正智佛
지심귀명례 역득불 力得佛
지심귀명례 사자의불 師子意佛
지심귀명례 화상불 華相佛
지심귀명례 적지불 積智佛
지심귀명례 화치불 華齒佛
지심귀명례 공덕장불 功德藏佛
지심귀명례 명실불 名實佛
지심귀명례 희유명불 希有名佛
지심귀명례 상계불 上戒佛

지심귀명례 무외불 無畏佛

지심귀명례 일명불 日明佛

지심귀명례 범수불 梵壽佛

지심귀명례 일체천불 一切天佛

지심귀명례 요지불 樂智佛

지심귀명례 보천불 寶天佛

지심귀명례 주장불 珠藏佛

지심귀명례 덕유포불 德流布佛

지심귀명례 지왕불 智王佛

지심귀명례 무박불 無縛佛

지심귀명례 견법불 堅法佛

지심귀명례 천덕불 天德佛

지심귀명례 무변신보살 無邊身菩薩

지심귀명례 관세음보살 觀世音菩薩

지심귀명례 시방 진허공계 일체삼보 十方盡虛空界一切三寶

　원하옵건대 자비의 힘으로 가피하고 섭수하시어, 모든 용왕과 그 권속들의 광명이 더욱 빛나고 신통이 자재하며, 상 없음[無相]을 알아서 인연의 장애를 끊고 악도(惡道)를 영원히 벗어나 정토에 태어나며, 사무량심과 육바라밀이 항상 앞에 나타나고, 사무애변재와 육신통이 뜻과 같이 자재하며, 자비심으로 모든 이를 건지고 묘한 행으로 장엄하며, 법운지(法雲地)를 거쳐 금강심에 들어가서 등정각을 이루어지이다. (절)

6) 봉위마왕예불 奉爲魔王禮佛 [마왕을 위한 예불]

오늘 이 도량의 동업 대중들은 다시 지성으로 오체투지하면서, 대마왕(大魔王)과 오제대마(五帝大魔)를 비롯하여 동서남북 사유 상하의 다함이 없는 법계에 있는 모든 마왕과 그 권속들을 위해 일체 세간의 대자대비하신 부처님께 귀명하고 예경하옵니다.

지심귀명례 미륵불 彌勒佛

지심귀명례 석가모니불 釋迦牟尼佛

지심귀명례 범모니불 梵牟尼佛

지심귀명례 안상행불 安詳行佛

지심귀명례 근정진불 勤精進佛

지심귀명례 염견불 焰肩佛

지심귀명례 대위덕불 大威德佛

지심귀명례 담복화불 薝蔔華佛

지심귀명례 환희불 歡喜佛

지심귀명례 선중불 善衆佛

지심귀명례 제당불 帝幢佛

지심귀명례 대애불 大愛佛

지심귀명례 수만색불 須蔓色佛

지심귀명례 중묘불 衆妙佛

지심귀명례 가락불 可樂佛

지심귀명례 선정의불 善定義佛

지심귀명례 우왕불 牛王佛

지심귀명례 묘비불 妙臂佛

지심귀명례 대거불 大車佛
지심귀명례 만원불 滿願佛
지심귀명례 덕광불 德光佛
지심귀명례 보음불 寶音佛
지심귀명례 금강군불 金剛軍佛
지심귀명례 부귀불 富貴佛
지심귀명례 세력행불 勢力行佛
지심귀명례 사자력불 師子力佛
지심귀명례 정목불 淨目佛
지심귀명례 무변신보살 無邊身菩薩
지심귀명례 관세음보살 觀世音菩薩
지심귀명례 시방 진허공계 일체삼보 十方 盡虛空界 一切三寶

    원하옵건대 자비의 힘으로 가피하고 보호하시어, 대마왕과 오제대마왕과 일체 마왕과 그 권속들이 시작 없는 옛적부터 오늘에 이르기까지 인연따라 일으킨 모든 장애들이 다 청정하여져서 일체 죄업을 소멸하고 모든 괴로움을 다 해탈하며, 사무량심과 육바라밀이 항상 앞에 나타나고, 사무애지(四無礙智)와 육신통력이 뜻과 같이 자재하며, 쉬지 않고 보살도를 행하여 먼저 중생을 제도한 연후에 성불하여지이다. (절)

7) 봉위부모예불 奉爲父母禮佛 [부모를 위한 예불]

오늘 이 도량의 동업 대중이여, 다시 오체투지하면서, 모름지기 부모님께서 양육해준 은혜를 생각할지니라. 품에 안고 젖먹이든 애정이 깊고 깊어, 차라리 내 몸이 위태로울지언정 자식은 편안하게 해주고자 하며, 차츰 장성하면 인(仁)과 예절을 가르치며, 스승을 구하여 경전을 배우게 하느니라. 어느 때나 사람되기를 바라며, 마땅히 뒷바라지해야 할 것에는 재산을 아끼지 아니하며, 늘 자식을 염려함이 깊어 병이 되고 누워도 자리가 편안하지 못하니, 천하에 그와 같은 은혜는 둘도 없느니라. 그러기에 부처님께서 '천하의 은혜에 부모보다 더한 것이 없다'고 하신 것이다.

만약 집을 떠난 사람이 도를 얻지 못할지라도, 학업을 부지런히 닦아 선한 일을 폐하지 않고 덕 쌓기를 그치지 않으면, 능히 부모의 애쓰신 은혜를 보답할 수 있느니라.

모름지기 지극한 마음으로 간절하게 오체투지하면서, 의식이 생겨난 후부터 오늘에 이르기까지 여러 생의 부모 되었던 분과 많은 겁 동안 친척되었던 분과 모든 권속들을 위해 세간의 대자대비하신 부처님께 귀의하옵니다.

지심귀명례 미륵불 彌勒佛

지심귀명례 석가모니불 釋迦牟尼佛

지심귀명례 지취불 智聚佛

지심귀명례 조어불 調御佛

지심귀명례 여왕불 如王佛

지심귀명례 화상불 華相佛

지심귀명례 라후라불 羅睺羅佛

지심귀명례 대약불 大藥佛

지심귀명례 수왕불 宿王佛

지심귀명례 화왕불 華王佛

지심귀명례 덕수불 德手佛

지심귀명례 득차가불 得叉迦佛

지심귀명례 유포왕불 流布王佛

지심귀명례 일광불 日光佛

지심귀명례 법장불 法藏佛

지심귀명례 묘음불 妙音佛

지심귀명례 덕주불 德主佛

지심귀명례 금강중불 金剛衆佛

지심귀명례 혜정불 慧頂佛

지심귀명례 선주불 善住佛

지심귀명례 의행불 意行佛

지심귀명례 범음불 梵音佛

지심귀명례 사자불 師子佛

지심귀명례 뇌음불 雷音佛

지심귀명례 통상불 通相佛

지심귀명례 안은불 安隱佛

지심귀명례 혜음불 慧陰佛

지심귀명례 무변신보살 無邊身菩薩

지심귀명례 관세음보살 觀世音菩薩

지심귀명례 시방 진허공계 일체삼보 十方 盡虛空界 一切三寶

　원하옵건대 자비하신 힘으로 가피하고 섭수하시어, 부모와 친척과 그 권속들이 오늘부터 무상보리에 이를 때까지 일체의 죄장(罪障)을 다 없애고, 일체의 괴로움을 마침내 해탈하며, 맺고 익힌 습(習)과 번뇌를 완전히 청정하게 하여, 지옥·아귀·축생·아수라계를 하직하고 불국토에 자재하게 왕생하며, 모시던 부처님께서 앞에 나타나 수기를 하며, 사무량심과 육바라밀이 항상 떠나지 아니하고 사무애지와 육신통력이 뜻과 같이 자재하며, 부처님의 십력(十力)을 얻고 32상 80종호로 몸을 장엄하여, 함께 도량에 앉아 등정각을 이루어지이다. (절)

8) 봉위과거부모예불 奉爲過去父母禮佛
[과거생의 부모를 위한 예불]

오늘 이 도량의 동업 대중이여, 어려서 부모를 여읜 이는 그 부모를 다시 만날 수가 없고 생각만 아득할 뿐이요 신통이나 천안통을 얻지 못하였기에 부모의 영혼이 어느 세상에 태어났는지 또한 알 수가 없도다. 마땅히 선근을 심어 천도를 해줌으로써 보은(報恩)할 것이니, 선한 일 하기를 쉬지 아니하면 공이 이루어지고, 정성에 감동을 하느니라.

경에 이르셨느니라.

"망인을 위해 복을 지으면 멀리 간 그 사람에게 도움을 줄 수 있나니, 만일 인간 세상이나 천상에 태어났으면 공덕이 증장할 것이요, 삼악도에 태어났거나 팔난(八難) 속에 처해있으면 속히 해탈할 것이며, 다시 태어나 부처님을 만났으면 정법(正法)의 가르침을 받아 모든 고통을 영원히 벗어나고 깨달음을 얻게 되느니라. 그러므로 지난 일곱 생(生)의 선망 부모와 여러 겁의 친척들로 하여금 근심을 모두 없애고 해탈을 얻게 하는 것이 지혜로운 이가 지극한 효도로 은혜를 보답하는 최상의 방법이니라."

오늘 저희는 마땅히 슬퍼하고 근심하고

목메어 통곡하고 오체투지하면서, 과거의 부모와 누겁의 친척들을 위해 세간의 대자대비하신 부처님께 귀의하옵니다.

지심귀명례 미륵불 彌勒佛
지심귀명례 석가모니불 釋迦牟尼佛
지심귀명례 범왕불 梵王佛
지심귀명례 대우왕불 大牛王佛
지심귀명례 이타목불 利陀目佛
지심귀명례 용덕불 龍德佛
지심귀명례 실상불 實相佛
지심귀명례 장엄불 莊嚴佛
지심귀명례 불몰음불 不沒音佛
지심귀명례 화지불 華持佛
지심귀명례 음득불 音得佛
지심귀명례 사자불 師子佛
지심귀명례 장엄사불 莊嚴辭佛
지심귀명례 용지불 勇智佛

지심귀명례 화적불 華積佛
지심귀명례 화개불 華開佛
지심귀명례 역행불 力行佛
지심귀명례 덕적불 德積佛
지심귀명례 상형색불 上形色佛
지심귀명례 명요불 明曜佛
지심귀명례 월등불 月燈佛
지심귀명례 위덕왕불 威德王佛
지심귀명례 보리왕불 菩提王佛
지심귀명례 무진불 無盡佛
지심귀명례 보리안불 菩提眼佛
지심귀명례 신충만불 身充滿佛
지심귀명례 혜국불 慧國佛
지심귀명례 무변신보살 無邊身菩薩
지심귀명례 관세음보살 觀世音菩薩
지심귀명례 시방 진허공계 일체삼보 十方盡虛空界一切三寶

원하옵건대 대자비의 힘으로 구호하고

영접하시어, 과거의 부모와 누겁의 권속들이 오늘부터 보리도량에 이를 때까지 모든 죄업이 다 소멸되고 모든 괴로움이 영원히 사라지며, 번뇌로 맺은 업들이 마침내 청정하여져서, 삼장(三障)의 인연이 끊어지고 다섯 가지 두려움이 없어지며, 보살도를 행하여 모든 것을 교화하고, 팔해탈로 마음을 씻고, 사홍서원으로 중생을 건져 자비하신 얼굴을 뵈오며, 미묘한 말씀을 듣고 제자리에서 일어나 기도 전에 모든 번뇌를 다하며, 마음대로 소요하면서 여러 부처님 세계를 두루 다니고, 행과 원을 성취하여 빨리 정각에 올라지이다. (절)

9) 봉위사장예불 奉爲師長禮佛 [스승을 위한 예불]

오늘 이 도량의 동업 대중이여, 이미 부

모와 친척들을 위하여 예불하였으니, 이제는 스승의 은덕을 생각해야 하느니라. 무슨 까닭인가? 부모는 우리를 낳아 길렀지만 우리로 하여금 능히 악취에서 벗어나게 하지는 못하였도다. 그러나 스승은 우리에게 무량한 은덕을 베풀었나니, 자비로 권장하여 선한 일을 수행케 하고, 생사에서 벗어나 피안에 이르게 하고, 매사에 이익 되게 하고 부처님을 보게 하며, 번뇌를 끊어 영원히 무위(無爲)에 있게 하시나니, 이러한 은덕을 누가 능히 갚을 것인가? 만약 종신토록 도를 행한다 해도 이는 스스로를 이익 되게 할 뿐, 스승의 은덕을 갚는 것은 아니니라.

그러므로 부처님께서 이르시기를, '천하의 선지식 중에 스승보다 더 좋은 이가 없나니, 능히 스스로도 제도하고 다른 이도 제도한다'고 하셨느니라.

우리가 다행히 출가하여 구족계를 받았으니, 이 중한 은혜는 스승에게서 받은 것이다. 어찌 이 은혜를 생각지 아니하랴.

이제 저희는 지극한 마음으로 간절하게 오체투지하면서, 화상과 아사리와 같은 단(壇)에 계신 종사(宗師)들과 상·중·하좌와 그 각각의 권속들을 위해 세간의 대자대비하신 부처님께 귀의하옵니다.

지심귀명례 미륵불 彌勒佛

지심귀명례 석가모니불 釋迦牟尼佛

지심귀명례 최상불 最上佛

지심귀명례 청량조불 淸凉照佛

지심귀명례 혜덕불 慧德佛

지심귀명례 묘음불 妙音佛

지심귀명례 도사불 導師佛

지심귀명례 무애장불 無碍藏佛

지심귀명례 상시불 上施佛

지심귀명례 대존불 大尊佛

지심귀명례 지력세불 智力勢佛

지심귀명례 대염불 大焰佛

지심귀명례 제왕불 帝王佛

지심귀명례 제력불 制力佛

지심귀명례 위덕불 威德佛

지심귀명례 선명불 善明佛

지심귀명례 명문불 名聞佛

지심귀명례 단엄불 端嚴佛

지심귀명례 무진구불 無塵垢佛

지심귀명례 위의불 威儀佛

지심귀명례 사자군불 師子軍佛

지심귀명례 천왕불 天王佛

지심귀명례 명성불 名聲佛

지심귀명례 수승불 殊勝佛

지심귀명례 대장불 大藏佛

지심귀명례 복덕광불 福德光佛

지심귀명례 범문불 梵聞佛

지심귀명례 무변신보살 無邊身菩薩
지심귀명례 관세음보살 觀世音菩薩
지심귀명례 시방 진허공계 일체삼보 十方盡虛空界 一切三寶

　원하옵건대 자비하신 힘으로 가피하고 섭수하시어, 화상과 아사리와 같은 단에 계신 증명법사와 상·중·하좌와 그 각각의 권속들이, 금일부터 보리도량에 앉을 때까지 모든 죄장이 모두 청정하여져서, 모든 괴로움을 해탈하고 일체 번뇌를 다 끊고 마음대로 모든 부처님의 정토에 왕생하여 무상보리의 행원을 모두 구족하되, 재물의 보시가 무진하고 법의 보시가 무진하고 복덕이 무진하고 안락이 무진하고 수명이 무진하고 지혜가 무진하며, 사무량심과 육바라밀이 항상 앞에 나타나고 사무애지와 육신통력이 뜻과 같이 자재하며 수능엄삼매 속에서 금강신을 얻어, 본

래의 서원을 버리지 않은 채 중생을 제도
하여지이다. (절)

10) 봉위시방비구비구니예불奉爲十方比丘比丘尼
禮佛[시방의 비구와 비구니를 위한 예불]

오늘 이 도량의 동업 대중은 이 예배의 차례에 오체투지를 한 번 더 첨가하오니, 다함없는 시방법계의 현재와 미래의 모든 비구·비구니·식차마나·사미·사미니와 그 각각의 권속들을 위하고, 시방의 다함없는 모든 우바새·우바이와 그 각각의 권속들, 또 그 동안의 시주 단월과 선지식과 악지식과 인연 있는 이와 인연 없는 이와 그 각각의 권속들, 인간세상의 모든 인류와 그 권속들을 위해, 오늘 자비심을 발하여 세간의 대자대비하신 부처님께 귀의하옵니다.

지심귀명례 미륵불 彌勒佛

지심귀명례 석가모니불 釋迦牟尼佛

지심귀명례 등왕불 燈王佛

지심귀명례 지정불 智頂佛

지심귀명례 상천불 上天佛

지심귀명례 지왕불 地王佛

지심귀명례 지해탈불 至解脫佛

지심귀명례 금계불 金髻佛

지심귀명례 라후일불 羅睺日佛

지심귀명례 막능승불 莫能勝佛

지심귀명례 모니정불 牟尼淨佛

지심귀명례 선광불 善光佛

지심귀명례 금제불 金齊佛

지심귀명례 중덕천왕불 衆德天王佛

지심귀명례 법익불 法益佛

지심귀명례 덕비불 德臂佛

지심귀명례 앙가타불 鴦伽陀佛

지심귀명례 미묘혜불 美妙惠佛

지심귀명례 미의불 微意佛

지심귀명례 제위덕불 諸威德佛

지심귀명례 사자발불 師子髮佛

지심귀명례 해탈상불 解脫相佛

지심귀명례 위상불 威相佛

지심귀명례 단류불 斷流佛

지심귀명례 혜장불 慧藏佛

지심귀명례 지취불 智聚佛

지심귀명례 무애찬불 無礙讚佛

지심귀명례 무변신보살 無邊身菩薩

지심귀명례 관세음보살 觀世音菩薩

지심귀명례 시방 진허공계 일체삼보 十方盡虛空界一切三寶

    원하옵건대 자비하신 힘으로 가피하고 보호하시어, 시방의 다함없는 모든 비구·비구니·식차마나·사미·사미니와 그 각각의 권속들, 시방의 일체 우바새·우바이와 그 각각의 권속들, 또 지금까지의 시주 단월과 선지식과 악지식과 인연 있는 이와 인연 없는 이와 그 각각의 권속들, 인간세상의 모든 인류들이, 시작없는 옛적부터 오늘에 이르기까지 지은 모든 번뇌가 다 끊어지고 모든 업장이 다 청정하여지고, 모든 죄업이 다 소멸되고 모든 괴로움을 다 해탈하여, 삼장(三障)의 업을 여의고 다섯 가지 두려움이 모두 사라지며, 사무량심과 육바라밀이 항상 앞에 나타나고 사무애지와 육신통력이 뜻과 같이 자재하며, 보살행을 행하여 일승도(一乘道)에 들어가서 그지없이 많은 일체 중생을 제도하여지이다. (절)

11) 봉위시방과거비구비구니예불 奉爲十方過去比丘比丘尼禮佛 [시방의 과거 비구와 비구니를 위한 예불]

오늘 이 도량의 동업 대중은 다시 시방의 다함없는 모든 과거의 비구·비구니·

식차마나·사미·사미니와, 과거의 우바새·우바이와, 시방 속에 있는 일체 인간 세계의 인류가 되어 목숨을 지녔던 이들, 그리고 그 각각의 권속들을 위해 오늘 자비심을 발하되, 모든 부처님과 같은 마음과 서원으로 모두를 위해 지성으로 오체투지하면서 세간의 대자대비하신 부처님께 귀의하옵니다.

지심귀명례 미륵불 彌勒佛
지심귀명례 석가모니불 釋迦牟尼佛
지심귀명례 보취불 寶聚佛
지심귀명례 선고불 善高佛
지심귀명례 산왕상불 山王相佛
지심귀명례 법정불 法頂佛
지심귀명례 해탈덕불 解脫德佛
지심귀명례 선단엄불 善端嚴佛
지심귀명례 길신불 吉身佛

지심귀명례 애어불 愛語佛

지심귀명례 사자리불 師子利佛

지심귀명례 화루나불 和樓那佛

지심귀명례 사자법불 師子法佛

지심귀명례 법력불 法力佛

지심귀명례 애락불 愛樂佛

지심귀명례 찬부동불 讚不動佛

지심귀명례 중명왕불 衆明王佛

지심귀명례 각오중생불 覺悟衆生佛

지심귀명례 묘안불 妙眼佛

지심귀명례 의주의불 意住義佛

지심귀명례 광조불 光照佛

지심귀명례 향덕불 香德佛

지심귀명례 영희불 令喜佛

지심귀명례 불허행불 不許行佛

지심귀명례 멸에불 滅恚佛

지심귀명례 상색불 上色佛

지심귀명례 선보불 善步佛

지심귀명례 무변신보살 無邊身菩薩
지심귀명례 관세음보살 觀世音菩薩
지심귀명례 시방 진허공계 일체삼보 十方盡虛空界一切三寶

　원하옵건대 자비하신 힘으로 구호하고 건져주시어, 과거의 일체 비구·비구니·식차마나·사미·사미니와 그 각각의 권속들, 과거의 일체 우바새·우바이와 그 각각의 권속들 중에, 지옥의 괴로움을 받고 있는 이와 아귀의 괴로움을 받고 있는 이와 축생의 괴로움을 받고 있는 이는 오늘 곧 모두 해탈하여, 팔난을 여의고 팔복(八福)을 받으며, 악도를 버리고 정토에 나며, 재물의 보시가 무진하고 법보시가 무진하고 복덕이 무진하고 안락이 무진하고 수명이 무진하고 지혜가 무진하며, 사무량심과 육바라밀이 항상 앞에 나타나고, 사무애지와 육신통력이 뜻과 같이 자재하여, 항상 부처님을 뵈옵고 법문을 듣고 보살도를 행하고 용맹정진하기를 쉬지 아니하여, 마침내 아뇩다라삼먁삼보리를 이루고 모든 중생들을 널리 제도하여지이다. (절)

자비도량참법 제9권

자비도량참법 제9권을 행하면서 지극한 마음으로 삼세의 부처님께 귀의하옵니다.

천상 인간 세상에서 부처님이 제일이니
시방 세계 어디에도 견줄 이가 결코 없네
이 세간의 모든 것들 하나하나 다 보아도
부처님과 같은 이는 하늘 아래 다시 없네

지심귀명례 과거 비바시불 過去毘婆尸佛
지심귀명례 시기불 尸棄佛
지심귀명례 비사부불 毘舍浮佛
지심귀명례 구류손불 拘留孫佛
지심귀명례 구나함모니불 拘那含牟尼佛
지심귀명례 가섭불 迦葉佛
지심귀명례 본사 석가모니불 本師釋迦牟尼佛
지심귀명례 당래 미륵존불 當來彌勒尊佛

12) 봉위아비지옥예불 奉爲阿鼻地獄禮佛
[아비지옥 중생을 위한 예불]

오늘 이 도량의 동업 대중이여, 삼보님께 귀의한 후부터 여기에 이르도록, '만법에 차별이 있어 공용(功用)이 한결같지 않다'고 번번이 말하였으나, 밝고 어둡게 작용하는 것으로 보면 선과 악뿐이니라. 선한 것은 인간이나 천상의 좋은 갈래요, 악한 것은 삼악도 등의 다른 갈래로, 인의(仁義)를 수행하면 좋은 곳에 나고, 남에게 모질게 굴고 해치게 되면 나쁜 곳에 나느니라.

좋은 데 사는 이는 업이 선한 때문일 뿐 경쟁을 해서 얻은 것이 아니므로, 자연의 빼어난 즐거움을 받아 자유롭게 노닐고 해탈하느니라.

나쁜 곳에 떨어지는 이는 업이 나쁘기 때문이니, 화성(火城)이나 철망(鐵網) 속에 있게 되고, 먹는 것은 철환과 뜨거운 쇠요 마시는 것은 끓는 돌과 구리물이며, 수명은 천지보다 오래고 겁수(劫數)는 무궁무진하도다. 또 지옥의 고통은 부모 자식도 대신 받을 수 없나니, 영혼이 이 몸을 떠나면 식심이 저 곳에 나게 되어, 칼이 달린 바퀴가 몸을 자르고, 불과 맷돌이 몸의 형상을 훼손시키느니라.

하지만 수명이 촉박하지 않기 때문에 오래오래 고통을 받게 되며, 비록 지옥에서 나오더라도 다시 아귀로 태어나 입으로 불을 토하면서 목숨을 부지하느니라. 아귀는 죽어서 다시 축생계에 떨어져 온갖 고통을 받나니, 살을 남의 잔치에 공급하느라 제명대로 살지 못하며, 그 살을 솥에 삶아 교자상에 올려놓느니라. 또한 무거운 짐을 싣고 오랫동안 달리거나 험난한 곳으로 몰려다니느니라. 이것이 삼악도의 고통이니, 긴 밤을 새며 말하여도 다

설명하기 어려우니라.

이와 같이 좋고 나쁜 것이 분명하건만 믿는 이는 없고, 오히려 '나' 스스로의 관념에 사로잡혀 의혹을 일으키며, 의혹 때문에 다분히 선한 쪽으로 향하지 못하느니라.

그러므로 부처님께서 이르셨다.

"세상에는 열 가지 일이 있는데 이로 인해 죽어서 삼악도로 들어가고, 선한 일에 전념하지 않고 공덕을 쌓지도 못한다. 무엇이 열 가지인가?
① 음식을 탐냄이 주린 호랑이 같고
② 주색에 빠져 성내기를 좋아하고
③ 항상 어리석어 남의 충고를 듣지 않고
④ 제 역량껏 나쁜 일을 함부로 하고
⑤ 살생하기를 좋아하고
⑥ 연약한 이를 업신여기고

⑦ 악인과 당파를 지어 다른 이를 침해하고
⑧ 진실하게 말하지 않고
⑨ 모든 이를 사랑하지 않고
⑩ 쉼없이 악업을 일으키는 것이니
　이런 사람은 오래 살지 못하고 죽어 삼악도에 들어가느니라."

　오늘 이 도량의 동업 대중이여, 부처님 말씀이 이와 같으니 누가 능히 벗어날 수 있겠는가? 이미 지옥에 들어갈 죄를 지어 벗어나지 못할 것 같으면, 마음을 다잡아 스스로 방일하지 말고 시간을 다투어 보살도를 행할지니라. 바른 법을 부지런히 구하여 중생을 이롭게 하면, 먼저 스스로의 죄를 멸하게 되고 다른 이의 복도 생겨나게 하여, 자기도 이롭게 하고 남도 이롭게 하나니, 나와 남이 다를 것이 없느니라.

우리 모두 오늘부터 용맹심을 일으키고 견고한 마음을 일으키고 자비심을 일으켜서, 모든 중생을 구제하고자 할지니, 보리도량에 앉을 때까지 이 서원을 잊지 말지니라.

시방의 다함없는 부처님과 대보살들의 대신통력과 대자비력과 지옥을 벗어나게 하는 힘과 아귀를 제도하는 힘과 축생을 구제하는 힘과 대신주력(大神呪力)과 대위맹력(大威猛力)에 의해, 우리의 하는 일에 이익을 얻게 되고 서원을 성취하게 되느니라.

이제 저희가 간절히 오체투지하면서, 아비지옥에서 고통받는 중생을 비롯하여 흑암지옥(黑闇地獄)·18한지옥(寒地獄)·18열지옥(熱地獄)·18도륜지옥(刀輪)·검림지옥(劍林)·화거지옥(火車)·비시지옥(沸屎)·확탕지옥(鑊湯)과 그에 딸린 8만 4천의 지옥 속에서 고통을 받고 있는 일체 중생들을 위해, 저희의 보리심과 보리행과 보리원으로 그들을 대신하여 세간의 대자대비하신 부처님께 귀의하옵니다.

지심귀명례 미륵불 彌勒佛

지심귀명례 석가모니불 釋迦牟尼佛

지심귀명례 대음찬불 大音讚佛

지심귀명례 정원불 淨願佛

지심귀명례 일천불 日天佛

지심귀명례 요혜불 樂慧佛

지심귀명례 섭신불 攝身佛

지심귀명례 위덕세불 威德勢佛

지심귀명례 찰리불 剎利佛

지심귀명례 덕승불 德乘佛

지심귀명례 상금불 上金佛

지심귀명례 해탈계불 解脫髻佛

지심귀명례 요법불 樂法佛

지심귀명례 주행불 注行佛

지심귀명례 사교만불 捨驕慢佛

지심귀명례 지장불 智藏佛

지심귀명례 범행불 梵行佛

지심귀명례 전단불 栴檀佛

지심귀명례 무우명불 無憂名佛

지심귀명례 단엄신불 端嚴身佛

지심귀명례 상국불 相國佛

지심귀명례 연화불 蓮華佛

지심귀명례 무변덕불 無邊德佛

지심귀명례 천광불 天光佛

지심귀명례 혜화불 慧華佛

지심귀명례 빈두마불 頻頭摩佛

지심귀명례 지부불 智富佛

지심귀명례 사자유희보살 師子遊戲菩薩

지심귀명례 사자분신보살 師子奮迅菩薩

지심귀명례 무변신보살 無邊身菩薩

지심귀명례 관세음보살 觀世音菩薩

지심귀명례 시방 진허공계 일체삼보 十方 盡虛空界 一切三寶

원하옵건대 자비의 힘으로 구제하여 접인하시어, 아비지옥을 비롯한 흑암지옥·도륜지옥·화거지옥·비시지옥 등과 그에 딸린 지옥에서 고통을 받고 있는 중생들이, 부처님의 힘과 법의 힘과 보살의 힘과 일체 성현의 힘으로 고통에서 곧 해탈하여 다시는 지옥에 떨어지지 않고, 모든 죄장을 모두 소멸하며, 다시 지옥의 업을 짓지 않게 하여지이다. 곧 지옥에 나지 않고 정토에 왕생하며, 지옥의 명(命)을 버리고 지혜의 명을 얻으며, 지옥의 몸을 버리고 금강신을 얻으며, 지옥의 괴로움을 버리고 열반의 즐거움을 얻어지이다.

또한 지옥의 괴로움을 생각하며 보리심을 발하고, 사무량심과 육바라밀이 항상 앞에 나타나고, 사무애지(四無礙智)와 육신통력이 뜻과 같이 자재하며, 지혜를 구족하여 보살도를 행하고, 용맹정진하기를 쉬지 아니

하여, 마침내 십지의 행을 다 갖추고 금강심에 들어가서 등정각을 이루어지이다. (절)

13) 봉위회하철환등지옥예불 奉爲灰河鐵丸等地獄禮佛 [회하지옥 철환지옥 등의 지옥 중생을 위한 예불]

오늘 이 도량의 동업 대중은 거듭 지성으로 오체투지하면서 회하지옥(灰河地獄)·검림지옥(劍林)·자림지옥(刺林)·동주지옥(銅柱)·철기지옥(鐵機)·철망지옥(鐵網)·철굴지옥(鐵窟)·철환지옥(鐵丸)·첨석지옥(尖石)과 그에 따른 시방의 모든 지옥에서 지금 고통을 받고 있는 일체 중생을 위해, 저희의 보리심으로 그들을 대신하여 세간의 대자대비하신 부처님께 귀의하옵니다.

지심귀명례 미륵불 彌勒佛

지심귀명례 석가모니불 釋迦牟尼佛

지심귀명례 법재불 梵財佛

지심귀명례 보수불 寶手佛

지심귀명례 정근불 淨根佛

지심귀명례 구족론불 具足論佛

지심귀명례 상론불 上論佛

지심귀명례 불사불 弗沙佛

지심귀명례 제사불 提沙佛

지심귀명례 유일불 有日佛

지심귀명례 출니불 出泥佛

지심귀명례 득지불 得智佛

지심귀명례 모라불 謨羅佛

지심귀명례 상길불 上吉佛

지심귀명례 법락불 法樂佛

지심귀명례 구승불 救勝佛

지심귀명례 지혜불 智慧佛

지심귀명례 선성불 善聖佛

지심귀명례 망광불 網光佛

지심귀명례 유리장불 琉璃藏佛

지심귀명례 명문불 名聞佛

지심귀명례 이적불 利寂佛
지심귀명례 교화불 教化佛
지심귀명례 일명불 日明佛
지심귀명례 선명불 善明佛
지심귀명례 중덕상명불 衆德上明佛
지심귀명례 보덕불 寶德佛
지심귀명례 사자번보살 師子旛菩薩
지심귀명례 사자작보살 師子作菩薩
지심귀명례 무변신보살 無邊身菩薩
지심귀명례 관세음보살 觀世音菩薩
지심귀명례 시방 진허공계 일체삼보 十方盡虛空界一切三寶

　원하옵건대 자비의 힘으로 가피하고 구제하시어 현재 회하지옥 등에서 고통 받는 일체 중생들이 모두 해탈하여 괴로움의 과보를 영원히 소멸하고, 지옥의 업보가 마침내 청정하여져서 지옥의 몸을 버리고 금강신을 얻으며, 지옥의 괴로움을 버리고 열반의 즐거움을 얻어지이다. 또한 지옥의 괴로움을 생각하며 보리심을 발하고, 모두가 화택(火宅)에서 벗어나 보리도량에 이르러서 여러 보살들과 함께 정각(正覺)을 이루어지이다. (절)

14) 봉위음동탄갱등지옥예불 奉爲飮銅炭坑等地獄禮佛 [음동지옥 탄갱지옥 등의 지옥 중생을 위한 예불]

오늘 이 도량의 동업 대중은 거듭 지성으로 오체투지하면서 시방의 다함없는 음동(飮銅)지옥·중합(衆合)지옥·규환(叫喚)지옥·대규환(大叫喚)지옥·열(熱)지옥·대열(大熱)지옥·탄갱(炭坑)지옥·소림(燒林)지옥과 그에 딸린 무량무변한 지옥에서 지금 고통을 받고 있는 중생을 위해, 저희의 보리심으로 그들을 대신하여 세간의 대자대비하신 부처님께 귀의하옵니다.

지심귀명례 미륵불 彌勒佛

지심귀명례 석가모니불 釋迦牟尼佛

지심귀명례 인월불 人月佛

지심귀명례 라후불 羅睺佛

지심귀명례 감로명불 甘露明佛

지심귀명례 묘의불 妙意佛

지심귀명례 염명불 焰明佛

지심귀명례 일체주불 一切主佛

지심귀명례 요지불 樂智佛

지심귀명례 산왕불 山王佛

지심귀명례 적멸불 寂滅佛

지심귀명례 덕취불 德聚佛

지심귀명례 천왕불 天王佛

지심귀명례 묘음성불 妙音聲佛

지심귀명례 묘화불 妙華佛

지심귀명례 주의불 住義佛

지심귀명례 공덕위취불 功德威聚佛

지심귀명례 지무등불 智無等佛

지심귀명례 감로음불 甘露音佛
지심귀명례 선수불 善守佛
지심귀명례 이혜불 利慧佛
지심귀명례 사해탈의불 思解脫義佛
지심귀명례 승음불 勝音佛
지심귀명례 이타행불 梨陀行佛
지심귀명례 선의불 善義佛
지심귀명례 무과불 無過佛
지심귀명례 행선불 行善佛
지심귀명례 견용정진보살 堅勇精進菩薩
지심귀명례 금강혜보살 金剛慧菩薩
지심귀명례 무변신보살 無邊身菩薩
지심귀명례 관세음보살 觀世音菩薩
지심귀명례 시방 진허공계 일체삼보 十方盡虛空界一切三寶

　원하옵건대 자비의 힘으로 가피하고 구제하시어, 음동지옥 등에서 현재 고통 받는 중생들이 일체 죄장을 모두 소멸하고 괴로움에서 완전히 해탈하여, 다시는 지옥에 나지 않고 정토에 왕생하며, 지옥의 명(命)을 버리고 지혜의 명을 얻으며, 사무량심과 육바라밀이 항상 앞에 나타나고, 사무애변과 육신통력이 뜻과 같이 자재하며, 지옥도(地獄道)에서 벗어나 열반의 도를 얻고 여래와 같은 정각을 이루어지이다. (절)

15) 봉위도병동부등지옥예불 奉爲刀兵銅釜等地獄禮佛[도병지옥 동부지옥 등의 지옥 중생을 위한 예불]

오늘 이 도량의 동업 대중은 지성으로 오체투지하면서 시방의 다함없는 상지옥(想地獄)·흑사지옥(黑砂)·정신지옥(釘身)·화정지옥(火井)·석구지옥(石臼)·비사지옥(沸砂)·도병지옥(刀兵)·기아지옥(飢餓)·동부지옥(銅釜) 등의 무량한 지옥에서 지금 고통을 받고 있는 중생들을 위해, 저희들 보리심의 힘으로 그들을 대신하여 세간의 대자대비하신 부처님께 귀의하옵니다.

지심귀명례 미륵불 彌勒佛
지심귀명례 석가모니불 釋迦牟尼佛
지심귀명례 화장불 華藏佛
지심귀명례 묘광불 妙光佛
지심귀명례 요설불 樂說佛
지심귀명례 선제불 善濟佛
지심귀명례 중왕불 衆王佛
지심귀명례 이외불 離畏佛
지심귀명례 변재일불 辯才日佛
지심귀명례 명문불 名聞佛
지심귀명례 보월명불 寶月明佛
지심귀명례 상의불 上意佛
지심귀명례 무외불 無畏佛
지심귀명례 대견불 大見佛
지심귀명례 범음불 梵音佛
지심귀명례 선음불 善音佛

지심귀명례 혜제불 慧濟佛

지심귀명례 무등의불 無等意佛

지심귀명례 금강군불 金剛軍佛

지심귀명례 보리의불 菩提意佛

지심귀명례 수왕불 樹王佛

지심귀명례 반타음불 槃陀音佛

지심귀명례 복덕력불 福德力佛

지심귀명례 세덕불 勢德佛

지심귀명례 성애불 聖愛佛

지심귀명례 세행불 勢行佛

지심귀명례 호박불 琥珀佛

지심귀명례 기음개보살 棄陰蓋菩薩

지심귀명례 적근보살 寂根菩薩

지심귀명례 무변신보살 無邊身菩薩

지심귀명례 관세음보살 觀世音菩薩

지심귀명례 시방 진허공계 일체삼보 十方 盡虛空界 一切三寶

원하옵건대 자비력으로 가피하고 구호

하시어, 도병(刀兵)지옥 등의 일체 지옥과 그에 딸린 지옥에서 고통 받는 중생들이 지금 곧 해탈하여 괴로움을 영원히 끊고, 지옥의 연(緣)을 떠나 지혜를 일으키고, 지옥의 괴로움을 생각하며 보리심을 발하고 쉬임 없이 보살행을 행하여, 일승도(一乘道)에 들어가서 십지행을 원만하게 갖추고, 신통력으로 일체 중생을 접인하여 함께 보리도량에 앉아 등정각을 이루어지이다. (절)

16) 봉위화성도산등지옥예불 奉爲火城刀山等地獄禮佛 [화성지옥 도산지옥 등의 지옥 중생을 위한 예불]

오늘 이 도량의 동업 대중은 지성으로 오체투지하면서, 시방의 다함없는 화성(火城)지옥(地獄)·석굴(石窟)지옥·탕요(湯澆)지옥·도산(刀山)지옥·호랑(虎狼)지옥·철상(鐵床)지옥·열풍(熱風)지옥·토화(吐火)지옥과 그에 딸린 무량무변한 지옥에서 지금 고통을 받고 있는 중생들을 위해, 저희의 보리심으로 그들을 대신하여 세간의 대자대비하신 부처님께 귀의하옵니다.

지심귀명례 미륵불 彌勒佛
지심귀명례 석가모니불 釋迦牟尼佛
지심귀명례 뇌음운불 雷音雲佛
지심귀명례 선애목불 善愛目佛
지심귀명례 선지불 善智佛
지심귀명례 구족불 具足佛
지심귀명례 덕적불 德積佛
지심귀명례 대음불 大音佛
지심귀명례 법상불 法相佛
지심귀명례 지음불 智音佛
지심귀명례 허공불 虛空佛
지심귀명례 사음불 祠音佛
지심귀명례 혜음차별불 慧音差別佛
지심귀명례 공덕광불 功德光佛

지심귀명례 성왕불 聖王佛

지심귀명례 중의불 衆意佛

지심귀명례 변재륜불 辨才輪佛

지심귀명례 선적불 善寂佛

지심귀명례 월면불 月面佛

지심귀명례 일명불 日名佛

지심귀명례 무구불 無垢佛

지심귀명례 공덕집불 功德集佛

지심귀명례 화덕상불 華德相佛

지심귀명례 변재국불 辯才國佛

지심귀명례 보시불 寶施佛

지심귀명례 애월불 愛月佛

지심귀명례 불고불 不高佛

지심귀명례 혜상보살 慧上菩薩

지심귀명례 상불리세보살 常不離世菩薩

지심귀명례 무변신보살 無邊身菩薩

지심귀명례 관세음보살 觀世音菩薩

지심귀명례 시방 진허공계 일체삼보 十方 盡虛空界 一切三寶

원하옵건대 자비력으로 가피하고 섭수하시어, 도산(刀山) 등의 지옥에서 현재 고통을 받고 있는 중생들이 곧 해탈을 얻게 하여지이다. 나아가 시방의 말로 다할 수 없이 많은 지옥에서 지금 고통을 받고 있는 이와 장차 고통을 받을 일체 중생이 부처님의 힘과 법의 힘과 보살의 힘과 성현의 힘으로 함께 해탈을 얻고, 지옥의 모든 죄업들이 영원히 끊어지고, 오늘부터 보리도량에 이를 때까지 다시는 삼악도에 떨어지지 아니하며, 몸을 버리고 몸을 받을 때마다 항상 부처님을 만나 지혜를 구족하고 청정하고 자재하며, 쉬지 않고 용맹정진하고 닦아 나아가서 십지의 행을 원만하게 구족하고 금강심(金剛心)에 오르며, 부처님의 지혜와 부처님의 위신력을 성취하여 마음대로 자재하여지이다. (절)

17) 봉위아귀도예불奉爲餓鬼道禮佛 [아귀들을 위한 예불]

오늘 이 도량의 동업대중은 지성으로 오체투지하면서, 시방의 다함없는 아귀도餓鬼道에 있는 아귀신餓鬼神 등의 일체 아귀와 그 권속을 위해, 저희들 보리심의 힘으로 그들을 대신하여 세간의 대자대비하신 부처님께 귀의하옵니다.

지심귀명례 미륵불彌勒佛
지심귀명례 석가모니불釋迦牟尼佛
지심귀명례 사자력불師子力佛
지심귀명례 자재왕불自在王佛
지심귀명례 무량정불無量淨佛
지심귀명례 등정불等定佛
지심귀명례 불괴불不壞佛
지심귀명례 멸구불滅垢佛
지심귀명례 불실방편불不失方便佛

지심귀명례 무요불 無嬈佛

지심귀명례 묘면불 妙面佛

지심귀명례 지제주불 智制住佛

지심귀명례 법사왕불 法師王佛

지심귀명례 대천불 大天佛

지심귀명례 심의불 深意佛

지심귀명례 무량불 無量佛

지심귀명례 법력불 法力佛

지심귀명례 세공양불 世供養佛

지심귀명례 화광불 華光佛

지심귀명례 삼세공불 三世供佛

지심귀명례 응일장불 應日藏佛

지심귀명례 천공양불 天供養佛

지심귀명례 상지인불 上智人佛

지심귀명례 진계불 眞髻佛

지심귀명례 신감로불 信甘露佛

지심귀명례 금강불 金剛佛

지심귀명례 견고불 堅固佛

지심귀명례 약왕보살 藥王菩薩
지심귀명례 약상보살 藥上菩薩
지심귀명례 무변신보살 無邊身菩薩
지심귀명례 관세음보살 觀世音菩薩
지심귀명례 시방 진허공계 일체삼보 十方盡虛空界 一切三寶

　원하옵건대 자비의 힘으로 가피하고 섭수하시어, 동서남북 사유(四維) 상하(上下) 등 다함없는 시방법계 아귀도의 모든 아귀신과 일체 아귀와 그 각각 권속들의 일체 죄장을 다 소멸하여 일체의 고통을 모두 해탈하고, 몸과 마음이 청정하여 다시는 번뇌가 없고, 몸과 마음이 배부르되 다시는 기갈이 없고, 감로를 얻어 지혜의 눈이 열리고, 사무량심과 육바라밀이 항상 앞에 나타나고, 사무애지와 육신통력이 뜻과 같이 자재하여, 아귀도를 떠나 열반의 길로 들어서서 모든 부처님과 함께 정각을 이

루어지이다. (절)

18) 봉위축생도예불 奉爲畜生道禮佛 [축생들을 위한 예불]

오늘 이 도량의 동업 대중은 지극한 마음으로 오체투지하면서, 동서남북 사유 상하 등 시방의 다함없는 모든 축생도 속에 있는 사생(四生)의 중생과, 크고 작은 물과 땅과 공중[水陸空界]의 일체 중생과 그 권속들을 위해, 저희들 자비심의 힘으로 그들을 대신하여 세간의 대자대비하신 부처님께 귀의하옵니다.

지심귀명례 미륵불 彌勒佛
지심귀명례 석가모니불 釋迦牟尼佛
지심귀명례 보견명불 寶肩明佛
지심귀명례 이타보불 梨陀步佛

지심귀명례 수일불 隨日佛

지심귀명례 청정불 清淨佛

지심귀명례 명력불 明力佛

지심귀명례 공덕취불 功德聚佛

지심귀명례 구족안불 具足眼佛

지심귀명례 사자행불 師子行佛

지심귀명례 고출불 高出佛

지심귀명례 화시불 華施佛

지심귀명례 주명불 珠明佛

지심귀명례 연화불 蓮華佛

지심귀명례 애지불 愛智佛

지심귀명례 반타엄불 槃陀嚴佛

지심귀명례 불허행불 不虛行佛

지심귀명례 생법불 生法佛

지심귀명례 상호불 相好佛

지심귀명례 사유락불 思惟樂佛

지심귀명례 요해탈불 樂解脫佛

지심귀명례 지도리불 知道理佛

지심귀명례 상정진보살 常精進菩薩
지심귀명례 불휴식보살 不休息菩薩
지심귀명례 무변신보살 無邊身菩薩
지심귀명례 관세음보살 觀世音菩薩
지심귀명례 시방 진허공계 일체삼보 十方 盡虛空界 一切三寶

   원하옵건대 자비의 힘으로 가피하고 섭수하시어, 동서남북 사유 상하 등 시방의 모든 축생도 속에 있는 사생의 중생과 그 권속들이 모든 죄장을 소멸하여 일체의 고통을 모두 해탈하고, 다함께 축생도를 벗어나 도과(道果)를 얻어서 몸과 마음이 삼선천(三禪天)과 같이 안락하여지고, 사무량심과 육바라밀이 항상 앞에 나타나고 사무애지와 육신통력이 뜻과 같이 자재하여, 열반도에 들어가고 금강심에 올라 등정각을 이루어지이다. (절)

19) 봉위육도발원奉爲六道發願[육도를 위한 예불]

저희가 지금 천인과 신선과 용신 등의 팔부신을 위해 예불한 공덕과 인연으로, 시방의 다함없는 사생육도의 중생들이 오늘부터 무상보리에 이를 때까지 다시는 잘못된 몸을 받는 고초를 겪지 않으며, 다시는 십악과 오역죄를 지은 과보로 삼악도에 들어가지 않으며, 지금의 예불한 공덕 인연을 힘입어 각각 보살마하살의 깨끗한 신업身業과 구업口業을 얻어지이다.

또한 보살마하살의 큰마음을 얻되, 대지大地와 같은 마음으로 모든 선근을 내고, 바다와 같은 마음으로 부처님들의 지혜대법智慧大法을 받아 지니고, 수미산과 같은 마음으로 모든 무상보리에 편안하게 머무르고, 마니보주와 같은 마음으로 번뇌를 멀리 여의고, 금강 같은 마음으로 정법을 잘 믿어 흔들림이 없고, 견고한 마음을 지녀 마군과 외도들이 능히 파괴하지 못하고, 연꽃 같은 마음으로 모든 대상에 물들지 아니하고, 깨끗한 해와 같은 마음으로 모든 우치의 장애를 다 사라지게 하고, 허공과 같은 마음을 지녀 일체 중생이 측량하지 못하기를 원하옵니다.

또한 사생육도의 모든 중생이 오늘부터 잘 생각하고 잘 믿고 잘 이해하여 희론(戱論)을 버리고 법문을 생각하며, 가진 것을 모두 보시하되 아끼는 마음이 없으며, 마음이 용맹하여 겁약한 생각이 없으며, 수행한 공덕을 다 베풀어 삿된 도로 빠져들지 않고 일심의 정도로 향하며, 선함을 보면 보살의 화현(化現) 같이 여기고 악함을 보면 꿈과 같이 여기며, 생사를 버리고 삼계에서 벗어나 깊고 묘한 법을 분명하게 관찰하여지이다.

나아가 모든 부처님께 공양하되 모든 공양물들을 만족하게 갖추며, 모든 법보에 공양하되 모든 공양물들을 만족하게 갖추며, 모든 보살에게 공양하되 모든 공양물들을 만족하게 갖추며, 모든 성현에게 공양하되 모든 공양물들을 만족하게 갖추어지이다.

만일 뒷날의 일체 중생 가운데 저희의 오늘 소원과 다른 이가 있으면, 그들 모두가 대원해(大願海) 속에 들어가 곧바로 공덕과 지혜를 성취하고, 부처님의 신력으로 마음의 자재함을 얻어 여래의 정각을 이루어지이다. (절)

20) 경념무상警念無常 [무상을 생각하고 새김]

오늘 이 도량의 동업 대중이여, 우리가 이미 육도를 위해 예참하고 발원하였으니, 이제는 모름지기 세상의 무상함에 대해 깨달아야 하느니라.

대저 삼세의 죄와 복은 인과에 의해 생긴 것이니, 가엾고 불쌍한 마음이 있으며 죄와 복이 서로 막히지 아니하느니라. 그러므로 항상 '죄와 복은 그림자와 메아리 같아서 서로 부합하지만, 북쪽의 호(胡)나라와 남쪽의 월(越)나라만큼 서로 현격하게 다르다'는 것을 생각할지니라.

선과 악은 서로 섞임이 없나니, 오직 바라건대 대중들은 무상(無常)함을 깨달아서 부지런히 행업(行業)을 닦고, 스스로를 이롭게 하는 데 게을리 하지 말지니라.

지혜 있는 이라면, 천만억 년을 두고 오

욕락을 받을지라도 필경에는 삼악도의 고통을 면하지 못한다는 것을 알기 때문에 항상 탄식을 하느니라. 하물며 우리는 백년도 살지 못하거늘, 촉박한 세월 속에서 어찌 느긋하게 지내고자 할 것인가?

세간은 환술에 현혹된 환혹(幻惑)과 같아서 마침내 없어지게 되느니라. 있는 것은 없어지고, 높은 이는 떨어지고, 만나면 헤어지고, 난 것은 반드시 죽게 되어 있느니라. 부모 형제와 처자 권속의 사랑이 뼈에 사무치나 목숨을 버릴 때에는 서로 대신할 수 없나니, 고관대작과 부귀영화와 돈과 보물로는 사람의 수명을 연장할 수 없고, 말 잘하고 음식을 베풀며 청탁하여도 벗어날 수가 없는 것이니, 무형의 상대를 누가 능히 머물게 할 수 있겠는가?

경에 이르셨다.

"죽는 것은 없어지는 것이니, 숨이 끊어지고 정신이 떠나가면 몸뚱이는 쓸쓸해진다. 사람과 물건이 한 계통인지라, 태어난 이 중에는 죽지 않는 이가 없도다. 목숨이 끊어질 때에는 무한한 고통을 받나니, 가족들은 둘러앉아 통곡을 하는데 죽는 이는 당황스럽고 두려워 의지할 데를 모르느니라.

신체가 허냉(虛冷)해지면서 기운이 끝나려 할 때 평생에 지은 선악의 업보가 눈에 가득한데, 선한 일을 한 이는 천신이 보호하느니라. 그러나 악한 일을 한 이는 우두 옥졸이 몰아가나니, 옥졸과 나찰은 조금도 용서함이 없도다.

부모와 효자도 그를 구원할 수가 없고, 남편과 아내 사이의 은혜와 사랑도 마주 보면서 끊어지나니, 풍도(風刀)로 몸을 오려낼 때의 고통은 이루 다 말할 수 없느니라.

죽는 이는 그때 간담이 마디마디 찢어지고, 한량없는 고통이 한꺼번에 모여드느니라. 정신이 산란하여 취한 듯 미친 듯한 그때서야 한 생각 선한 마음을 일으켜 털끝만한 복을 지으려 한들, 한탄만 가득할 뿐 어떻게 할 수가 없나니, 이와 같은 괴로움과 번뇌를 누가 대신하겠는가?"

또 『열반경』에 이르셨다.

"죽은 이는 갈 길이 먼데, 양식도 경비도 동행자도 없다. 밤낮없이 부지런히 가도 끝이 없고 아득하고 어두울 뿐 광명이 없다. 험난한 곳에 들어가도 막는 이가 없고, 들어가면 벗어나지 못한다. 살아서 복을 닦지 못하면 죽은 다음 고통 받는 곳으로 가게 되어, 근심과 괴로움과 고단함과 힘듦을 면할 수 없나니, 악(惡)이 사람을 두렵게 만드는 것은 바로 이와 같기 때문이니라."

오늘 이 도량의 동업 대중이여, 생사의 과보는 둥근 고리와 같아서 끝없이 돌고, 고혼은 혼자 가는데 보는 사람도 없고 찾는 사람도 없고 의지할 물건도 없도다. 오직 각자가 노력하되, 힘듦과 괴로움을 참아가며 사무량심과 육바라밀을 부지런히 닦아서, 육도(六道)를 혼자 다닐 때의 양식과 경비로 삼을 것이요, 지금 강건하다고 안심할 일이 아니다.

이제 저희는 지극한 마음으로 간절하게 오체투지하면서, 세간의 대자대비하신 부처님께 귀의하옵니다.

지심귀명례 미륵불 彌勒佛
지심귀명례 석가모니불 釋迦牟尼佛

지심귀명례 다문해불 多聞海佛

지심귀명례 지화불 持華佛

지심귀명례 불수세불 不隨世佛

지심귀명례 희중불 喜衆佛

지심귀명례 공작음불 孔雀音佛

지심귀명례 불퇴몰불 不退沒佛

지심귀명례 단유애구불 斷有愛垢佛

지심귀명례 위의제불 威儀濟佛

지심귀명례 제천유포불 諸天流布佛

지심귀명례 보보불 寶步佛

지심귀명례 화수불 華手佛

지심귀명례 위덕불 威德佛

지심귀명례 파원적불 破怨賊佛

지심귀명례 부다문불 富多聞佛

지심귀명례 묘국불 妙國佛

지심귀명례 화명불 華明佛

지심귀명례 사자지불 師子智佛

지심귀명례 월출불 月出佛

지심귀명례 멸암불 滅闇佛

지심귀명례 무동불 無動佛

지심귀명례 사자유희보살 師子遊戲菩薩

지심귀명례 사자분신보살 師子奮迅菩薩

지심귀명례 무변신보살 無邊身菩薩

지심귀명례 관세음보살 觀世音菩薩

지심귀명례 시방 진허공계 일체삼보 十方盡虛空界 一切三寶

　원하옵건대 자비의 힘으로 가피하고 보호하시어, 오늘 이 도량에서 함께 참회하는 이들이 지금부터 무상보리에 이를 때까지 죄의 원인과 무량한 고(苦)의 과보가 모두 사라지고 번뇌의 맺힌 업이 마침내 청정하여져서, 여러 부처님의 법회에 항상 참여하고 보살도를 행하여 자재하게 태어나되, 자비희사와 육바라밀을 법대로 수행하고 사무애변과 육신통을 모두 갖추며, 백천 삼매가 생각따라 앞에 나타나고

모든 다라니를 얻지 못함이 없으며, 빨리 보리도량에 올라가서 등정각을 이루어지이다. (절)

21) 봉위집로운력예불 奉爲執勞運力禮佛
[힘써 운력하는 이와 감옥에 갇힌 이를 위한 예불]

오늘 이 도량의 동업 대중이여, 다시 지성으로 오체투지하면서 자비심을 일으키고, 원수라거나 친하다는 생각을 갖지 않으며, 지금 설익은 것은 돌이켜 익게 하고, 함께 기뻐하며 노동하고 운력하여 복업을 닦는 데 도움을 주는 이와 각각의 권속들을 위할지니라.

또한 이 세상의 감옥에 갇혀 근심하고 곤란함과 재앙을 당하는 이와, 모든 형벌을 집행하는 이들을 위할지니라. 그들이 살아가는 것을 생각하면, 비록 사람이 되었으나 즐거움은 적고 괴로움이 많으며, 칼을 씌우고 수갑을 채우는 일이 몸에서 떠날 때가 없느니라.

　이제 이 세상에서 악업을 지었거나 과거의 허물을 면한 듯하지만 자유로움이 전혀 없는 이, 중죄로 죽게 되었는데도 구원해 줄 이가 전혀 없는 중생들과 그 권속을 위해, 저희들 자비심의 힘으로 그들을 대신하여 일체 세간의 대자대비하신 부처님께 귀의하옵니다.

지심귀명례 미륵불 彌勒佛

지심귀명례 석가모니불 釋迦牟尼佛

지심귀명례 차제행불 次第行佛

지심귀명례 복덕등불 福德燈佛

지심귀명례 음성치불 音聲治佛

지심귀명례 교담불 憍曇佛

지심귀명례 세력불 勢力佛

지심귀명례 신심주불 身心住佛

지심귀명례 선월불 善月佛

지심귀명례 각의화불 覺意華佛

지심귀명례 상길불 上吉佛

지심귀명례 선위덕불 善威德佛

지심귀명례 지력덕불 智力德佛

지심귀명례 선등불 善燈佛

지심귀명례 견행불 堅行佛

지심귀명례 천음불 天音佛

지심귀명례 안락불 安樂佛

지심귀명례 일면불 日面佛

지심귀명례 요해탈불 樂解脫佛

지심귀명례 계명불 戒明佛

지심귀명례 주계불 住戒佛

지심귀명례 무구불 無垢佛

지심귀명례 사자번보살 師子幡菩薩

지심귀명례 사자작보살 師子作菩薩

지심귀명례 무변신보살 無邊身菩薩
지심귀명례 관세음보살 觀世音菩薩
지심귀명례 시방 진허공계 일체삼보 十方盡虛空界 一切三寶

   원하옵건대 자비하신 힘으로 가피하고 보호하시어, 오늘 함께 기뻐하며 노동하는 이와 그 권속들이 오늘부터 무상보리에 이르도록 모든 죄와 업장을 소멸하고, 모든 괴로움을 남김없이 해탈하며, 수명이 길어지고 몸과 마음이 안락하며, 영원히 재앙과 액운을 떠나고 다시는 번뇌가 없으며, 대승심을 발하고 보살행을 닦아 육바라밀과 자비희사를 모두 구족하며, 생사의 괴로움을 버리고 열반의 즐거움을 얻어지이다.

   또한 천하의 감옥에서 여러 가지 형벌을 받거나 죄수들을 가두는 일을 하는 이,

근심과 곤란함과 재앙과 질병이 있어 자재하지 못하는 이와 그 권속들이, 지금 저희가 그들을 위해 예불한 공덕과 위력으로 모든 괴로움을 다 해탈하고 악업의 대상들을 남김없이 끊어버리며, 감옥에서 벗어나 선법(善法)의 문(門) 안으로 들어가서 무궁무진한 수명과 지혜를 얻어 몸과 마음이 삼선천(三禪天)과 같이 즐거워지며, 감옥의 고통을 생각하고 부처님의 은혜를 염(念)하면서 나쁜 행을 고치고 선한 일을 닦아 대승심을 발하고 보살도를 행하며, 금강의 세계에 들어가서 도리어 일체 중생을 제도하여 함께 정각에 오르고 신력(神力)이 자재하여지이다. (절)

3. 발회향發廻向

 오늘 이 도량의 동업 대중이여, 이미 발심하여 할 일을 다 하였으니, 이제는 모름지기 이전의 공덕을 회향할지니라. 무슨 까닭인가? 모든 중생이 능히 해탈하지 못함은 다 과보에 집착하여 버리지 못하는 까닭이니, 만일 한 조각의 복이나 털끝만큼의 선이라도 능히 회향하는 이가 있으면, 과보에 대해 다시 집착하지 않게 되어 문득 해탈하고, 아무런 속박 없이 자유롭게 노닐 수 있게 되느니라. 경에서도 '수행하여 회향하면 큰 이익을 이룬다'고 찬탄하였느니라. 그러므로 오늘 마땅히 회향할 마음을 발하고, 겸하여 모두에게 권하여 과보에 집착하지 말게 할지니라.

 이제 저희는 지극한 마음으로 오체투지하면서 세간의 대자대비하신 부처님께 귀명하옵니다.

지심귀명례 미륵불 彌勒佛

지심귀명례 석가모니불 釋迦牟尼佛

지심귀명례 견출불 堅出佛

지심귀명례 안사나불 安闍那佛

지심귀명례 증익불 增益佛

지심귀명례 향명불 香明佛

지심귀명례 위람명불 違藍明佛

지심귀명례 금옥불 金玉佛

지심귀명례 밀발불 蜜鉢佛

지심귀명례 무애상불 無礙相佛

지심귀명례 신계불 信戒佛

지심귀명례 지묘도불 至妙道佛

지심귀명례 요실불 樂實佛

지심귀명례 명법불 明法佛

지심귀명례 구위덕불 具威德佛

지심귀명례 지적멸불 至寂滅佛

지심귀명례 상자불 上慈佛

지심귀명례 대자불 大慈佛

지심귀명례 감로주불 甘露主佛

지심귀명례 미루명불 彌樓明佛

지심귀명례 성찬불 聖讚佛

지심귀명례 광조불 廣照佛

지심귀명례 문수사리보살 文殊師利菩薩

지심귀명례 보현보살 普賢菩薩

지심귀명례 무변신보살 無邊身菩薩

지심귀명례 관세음보살 觀世音菩薩

지심귀명례 시방 진허공계 일체삼보 十方盡虛空界一切三寶

　원하옵건대 자비하신 힘으로 가피하고 보호하시어, 일체의 행과 원을 모두 원만하게 얻어지이다.

　오늘 이 도량의 동업 대중이여, 오늘부터 무상보리에 이를 때까지 보살도를 닦되 물러나지 않을 것을 맹세하고, 먼저 중생을 제도한 뒤에 성불할지니라. 만일 도를 얻지 못하고 중간에 생사에 걸리는 이는 다음과 같은 원력을 발하라.

'저희 대중들은 태어나는 곳마다 몸과 입과 뜻으로 짓는 업이 항상 청정하며, 아주 크고 뛰어난 마음들을 발하여지이다. 유연한 마음과 조화로운 마음과 용맹스런 마음과 방일하지 않은 마음과 적멸한 마음과 참된 마음과 잡되고 산란함이 없는 마음과 간탐이 없는 마음과 크게 수승한 마음과 대자비심과 편안히 머무르는 마음과 환희로운 마음과 모든 중생을 먼저 제도하려는 마음과 일체를 수호하려는 마음과 보리를 수호하는 마음과 부처님과 같아지고자 하는 마음 등의 광대하고 오묘한 마음들을 발하오며, 마음을 집중하여 법문을 많이 듣고, 탐욕을 버리고 선정을 닦으며, 일체 중생을 이익 되게 하고 안락하게 하며, 늘 무상보리를 잊지 않고 함께 정각을 이루어지이다.' (절)

1) 설회향법說廻向法[회향법을 설함]

이제 회향법을 설하노니, 오늘 이 도량의 동업 대중이여, 모두 호궤합장하고 마음으로 생각하며 입으로 말하되, 내가 하는 대로 따라 할지니라.

  시방세계 천인들과 신선들께서
  지니오신 공덕들과 좋은 업들을
  제가 지금 그들 위해 회향하오니
  함께 같이 정각도正覺道에 돌아가오며

  시방세계 용과 귀신 지니고 있는

훌륭하기 그지없는 선한 업들을
제가 지금 그들 위해 회향하오니
함께 같이 일승도(一乘道)로 돌아가오며

시방세계 모든 나라 인간의 왕이
무상보리 이루고자 닦은 업들을
제가 지금 그들 위해 회향하오니
함께 같이 무상도(無上道)로 돌아가오며

육도 속을 윤회하고 있는 중생들
조그마한 선업들을 갖고 있다면
제가 지금 그들 위해 회향하오니
함께 같이 무상도로 돌아가오며

시방세계 두루하온 불제자들과
부처님을 찾아서 온 선래비구(善來比丘)와
집착없는 네 종류의 여러 사문과
마음으로 연각(緣覺)의 도 구하는 이들

여러 가지 　방법으로 　중생 교화해
인연법을 　분명하게 　깨닫게 해준
이와 같은 　모든 공덕 　한데 모아서
모두를 다 　불도에로 　회향하오며

부처님 경 　독송하고 　수지한 보살
선정 속에 　들었다가 　다시 나온 뒤
삼승(三乘)에게 　모든 선(善)을 　권하며 행한
공덕들을 　중생에게 　회향하오며

천인이나 　인간 세상 　어느 누구나
성스러운 　도를 닦은 　모든 선업을
제가 지금 　회향하기 　권하오면서
함께 같이 　무상도로 　돌아가오며

스스로가 　발심하고 　참회한 복덕
남에게도 　권해 쌓은 　복덕 있다면
그 복덕들 　털끝만큼 　남김이 없이

발회향 · 469

모두를 다 중생들께 회향합니다

부처님이 되지 못한 중생있으면
보리 성취 하려는 원 잠시 미루고
모든 이를 남김없이 성불케 한 뒤
등정각에 오르고자 하옵나이다

원하오니 부처님과 모든 보살들
번뇌없는 많고 많은 성인들이여
지금 세상 다음 세상 가릴 것 없이
저희 친견 할 수 있게 섭수하소서

오늘 이 도량의 동업 대중이여, 지극한 마음으로 오체투지하면서 부모 친척을 위해 회향하고, 스승과 동학을 위해 회향하고, 시주와 단월과 선지식과 악지식을 위해 회향하고, 호세 사천왕을 위해 회향하고, 시방의 마왕을 위해 회향하며, 또 총(聰)

명함과 정직함을 지녀 천지허공에서 선을 권장하고 악을 벌하는 이와 주문을 수호하는 이와 오방 용왕과 용신 등의 팔부신을 위해 회향하고, 감추어져 있거나 나타나 있는 일체 영들을 위해 회향하고, 시방의 다함없는 일체 중생을 위해 회향할지니라.

오직 원하옵건대 시방의 제천과 신선들과 용신 등의 팔부신과 일체 중생이 오늘부터 무상보리에 이를 때까지 항상 무상임을 알아서 다시는 집착하지 않게 하여지이다. (절)

자비도량참법 제10권

자비도량참법 제10권을 행하면서 지극한 마음으로 삼세의 부처님께 귀의하옵니다.

천상 인간 세상에서 부처님이 제일이니
시방 세계 어디에도 견줄 이가 결코 없네
이 세간의 모든 것들 하나하나 다 보아도
부처님과 같은 이는 하늘 아래 다시 없네

지심귀명례 과거 비바시불 過去毘婆尸佛
지심귀명례 시기불 尸棄佛
지심귀명례 비사부불 毘舍浮佛
지심귀명례 구류손불 拘留孫佛
지심귀명례 구나함모니불 拘那含牟尼佛
지심귀명례 가섭불 迦葉佛
지심귀명례 본사 석가모니불 本師釋迦牟尼佛
지심귀명례 당래 미륵존불 當來彌勒尊佛

2) 보살회향법菩薩廻向法[보살의 회향법]

오늘 이 도량의 동업 대중이여, 우리가 힘든 것을 견디고 고통을 참으며 무량한 선근을 닦았으니, 이제 마땅히 다음과 같은 생각을 일으킬지니라.

'제가 닦은 선근으로 일체 중생을 이익되게 하고 중생들을 마침내 청정하게 하여지이다. 또한 제가 참회한 선근으로 모든 중생이 지옥·아귀·축생계와 염라왕으로부터 받는 한량없는 괴로움이 없어지게 하며, 이 참법이 모든 중생의 큰 집이 되어 괴로움을 멸하게 하고, 큰 구호자가 되어 번뇌를 해탈케 하고, 귀의처가 되어 공포를 여의게 하고, 윤회를 멈추어 지혜에 이르게 하고, 편안함을 안겨 주어 마침내는 안락처를 얻게 하고, 밝게 비치는 빛이 되어 캄캄함을 멸하게 하고, 큰 등불이 되어 끝까지 밝고 깨끗한 곳에 머물게 하고, 대도사(大導師)가 되어 방편의 법문 속으로 들어가게 하고 깨끗한 지혜를 얻게 하여지이다.'

오늘 이 도량의 동업 대중이여, 이와 같은 모든 법으로 보살마하살은 원수와 친한 이를 위해 여러 가지 선근을 베풀고 함께 회향하기 때문에 모든 중생에 대해 차별이 없고, 평등관(平等觀)에 들어가기 때문에 원수나 친한 이라는 생각이 없으며, 항상 사랑의 눈으로 모든 중생을 보느니라.

만일 중생이 원한을 품고 보살에 대해 악하고 거역하는 마음을 가지게 되면, 보살은 참된 선지식이 되어 그들의 마음을 잘 조복하고 깊은 법을 설하나니, 마치 큰 바다를 어떠한 독으로도 능히 파괴할 수 없는 것과 같으니라.

보살은 큰 바다와 같아서, 어리석어 지혜가 없고 은혜를 갚을 줄 모르는 중생이 한량없는 악심을 일으킬지라도 보살의 도심(道心)을 산란하게 만들 수는 없느니라.

또한 아침 해가 모든 중생을 두루 비추어 줄 때 눈이 없는 이에게도 광명을 숨기지 않듯이, 보살의 도심도 나쁜 사람이라고 할지라도 물러가거나 숨지 않으며, 조복하기 어려운 중생이라 할지라도 선근을 버리지 않느니라.

보살마하살은 여러 가지 선근으로 청정한 신심과 자비심을 기르고 중생을 위해 모든 선근을 깊은 마음으로 회향하나니, 입으로만 말하는 것이 아니라, 모든 중생에 대해 환희심과 밝고 깨끗한 마음[明淨心]과 부드러운 마음[柔軟心]과 자비심과 사랑하는 마음[愛念心]과 섭취심과 이익되게 하는 마음[饒益心]과 안락심(安樂心)과 가장 훌륭한 마음[最勝心]을 내어 모든 선근을 회향하느니라.

보살마하살께서 이와 같이 선근을 회향함을 우리도 잘 배워서, 마음으로 생각하고 입으로 말하며 회향할지니라.

'이제 제가 회향하는 공덕으로 모든 중생이 청정한 세계에 나고 청정한 생명을 얻으며, 원만하게 갖춘 그 공덕을 일체 세간의 어느 누구도 파괴할 수가 없게 하여지이다. 그지없는 공덕과 지혜를 신구의(身口意) 삼업에 다 갖추고 장엄하여 항상 부처님들을 친견하며, 견고한 신심으로 정법을 듣고 그 정법을 의심없이 기억하고 잊지 않으며, 신구의 삼업이 청정하여 마음이 항상 승묘한 선근에 머무르며, 영원히 가난을 떠나 일곱 가지 성스러운 재물인 칠(七)

재(財)가 충만하며, 모든 보살이 배웠던 여러 가지 선근을 배워서 평등을 성취하고 묘한 해탈과 일체종지(一切種智)를 얻으며, 여러 중생들이 자애로운 눈을 얻고, 청정한 몸과 그지없는 변재와 물듦과 집착이 없는 착한 마음들을 일으켜서 깊은 법 속으로 들어가며, 일체 중생을 거두어 부처님들의 머무르는 바 없이 머무는 곳에 함께 머물며, 마침내는 저의 회향이 시방세계 보살마하살들의 회향하는 바와 같아져서, 광대하기가 법성(法性)과 같고 허공과 같아지이다.'

원하옵건대 저희가 이러한 원을 성취하고 보리원(菩提願)을 만족하게 하옵시며, 사생육도의 중생들 또한 이와 같은 원을 함께 이루기를 기원하면서, 거듭 정성을 더하여 오체투지하며 세간의 대자대비하신 부처님께 귀의하옵니다.

지심귀명례 미륵불 彌勒佛

지심귀명례 석가모니불 釋迦牟尼佛

지심귀명례 위덕불 威德佛

지심귀명례 견명불 見明佛

지심귀명례 선행보불 善行報佛

지심귀명례 선희불 善喜佛

지심귀명례 무우불 無憂佛

지심귀명례 보명불 寶明佛

지심귀명례 위의불 威儀佛

지심귀명례 요복덕불 樂福德佛

지심귀명례 공덕해불 功德海佛

지심귀명례 진상불 盡相佛

지심귀명례 단마불 斷魔佛

지심귀명례 진마불 盡魔佛

지심귀명례 과쇠도불 過衰道佛

지심귀명례 불괴의불 不壞意佛

지심귀명례 수왕불 水王佛

지심귀명례 정마불 淨魔佛

지심귀명례 중생왕불 衆生王佛

지심귀명례 애명불 愛明佛

지심귀명례 보리상불 菩提相佛

지심귀명례 지음불 智音佛

지심귀명례 상정진보살 常精進菩薩

지심귀명례 불휴식보살 不休息菩薩

지심귀명례 무변신보살 無邊身菩薩

지심귀명례 관세음보살 觀世音菩薩

지심귀명례 시방 진허공계 일체삼보 十方盡虛空界 一切三寶

　　원하옵건대 자비하신 힘으로 가피하고 섭수하시어 회향심(迴向心)을 남김없이 성취하게 하옵소서. 저희가 만일 한량없는 대악죄(大惡罪)업(業)을 갖추어 무량무변한 고초를 받거나, 악도 속에 빠져들어 스스로 벗어나지 못하게 되거나, 오늘 발한 보리심을 어기고 보리행을 어기고 보리원을 어기게 되거든, 시방의 대보살님과 일체성현들께서는 자비심으로 본래의 서원을 어기지 마시고 저희를 도와서, 삼악도 속에서 중생들을 구제하여 해탈을 얻게 하되 괴롭다고 하여 중생을 여의지 않게 하여지이다.

또한 무거운 짐을 기꺼이 짊어지고 가득한 평등원(平等願)으로 일체 중생의 생로병사와 근심과 괴로움과 무량한 액난을 제도하여 중생들 모두를 청정하게 하고, 선근을 다 갖추어 끝내는 해탈하게 하고, 모든 악마의 무리들을 떠나고 악지식을 멀리하게 하며, 선우(善友)와 참되고 선한 이들을 가까이 하여 정법을 성취하며, 모든 고통을 멸하고 보살의 무량한 행원을 구족하며, 부처님을 뵈옵고 환희하면서 일체지(一切智)를 얻은 다음 다시 일체 중생을 제도케 하여지이다. (절)

4. 발원 發願

　오늘 이 도량의 동업 대중이여, 회향을 마쳤으니 이제 각자가 다음과 같은 원을 스스로 발할지니라. 대개 모든 악의 일어남은 육근(六根)에서 비롯되나니, 육근은 모든 화(禍)의 근본이니라. 그러나 또한 이 육근으로 무량한 복업(福業)을 일으키게 되나니,『승만경』에서 이르기를, '육근을 수호하여 몸과 입과 뜻을 깨끗이 하게 되면, 육근이야말로 선근을 생기게 하는 근본이 된다'고 하였느니라. 그러므로 육근으로 큰 서원을 발할지니라.

1) 안근眼根의 원을 발함

원하옵건대 오늘 이 도량의 동업 대중과

시방세계 사생육도의 일체 중생들이 오늘부터 무상보리에 이를 때까지 이 눈으로, 탐욕의 대상이 되는 삿되고 헛된 색(色)들을 보지 않으며, 아첨하고 왜곡되게 하는 허망한 색들을 보지 않으며, 검고 누렇고 붉고 자주빛이 나는 색과 사람을 현혹케 하는 색을 보지 않으며, 성내어 싸우는 추잡한 모습들을 보지 않으며, 남을 때리고 성가시게 하고 해롭게 하는 모습들을 보지 않으며, 중생을 도살하고 상해하는 모습들을 보지 않으며, 어리석고 신용 없고 의심하는 모습들을 보지 않으며, 겸손함과 조심성이 없는 교만한 모습들을 보지 않으며, 96종의 삿된 소견을 보지 않는 등, 항상 눈으로 모든 악(惡)과 좋지 않은 색들을 보지 않게 하여지이다.

원하옵건대 일체 중생들이 눈으로 시방

에 상주하는 법신의 담연(湛然)한 빛을 항상 보고, 32상의 자금색신과 80종호의 모습을 보며, 천인과 신선들이 보배를 받들고 와서 꽃처럼 뿌리는 모습을 보며, 입으로 오색의 광명을 내어 설법하여 제도하는 모습을 보며, 분신을 나타내어 시방에 가득 차는 광경을 보며, 부처님들이 육계(肉髻)에서 광명을 발하자 인연 있는 이들이 모여드는 광경을 보며, 시방의 보살·벽지불·아라한 등의 성현들을 보며, 모든 중생과 권속들이 함께 부처님을 관하는 모습을 보며, 거짓이 없는 모든 선한 일을 보며, 칠각지(七覺支)의 깨끗한 경계를 보며, 묘한 해탈의 경계를 보며, 오늘 이 도량에서 대중들이 환희하여 법을 찬탄하고 예경하는 광경을 보며, 사부대중이 둘러앉아 법문을 듣고 우러러보는 광경을 보며, 보시·지계·인욕·정진의 모든 경계를 보며, 고요하게 생각하고 지혜를 닦는 모든 모습을 보며, 모두가 금강혜(金剛慧)에 올라 무명을 끊고 보처(補處)에 이르는 모습을 보며, 모든 이들이 법의 흐름에 들어가서 목욕하고 물러나지 않는 것을 보게 하여지이다.

이미 색에 대한 안근의 원을 발하였기에, 함께 지성으로 오체투지하면서 세간의 대자대비하신 부처님께 귀의하옵니다.

지심귀명례 미륵불 彌勒佛

지심귀명례 석가모니불 釋迦牟尼佛

지심귀명례 선적불 善寂佛

지심귀명례 범명불 梵命佛

지심귀명례 지희불 智喜佛

지심귀명례 신상불 神相佛

지심귀명례 여중왕불 如衆王佛

지심귀명례 지지불 持地佛

지심귀명례 애일불 愛日佛

지심귀명례 라후월불 羅睺月佛

지심귀명례 화명불 華明佛

지심귀명례 약사불 藥師佛

지심귀명례 지세력불 持勢力佛

지심귀명례 복덕명불 福德明佛

지심귀명례 희명불 喜明佛

지심귀명례 호음불 好音佛

지심귀명례 법자재불 法自在佛

지심귀명례 범음불 梵音佛

지심귀명례 묘음보살 妙音菩薩

지심귀명례 대세지보살 大勢至菩薩

지심귀명례 무변신보살 無邊身菩薩

지심귀명례 관세음보살 觀世音菩薩

지심귀명례 시방 진허공계 일체삼보 十方盡虛空界 一切三寶

　원하옵건대 자비하신 힘으로 가피하고 보호하시어 저희의 소원하는 바를 이루게 하옵

시고 보살의 원이 가득하게 하여지이다. (절)

　2) 이근耳根의 원을 발함

　또한 원하옵건대 오늘 이 도량의 동업대중과 시방세계 사생육도의 일체 중생이 지금부터 무상보리에 이를 때까지 이 귀로써, 항상 통곡하고 괴로워하고 슬프게 우는 소리를 듣지 않으며, 무간지옥에서 고통 받는 소리를 듣지 않으며, 확탕지옥·뇌비雷沸지옥의 신음하는 소리를 듣지 않으며, 도산지옥·검수지옥에서 칼로 찢고 베는 소리를 듣지 않으며, 18지옥들에서 터져나오는 한량없는 괴로움의 소리를 듣지 않으며, 굶주리는 아귀들이 먹을 것을 찾아도 얻지 못할 때 내는 소리를 듣지 않으며, 아귀들이 행동할 때 뼈마디마다 불이 타올라 5백 수레가 굴러가는 듯하는 소리를 듣지 않으며, 5백 유순의 축생들 몸을 수 없는 벌레들이 빨아먹을 때 내는 고통의 소리를 듣지 않으며, 진 빚을 갚지 못하여 낙타·나귀·말·소로 태어나서 무거운 짐을 지고 채찍을 맞으면서 고통 받는 소리를 듣지 않으며, 사랑하는 이와 이별하고 미운 이와 만나게 되는 등의 팔고(八苦)의 소리를 듣지 않으며, 404가지 병(病)을 앓으면서 내는 소리를 듣지 않으며, 여러 가지 나쁘고 착하지 못한 소리를 듣지 않으며, 사람을 현혹시키는 종·방울·소라·북·거문고·비파·공후 등의 소리를 듣지 않게 하여지이다.

오직 원하옵건대 모든 중생이 오늘부터 항상 부처님께서 설법하는 여덟 종류의 음성을 귀로 들으며, '무상(無常)하고 괴롭고[苦] 공(空)하고 내가 없다[無我]'는 소리를 들으며,

8만4천의 바라밀 소리를 들으며, '모든 것은 거짓 이름만 있을 뿐 참된 성품이 없다'는 소리를 들으며, 부처님께서 일음(一音)으로 설법할 때 각자가 깨닫는 소리를 들으며, '일체 중생에게는 다 불성이 있고 법신이 항상 머물러 멸하지 않는다'는 소리를 들으며, 십지보살이 인욕하고 정진하는 소리를 들으며, 무생(無生)의 깨달음을 얻고 부처님 지혜에 들어가 삼계를 뛰어넘는 소리를 들으며, 법신보살들이 법의 흐름에 들어가 진(眞)과 속(俗)을 함께 관하여 생각마다 만행(萬行)을 구족하는 소리를 들으며, 시방세계 벽지불과 아라한의 사과(四果)를 이루는 소리를 들으며, 제석천이 여러 천인들을 위해 반야경을 설하는 소리를 들으며, 십지의 보처보살(補處菩薩)이 도솔천궁에서 불퇴전지(不退轉地)의 행을 설법하는 소리를 들으며, '모든 선이 함께 돌아가 부처가 된다[萬善同歸得佛]'

는 소리를 들으며, 일체 중생이 능히 십선을 행함을 찬탄하고 수희하는 부처님들의 소리를 들으며, 모든 중생들로 하여금 '착하도다. 이 사람은 멀지 않아 성불하리라'고 찬탄하시는 부처님의 소리를 듣게 하여지이다.

이미 소리에 대한 이근(耳根)의 원을 발하였기에, 함께 지극한 마음으로 오체투지하면서 세간의 대자대비하신 부처님께 귀의하옵니다.

지심귀명례 미륵불 彌勒佛
지심귀명례 석가모니불 釋迦牟尼佛
지심귀명례 선업불 善業佛
지심귀명례 의무류불 意無謬佛
지심귀명례 대시불 大施佛
지심귀명례 명찬불 名讚佛

지심귀명례 중상불 衆相佛
지심귀명례 덕유포불 德流布佛
지심귀명례 세자재불 世自在佛
지심귀명례 덕수불 德樹佛
지심귀명례 멸의불 滅疑佛
지심귀명례 무량불 無量佛
지심귀명례 선월불 善月佛
지심귀명례 무변변상불 無邊辯相佛
지심귀명례 보월보살 寶月菩薩
지심귀명례 월광보살 月光菩薩
지심귀명례 무변신보살 無邊身菩薩
지심귀명례 관세음보살 觀世音菩薩
지심귀명례 시방 진허공계 일체삼보 十方盡虛空界一切三寶

　　원하옵건대 자비하신 힘으로 가피하고 섭수하시어 저희들의 소원하는 바를 이루게 하옵시고 보리의 원이 가득하게 하여지이다.

3) 비근鼻根의 원을 발함

 또한 원하옵건대 오늘 이 도량의 동업 대중과 시방세계 사생육도의 일체 중생이 지금부터 무상보리에 이를 때까지 이 코로써, 항상 살생하여 만든 음식의 냄새를 맡지 아니하며, 사냥하거나 불을 놓아 중생을 살해하는 냄새를 맡지 아니하며, 중생을 삶거나 굽거나 찌거나 볶는 냄새를 맡지 아니하며, 사람의 몸 속에 있는 서른 여섯 가지 더러운 것의 냄새를 맡지 아니하며, 명주·비단·항라·갑사 등과 같은 사람을 현혹케 하는 좋은 옷감의 냄새를 맡지 아니하며, 지옥에서 가죽을 벗기고 찢고 볶고 찌는 냄새를 맡지 아니하며, 굶주리고 목이 마른 아귀가 똥·오줌·고름·피를 먹는 냄새를 맡지 아니하며, 축생의 비리고 누리고 부정한 냄새를 맡지 아니하며, 병들어 자리에 누웠으되 간호하는 이가 없어 터진 등창에서 나는 역겨운 냄새를 맡지 아니하며, 똥과 오줌의 더러운 냄새를 맡지 아니하며, 송장이 붓고 썩어서 구더기가 생기고 시체에서 흐르는 물의 냄새를 맡지 않게 하여지이다.

오직 원하옵건대 이 대중들과 육도의 중생이 오늘부터는 코로써, 항상 시방세계의 우두전단(牛頭栴檀)의 향기를 맡고, 우담바라의 오색 꽃향기를 맡고, 환희원(歡喜園)에 있는 여러 꽃나무의 향기를 맡고, 도솔천궁에서 설법할 때 나는 향기를 맡고, 묘법당상(妙法堂上)에서 유희할 때의 향기를 맡고, 시방 중생들이 오계(五戒)와 십선(十善)과 육념법(六念法)을 행하는 향기를 맡고, 삼현(三賢)과 사선근인 등의 칠방편인(七方便人)이 행하는 모든 16행(行)의 향기를 맡고, 시방의 벽지불과 아라한의 모든 덕의 향기를 맡고, 사향사과(四向四果)의 사람이 무루를 얻는 향기를 맡고, 무량한 보살이 증득하는 환희지(歡喜地)·이구지(離垢地)·발광지(發光地)·염혜지(焰慧地)·난승지(難勝地)·현전지(現前地)·원행지(遠行地)·부동지(不動地)·선혜지(善慧地)·법운지(法雲地) 등 십지(十地)의 향기를 맡고, 여러 성인의 계향·정향·혜향·해탈향·해탈지견향 등 오분법신의 향기를 맡고, 모든 부처님의 무상보리 향기를 맡고, 삼십칠도품(三十七道品)과 십이인연과 육바라밀의 향기를 맡으며, 대비(大悲)·삼념(三念)·십력(十力)·사무소외(四無所畏)·십팔불공법(十八不共法)의 향기를 맡고, 8만4천 바라밀의 향기를 맡고, 시방의 한량없고 지극히 묘한 법신이 상주하는 향기를 맡게 하여지이다.

이미 향기에 대한 비근의 원을 발하였기에, 함께 지성으로 오체투지하면서 세간의 대자대비하신 부처님께 귀의하옵니다.

지심귀명례 미륵불 彌勒佛

지심귀명례 석가모니불 釋迦牟尼佛

지심귀명례 이타법불 梨陀法佛

지심귀명례 응공양불 應供養佛

지심귀명례 도우불 度憂佛

지심귀명례 요안불 樂安佛

지심귀명례 세의불 世意佛

지심귀명례 애신불 愛身佛

지심귀명례 묘족불 妙足佛

지심귀명례 우발라불 優鉢羅佛

지심귀명례 화영불 華纓佛

지심귀명례 무변변광불 無邊辯光佛

지심귀명례 신성불 信聖佛

지심귀명례 덕정진불 德精進佛

지심귀명례 묘덕보살 妙德菩薩

지심귀명례 금강장보살 金剛藏菩薩

지심귀명례 무변신보살 無邊身菩薩

지심귀명례 관세음보살 觀世音菩薩

지심귀명례 시방 진허공계 일체삼보
十方盡虛空界 一切三寶

원하옵건대 자비하신 힘으로 가피하고 섭수하시어 저희의 소원하는 바를 이루게 하옵시고 보리의 원이 가득하게 하여지이다.

4) 설근舌根의 원을 발함

또한 원하옵건대 오늘 이 도량의 동업대중과 시방세계 사생육도의 일체 중생이 지금부터 무상보리에 이를 때까지 이 혀로써, 항상 모든 중생의 살상殺傷한 몸의 맛을 보지 않으며, 스스로 죽은 모든 것의 맛을 보지 않으며, 중생들의 골수와 피의 맛을 보지 않으며, 원수가 상대자에게 독약을 섞은 것의 맛을 보지 않으며, 탐애貪愛와 번뇌를 생기게 하는 맛을 보지 않게 하여지이다.

또한 원하옵건대 이 혀로써, 항상 감로로 된 백 가지 아름다운 음식을 맛보고, 모든 자연의 음식을 맛보고, 향적세계의 향기로운 밥을 맛보고, 부처님들이 잡수시는 음식을 맛보고, 법신의 계(戒)와 정(定)과 혜(慧)로 훈수한 음식을 맛보고, 법희(法喜)와 선열(禪悅)의 음식을 맛보고, 무량한 공덕으로 혜명(慧命)을 자양하는 화평의 음식을 맛보고, 해탈의 일미(一味)를 맛보고, 최상의 맛인 부처님의 열반락(涅槃樂)을 맛보게 하여지이다.

이미 맛에 대한 설근(舌根)의 원을 발하였기에, 함께 지극한 정성으로 오체투지하면서 세간의 대자대비하신 부처님께 귀의하옵니다.

지심귀명례 미륵불 彌勒佛
지심귀명례 석가모니불 釋迦牟尼佛

지심귀명례 진실불 眞實佛
지심귀명례 천주불 天主佛
지심귀명례 고음불 高音佛
지심귀명례 신정불 信淨佛
지심귀명례 바기라타불 婆耆羅陀佛
지심귀명례 복덕의불 福德意佛
지심귀명례 염치불 燄熾佛
지심귀명례 무변덕불 無邊德佛
지심귀명례 취성불 聚成佛
지심귀명례 사자유불 師子遊佛
지심귀명례 부동불 不動佛
지심귀명례 신청정불 信淸淨佛
지심귀명례 허공장보살 虛空藏菩薩
지심귀명례 살타파륜보살 薩陀波輪菩薩
지심귀명례 무변신보살 無邊身菩薩
지심귀명례 관세음보살 觀世音菩薩
지심귀명례 시방 진허공계 일체삼보 十方 盡虛空界 一切三寶

원하옵건대 자비하신 힘으로 불쌍히 여기시고 보호하시어 저희의 소원하는 바를 이루게 하옵시고, 보리의 원이 가득하게 하여지이다.

5) 신근身根의 원을 발함

또한 원하옵건대 오늘 이 도량의 동업대중과 시방세계 사생육도의 일체 중생이 지금부터 무상보리에 이를 때까지 이 몸으로써, 항상 오욕으로 삿되고 교묘한 느낌을 주는 감촉을 느끼지 않으며, 확탕지옥·노탄지옥·한빙지옥의 감촉을 느끼지 않으며, 아귀들의 머리를 불로 태우고 입에 구리물을 부어서 볶고 태우는 감촉을 느끼지 않으며, 축생들의 가죽을 벗기고 살을 찢어 고통을 받게 하는 감촉을 느끼지 않으며, 404가지 병의 괴로운 감촉들을 느끼지 않으며, 모기·파리·벼룩·이 등 모든 나쁜 벌레의 감촉을 느끼지 않으며, 칼·몽둥이·독약 등으로 가해하는 감촉을 느끼지 않으며, 목마르고 배고픈 괴로움의 감촉을 느끼지 않게 하여지이다.

또한 원하옵건대 이 몸으로 항상 모든 하늘의 좋은 의복의 감촉을 느끼고, 자연 속의 감로의 감촉을 느끼고, 청량하여 차지도 덥지도 않은 감촉을 느끼고, 굶주리지도 목마르지도 않고 병도 없고 괴로움도 없는 강건한 감촉을 느끼고, 칼과 채찍 등의 고초가 없는 감촉을 느끼고, 누워도 편안하고 깨어있어도 편안하여 근심 걱정이 없는 감촉을 느끼고, 시방세계 부처님 정토의 서늘한 바람이 몸에 닿는 감촉을 느끼고, 시방의 부처님 정토의 칠보 못에서 몸과 마음을 씻는 감촉을 느끼고, 생로병사의 괴로움이 없는 감촉을 느끼고, 자유롭게 날아다니며 보살들과 함께 법문을 듣는 감촉을 느끼고, 팔자재(八自在)한 부처님 열반의 감촉을 느낄 수 있게 하여지이다.

이미 감촉에 대한 신근(身根)의 원을 발하였기에, 함께 지극한 마음으로 오체투지하면서 세간의 대자대비하신 부처님께 귀의하옵니다.

지심귀명례 미륵불 彌勒佛
지심귀명례 석가모니불 釋迦牟尼佛
지심귀명례 행명불 行明佛
지심귀명례 용음불 龍音佛
지심귀명례 지륜불 持輪佛
지심귀명례 재성불 財成佛
지심귀명례 세애불 世愛佛

지심귀명례 법명불 法名佛
지심귀명례 무량보명불 無量寶明佛
지심귀명례 운상불 雲相佛
지심귀명례 혜도불 慧道佛
지심귀명례 묘향불 妙香佛
지심귀명례 허공음불 虛空音佛
지심귀명례 허공불 虛空佛
지심귀명례 월삼계보살 越三界菩薩
지심귀명례 발타바라보살 跋陀婆羅菩薩
지심귀명례 무변신보살 無邊身菩薩
지심귀명례 관세음보살 觀世音菩薩
지심귀명례 시방 진허공계 일체삼보 十方 盡虛空界 一切三寶

　원하옵건대 자비하신 힘으로 보호하고 섭수하시어 저희의 소원하는 바를 이루게 하옵시고 보리의 원이 가득하게 하여지이다.

6) 의근意根의 원을 발함

　또한 원하옵건대 오늘 이 도량의 동업대중과 시방세계 사생육도의 일체 중생이 지금부터 무상보리에 이를 때까지 저희의 뜻[意]으로써, 항상 탐욕과 성냄과 어리석음이 근심거리됨을 알며, 살생·투도·음행·망어·기어·양설·악구가 근심거리됨을 알며, 아버지와 어머니와 아라한을 죽이고 부처님 몸에 피를 내게 하고 승단僧團의 화합을 깨뜨리고 삼보를 비방하고 인과를 믿지 않음이 무간지옥의 죄임을 알며, 사람이 죽으면 다시 태어나는 보응報應의 법을 알며, 악지식을 멀리하고 선지식을 친근할 줄 알며, 96종의 삿된 법이 그릇된 줄을 알며, 삼루三漏와 오개五蓋와 십전十纏의 법이 장애가 되는 줄을 알며, 삼악도가 전생의 잘못을 혹독한 고통으로 갚는 무서운 곳인 줄을 알아지이다.

　또한 원하옵건대 저희의 뜻으로, 항상 일체 중생 모두에게 불성이 있음을 알고, 모든 부처님이 대자비한 아버지요 가장 훌륭한 의사임을 알고, 일체 존법(尊法)이 중생의 병을 치료하는 좋은 약임을 알고, 일체 성현이 여러 중생의 병을 간호하는 어머니임을 알고, 삼보에 귀의하여 오계를 받고 십선을 행함이 천상과 인간으로 태어나는 수승한 과보임을 알고, 생사를 면하지 못하였으면 칠방편(七方便)과 사선근(四善根) 등의 법을 닦아야 하는 것임을 알고, 고(苦)를 벗어나고 번뇌를 없애고자 십육성심(十六聖心)으로 십육행관(十六行觀)을 닦거나 사제(四諦)의 진리를 관할 줄 알고, 사제가 평등(平等)·무상(無相)하기 때문에 사과(四果)를 이루게 된다는 것을 알고, 총상(總相)과 별상(別相)이 일체종지(一切種智)의 법임을 알고, 삼세의 인과법인

십이인연(十二因緣)이 바퀴가 계속 돌 듯 쉬지 아니함을 알고, 육바라밀과 8만의 모든 행을 수행해야 함을 알고, 8만 4천의 번뇌를 끊어야 함을 알고, 무생(無生)임을 체달하여야 생사를 끊게 됨을 알고, 십주(十住)의 수행 계품(階品)을 차례로 구족해야 함을 알고, 금강심이라야 무명의 어둠을 끊고 무상과(無上果)를 증득할 수 있음을 알고, 체(體)가 궁극에 이르러 한번 비추게 되면[一照] 만덕이 원만하게 갖추어지고 모든 번뇌가 다 없어져서 대열반을 이룸을 알며, 부처님 자리[佛地]의 십력(十力)과 사무소외(四無所畏)와 십팔불공법(十八不共法)과 무량한 공덕과 무량한 지혜와 무량한 선법을 다 알 수 있게 하여지이다.

　이미 법에 대한 의근(意根)의 원을 발하였기에, 함께 지극한 마음으로 오체투지하면서 세간의 대자대비하신 부처님께 귀의하옵니다.

지심귀명례 미륵불 彌勒佛
지심귀명례 석가모니불 釋迦牟尼佛
지심귀명례 천왕불 天王佛
지심귀명례 주정불 珠淨佛
지심귀명례 선재불 善財佛
지심귀명례 등염불 燈焰佛
지심귀명례 보음불 寶音佛
지심귀명례 인주왕불 人主王佛
지심귀명례 라후수불 羅睺守佛
지심귀명례 안은불 安隱佛
지심귀명례 사자의불 師子意佛
지심귀명례 보명문불 寶名聞佛
지심귀명례 득리불 得利佛
지심귀명례 변견불 徧見佛
지심귀명례 마명보살 馬鳴菩薩
지심귀명례 용수보살 龍樹菩薩

지심귀명례 무변신보살 無邊身菩薩
지심귀명례 관세음보살 觀世音菩薩
지심귀명례 시방 진허공계 일체삼보 十方盡虛空界一切三寶

   원하옵건대 자비하신 마음으로 가엾게 여기시어 보호하고 섭수하셔서 저희의 소원하는 바를 이루게 하옵시고 보리의 원이 가득하게 하여지이다.

   7) 구원口願을 발함

   또한 원하옵건대 오늘 이 도량의 동업대중과 시방세계 사생육도의 일체 중생이 지금부터 무상보리에 이를 때까지, 이 입으로 항상 삼보를 헐뜯거나 비방하지 말며, 법을 널리 펴는 사람을 비방하거나 그 허물을 말하지 말며, '선한 일을 해도 즐거운 과보를 받지 못하고 나쁜 일을 해도 괴로운 과보를 받지 않는다'고 말하지 말며, '사람이 죽으면 단멸(斷滅)하여 다시 태어나지 않는다'고 말하지 말며, 남을 해롭게 하거나 이익됨이 없는 일에 대해 말하지 말며, 삿된 소견을 가진 외도가 지은 경전에 대해 말하지 말며, 사람들에게 십악업을 짓도록 가르치지 말며, 사람들에게 오역죄를 짓도록 말하지 말며, 남의 악을 드러내는 말을 하지 말며, 세속인들의 부질없이 희롱하는 말이나 우스갯소리들을 하지 말며, 사람들에게 삿된 귀신을 편벽되이 믿게 하지 말며, 인물의 좋고 나쁨을 평론하지 말며, 부모와 스승과 어른과 선지식에게 성내어 욕하지 말며, 사람들에게 악을 짓도록 권하지 말며, 사람들이 복 짓는 것을 끊지 말지어다.

원하옵건대 이 입으로 항상 삼보를 찬탄하고, 법을 널리 펴는 사람을 찬탄함과 동시에 그 공덕을 찬탄하고, 사람들에게 선과 악의 과보를 말하고, 깨달은 사람의 몸은 죽어도 신명(神明)은 멸하지 않음을 말하고, 선한 말을 하여 사람들을 이익되게 하고, 여래의 십이부경(十二部經)을 설하고, '일체 중생은 모두 불성이 있기 때문에 상·낙(常樂)·아(我)·정(淨)을 얻는다'하고, 사람들에게 부모에게 효도할 것과 스승과 어른을 공경할 것을 가르치고, 사람들에게 삼보에 귀의하고 오계와 육념(六念)을 받아 지닐 것을 권하고, 경전 독송과 선을 행함에 대해 찬탄하고, 사람들에게 선지식을 가까이하고 악지식을 멀리하게 하며, 십주(十住)와 불지(佛地)의 무량한 공덕을 말하고, 사람들에게 정토의 행을 닦아 지극한 과(果)를 성취할 것을 권하고, 사람들에게 삼보에 예경할 것을 가르치고, 사람들에게 불상을 조성하여 공양할 것을 가르치고, 사람들에게 궁핍하고 괴로워하는 이를 구제하되 잠시도 쉬지 말 것을 가르칠 수 있게 하여지이다.

이미 입으로 지을 구원(口願)을 말하였기에, 함께 지극한 마음으로 오체투지하면서 세간의 대자대비하신 부처님께 귀의하옵니다.

지심귀명례 미륵불 彌勒佛
지심귀명례 석가모니불 釋迦牟尼佛
지심귀명례 세화불 世華佛
지심귀명례 고정불 高頂佛
지심귀명례 무변변재성불 無邊辯才成佛
지심귀명례 차별지견불 差別知見佛
지심귀명례 사자아불 師子牙佛
지심귀명례 이타보불 梨陀步佛
지심귀명례 복덕불 福德佛

지심귀명례 법등선불 法燈善佛
지심귀명례 목건련불 目犍連佛
지심귀명례 무우국불 無憂國佛
지심귀명례 의사불 意思佛
지심귀명례 요보리불 樂菩提佛
지심귀명례 사자유희보살 師子遊戱菩薩
지심귀명례 사자분신보살 師子奮迅菩薩
지심귀명례 무변신보살 無邊身菩薩
지심귀명례 관세음보살 觀世音菩薩
지심귀명례 시방 진허공계 일체삼보 十方盡虛空界一切三寶

　또한 시방의 다함없는 모든 삼보님께 귀의하옵니다. 원하옵건대 자비하신 힘으로 보호하고 섭수하시어 저희의 소원하는 바를 이루게 하옵시고 보리의 원이 가득하게 하여지이다.

8) 제행법문諸行法門을 발함

　원하옵건대 시방세계 다함없는 법계의 사생육도 중생들이 지금 발원한 후부터 능히 모든 법문을 구족하게 하여지이다. 곧 삼보를 굳게 믿고 공경하는 애경법문愛敬法門과 의혹을 품지 않는 견고법문堅固法門과 악이 일어남을 끊는 근참법문勤懺法門과 청정하기를 바라며 뉘우치는 염회법문念悔法門과 삼업이 훼방하지 못하도록 하는 호신법문護身法門과 네 종류의 말을 영원히 깨끗하게 하는 호구법문護口法門과 스스로의 마음을 청정하게 만드는 호의법문護意法門과 소원을 구족하는 보리법문菩提法門과 일체를 상해하지 않는 비심법문悲心法門과 교화하여 덕을 쌓게 하는 자심법문慈心法門과 다른 이를 헐뜯지 않는 환희법문歡喜法門과 남을 속이지 않는 지성법문至誠法門과 삼악도를 없애는 삼보법문三寶法門과 끝내 허망하지 않는 진실법문眞實法門과 너와 내가 교만하지 않고 해함이 없는 사해(捨害)법문과 미루지 않고 끊고 맺는 기결(棄結)법문과 투쟁할 뜻을 끊는 무쟁(無諍)법문과 평등하게 받들어 행하는 응정(應正)법문 등을 모두 구족하게 하여지이다.

또한 중생들이 다음과 같은 무량한 법문을 구족하기를 원하옵니다. 곧 심취(心趣)법문으로 마음이 환술과 같음을 관하고, 의단(意斷)법문으로 선하지 않은 생각들을 버리고, 신족(神足)법문으로 몸과 마음을 가볍고 편안하게 하고, 신근(信根)법문으로 근본에서 물러나지 않게 하고, 진근(進根)법문으로 선한 멍에를 버리지 않으며, 염근(念根)법문으로 도업(道業)을 짓고, 정근(定根)법문으로 정도(正道)에 마음을 두고, 혜근(慧根)법문으로 무상함과 공함을 관하고, 신력(信力)법문으로 마군의 위세를 넘어서며, 진력(進力)법문으로 한번 나아가서는 돌아오지 아니하고, 염력법문(念力法門)으로 조금도 잊어버리지 않으며, 정력법문(定力法門)으로 모든 망상을 멸하고, 혜력법문(慧力法門)으로 일이 잘 되도록 주선하고, 진각법문(進覺法門)으로 불도를 행하고, 정정법문(正定法門)으로 삼매를 얻고, 정성법문(淨性法門)으로 이승(二乘)이나 삼승(三乘)을 즐기지 않게 하여지이다.

또한 중생들이 보살마하살의 이와 같은 8만 법문을 모두 구족하여 불도를 청정하게 하고, 간탐한 이에게 권하여 여러 가지 악과 팔난(八難)을 벗어나게 하며, 다투고 성 잘 내는 사람을 섭수하여 선한 일을 부지런히 행하게 하고, 게으른 이를 섭수하여 선정의 뜻과 신통으로 생각의 산란함을 잘 다스릴 수 있게 하여지이다.

이미 여러 법문에 대해 발원하였기에, 함께 지극한 마음으로 오체투지하면서 세간의 대자대비하신 부처님께 귀의하옵니다.

지심귀명례 미륵불 彌勒佛
지심귀명례 석가모니불 釋迦牟尼佛
지심귀명례 법천경불 法天敬佛
지심귀명례 단세력불 斷勢力佛
지심귀명례 극세력불 極勢力佛
지심귀명례 혜화불 慧華佛
지심귀명례 견음불 堅音佛
지심귀명례 안락불 安樂佛
지심귀명례 묘의불 妙義佛
지심귀명례 애정불 愛淨佛
지심귀명례 참괴안불 慙愧顏佛
지심귀명례 묘계불 妙髻佛
지심귀명례 욕락불 欲樂佛
지심귀명례 누지불 樓志佛
지심귀명례 약왕보살 藥王菩薩

지심귀명례 약상보살 藥上菩薩
지심귀명례 무변신보살 無邊身菩薩
지심귀명례 관세음보살 觀世音菩薩
지심귀명례 시방 진허공계 일체삼보 十方盡虛空界一切三寶

   원하옵건대 자비하신 힘으로 구호하고 섭수하시어, 저희가 지금 자비도량참법을 통해 발심하고 발원한 공덕의 인연으로, 삼계의 사생육도 중생들이 각각 공덕과 지혜를 구족하고, 신통력을 입어 마음대로 자재케 하여지이다. (절)

5. 촉루 囑累

   오늘 이 도량의 동업 대중이여, 이미 사생 육도의 중생들을 위해 서원을 발하였으니, 다음으로 모든 대보살들께 중생들을 부촉(咐囑)할지어다.

　원하옵건대 자비심으로 가피하고 섭수하옵소서. 지금 참회하고 발원한 공덕과 인연으로 일체 중생이 즐거운 마음으로 가장 높은 복전을 구하고, 깊은 신심으로 부처님께 보시하여 무량한 과보를 얻으며, 일체 중생이 일심으로 부처님께 향하여 무량하고 청정한 과보를 얻어지이다.
　또한 원하옵건대 일체 중생이 부처님 계신 곳에서 간탐심 없고 아끼는 것 없는 보시를 행하며, 일체 중생이 부처님 계신 곳에서 가장 높은 복전을 닦아 이승(二乘)의 원을 여의고 보살도를 행하여 여래의 걸림 없는 해탈과 일체종지(一切種智)를 얻으며, 일체 중생이 부처님 계신 곳에서 다함이 없는 선근을 심어 부처님의 무량한 공덕과 지혜를 얻어지이다.

또한 일체 중생이 깊은 지혜를 섭취하여 청정하고 위가 없는 지혜를 구족하고, 일체 중생이 어느 곳이든 걸림 없이 다니는 부처님의 위신력을 얻어 다니는 곳마다 자재하고, 일체 중생이 대승을 섭취하여 무량한 종지(種智)를 얻고 편안히 머물러 동하지 않으며, 일체 중생이 제일의 복전을 구족 성취하여 모두가 부처님의 일체지(一切智)의 경지에 머물게 하여지이다.

또한 일체 중생이 모든 부처님에 대해 원망하는 마음 없이 선근을 심어 부처님의 지혜를 구하고, 일체 중생이 묘한 방편으로 장엄된 모든 불국토로 나아가 일념 중에 법계에 깊이 들어가되 고달픔이 없으며, 일체 중생이 가없는 몸을 얻어 시방세계를 두루 다니되 고달픔이 없게 하여지이다.

또한 일체 중생이 광대한 몸을 성취하여 마음대로 다니고, 모든 부처님의 신력으로 장엄함을 얻어 마침내 피안에 이르게 되며, 일념 중에 여래의 자재하신 신력으로 그 모습을 허공계에 가득 채울 수 있게 하여지이다.

저희가 이미 발한 큰 원들이 더욱 광대하여져서 법성과 같아지고 마침내는 허공과 같아지이다. 또한 일체 중생의 소원이 이루어지고 그들에게 보리의 원이 가득하여지이다.

이제 저희는 지극한 마음으로 오체투지하면서 발원하옵니다.

만일 저희가 괴로운 과보를 받아 중생을 구제할 수 없게 되면, 이 모든 중생을 한량없고 다함이 없는 허공계의 무생법신(無生法身) 보살(菩薩)과 한량없고 다함이 없는 허공계의 무루색신보살과 한량없고 다함이 없는 법계의 발심보살께 구제하여 주실 것을 청하옵니다.

또한 이 모든 중생을 정법을 일으킨 마명대사보살과 상법을 일으킨 용수대사보살과 시방의 다함없는 법계의 무변신보살과 시방의 다함없는 법계의 관세음보살·문수사리보살·보현보살·사자유희보살·사자분신보살·사자번보살·사자작보살·견용정진보살·금강혜보살·기음개보살·적근보살·혜상보살·상불리세보살·약왕보살·약상보살·허공장보살·금강장보살·상정진보살·불휴식보살·묘음보살·묘덕보살·보월보살·월광보살·살타파륜보살·월삼계보살님께 구제해주실 것을 부탁드리옵니다.

또한 시방의 다함없는 모든 보살님께

부탁드리옵니다. 원하옵건대 여러 보살마하살께서는 본원의 힘과 중생을 제도하려는 힘으로 시방의 무궁무진한 일체 중생을 섭수할 뿐 버리지 마시옵고, 선지식들처럼 분별하는 생각이 없게 하옵시고, 일체 중생이 보살의 은혜를 입고 가까이 하고 공양을 하게 하며, 자비로써 가엾게 여기고 섭수하여 정직한 마음으로 보살을 따르고 멀리 떠나지 않게 하여지이다.

또한 일체 중생이 보살의 가르침을 잘 행하여 견고한 마음을 얻고, 선지식을 따르면서 모든 더러움을 떠나고 마음에 무너짐이 없게 하여, 모든 중생들로 하여금 선지식을 위해 신명을 아끼지 않고, 모든 것을 다 버릴지라도 그 가르침은 어기지 않게 하여지이다.

또한 모든 중생으로 하여금 대자대비를 잘 익혀서 나쁜 것을 여의고 부처님의 정법을 모두 받아 지니게 하오며, 모든 중생들로 하여금 보살들의 선근 업보와 같아지고 보살의 행원과 같아져서 마침내 청정을 얻게 하오며, 신통을 구족하여 뜻대로 자재하고 대승을 의지하여 일체종지를 구족하되 그 중간에 게으름이 없으며, 지혜의 법을 의지하여 평안한 곳에 이르고 무애한 법을 얻어 마침내 자재하게 하여지이다.

이제 삼보에 귀의함을 시작으로, 의심 끊고 신심 내고 참회하고 발심하고 과보를 나타내어 지옥에서 나오게 하였을 뿐 아니라, 원결을 풀고 스스로 경축하고 발원하고 회향하고 보살님들께 부탁을 하였나이다. 이 모든 공덕을 시방의 다함없는 모든 중생에게 보시하옵니다.

원하옵건대 미륵세존이시여, 저희를 위

해 증명하옵소서. 또한 시방의 모든 부처님께서는 애민하고 보호하시어, 저희의 참회하며 발원한 바를 다 성취케 하오시며, 모든 중생이 자비하신 미륵부처님과 함께 용화세계에 나서, 첫 법회에 참여하여 법문을 듣고 도를 깨달아 공덕과 지혜를 모두 갖추고, 보살들과 더불어 차별이 없이 금강심에 들어가서 등정각을 이루게 하여지이다. (절)

찬불축원 讚佛祝願

다타아가도[如來] 아라하[應供] 삼막삼불타[正遍知] 등의 여래 십호를 구족하신 부처님께서는 무량한 사람을 제도하시어 생사의 괴로움에서 벗어나게 하시나이다.

저희가 지금 참회하고 예불한 공덕과 인연으로 모든 중생이 각각의 소원을 남김없이 이루고, 보리의 원이 가득하게 하여지이다.

저희가 오늘 발한 서원은 시방의 다함없는 모든 부처님과 대보살님들께서 세우신 서원과 같사옵니다. 모든 불보살님들의 세우신 서원이 다할 수 없기에, 저희의 서원도 그와 같아서 광대하기가 법성과 같고 허공과 같사옵니다.

만약 미래세상이 다하고 일체 겁이 다할지라도 중생이 다하지 아니하면 저희의 원도 다할 수 없으며, 세계가 다하지 아니하면 저희의 원도 다할 수 없으며, 허공이 다하지 아니하면 저희의 원도 다할 수 없으며, 법성이 다하지 아니하면 저희의 원도 다할 수 없으며, 열반이 다하지 아니하면 저희의 원도 다할 수 없으며, 부처님 출세가 다하지 아니하면 저희의 원도 다할 수 없으며, 모든 부처님의 지혜가 다하지 아니하면 저희의 원도 다할 수 없으며, 마음의 반연이 다하지 아니하면 저희의 원도 다할 수 없으며, 일어나는 지혜가 다하지 아니하면 저희의 원도 다할 수 없으며, 세간도(世間道)의 종자와 법도(法道)의 종자와 지혜도(智慧道)의 종자가 다하지 아니하면 저희 원도 다할 수 없사오며, 만일 이 열 가지가 다한다면 저희 원도 다할 것이옵니다.

끝으로 삼승(三乘)의 거룩하신 모든 분들께도 예경을 올리옵니다. (절)

원하오니 모든 중생 부처님께 귀의하여
큰 도리를 이해하고 무상발심 하옵소서

원하오니 모든 중생 법보님께 귀의하여
삼장(三藏) 깊이 통달하고 지혜 증득 하옵소서

원하오니 모든 중생 성현들께 귀의하여
많은 대중 통솔하고 장애 해탈 하옵소서

至心歸命禮 十方 盡虛空界 一切三寶
지심귀명례 시방 진허공계 일체삼보

편역자 김현준 金鉉埈

　동국대학교 대학원에서 불교학을 전공하고, 한국학중앙연구원에서 한국불교를 연구하였으며, 우리문화연구원 원장과 성보문화재연구원 원장을 역임하였다. 현재 불교신행연구원 원장, 월간 「법공양」 발행인 겸 편집인, 효림출판사와 새벽숲출판사의 주필 및 고문으로 활동하고 있다.
　저서로는 『사찰, 그 속에 깃든 의미』·『생활 속의 반야심경』·『생활 속의 천수경』·『생활 속의 보왕삼매론』·『예불문, 그 속에 깃든 의미』·『육바라밀』·『사성제와 팔정도』·『삼법인·중도』·『인연법』·『사섭법』·『광명진언 기도법』·『신묘장구대다라니 기도법』·『참회·참회기도법』·『불교의 자녀사랑 기도법』·『기도성취 백팔문답』·『참회와 사랑의 기도법』·『미타신앙·미타기도법』·『관음신앙·관음기도법』·『지장신앙·지장기도법』·『석가 우리들의 부처님』·『참 생명을 찾는 경봉스님 가르침』·『선수행의 길잡이』·『아! 일타큰스님』·『바보가 되거라』 등이 있다.
　『법화경』·『원각경』·『지장경』·『보현행원품』·『약사경』·『부모은중경』·『육조단경』을 한글로 번역하였으며, 〈원효의 참회사상〉 등 다수의 논문이 있다.

자비도량참법 慈悲道場懺法

초　판　1쇄 펴낸날　2016년　1월　11일
　　　　6쇄 펴낸날　2023년　8월　21일

역　자　김현준
펴낸이　김연지
펴낸곳　효림출판사

등　록　1992년 1월 13일 (제2-1305호)
주　소　서울특별시 서초구 반포대로14길 30, 907호 (서초동, 센츄리 I)
전　화　02-582-6612, 587-6612　팩　스　02-586-9078
이메일　hyorim@nate.com

값 25,000원

ⓒ 효림출판사 2016

ISBN　978-89-85295-98-7　03220

표지사진 : 성보문화재연구원 제공
※ 잘못 만들어진 책은 바꾸어 드립니다.
이 책은 저작권법에 따라 보호를 받는 저작물이므로 무단전재와 무단복제를 금지합니다.